SketchUp +
Thea Render

魅せる建築CGパースの描き方

近藤紗代 著／山田邦博 監修

本書内容に関するお問い合わせについて

このたびは翔泳社の書籍をお買い上げいただき、誠にありがとうございます。弊社では、読者の皆様からのお問い合わせに適切に対応させていただくため、以下のガイドラインへのご協力をお願い致しております。下記項目をお読みいただき、手順に従ってお問い合わせください。

● ご質問される前に

弊社Webサイトの「正誤表」をご参照ください。これまでに判明した正誤や追加情報を掲載しています。

　　正誤表　　http://www.shoeisha.co.jp/book/errata/

● ご質問方法

弊社Webサイトの「出版物Q&A」をご利用ください。

　　出版物Q&A　　http://www.shoeisha.co.jp/book/qa/

インターネットをご利用でない場合は、FAXまたは郵便にて、下記"翔泳社編集部読者サポート係"までお問い合わせください。電話でのご質問は、お受けしておりません。

● 回答について

回答は、ご質問いただいた手段によってご返事申し上げます。ご質問の内容によっては、回答に数日ないしはそれ以上の期間を要する場合があります。

● ご質問に際してのご注意

本書の対象を越えるもの、記述個所を特定されないもの、また読者固有の環境に起因するご質問等にはお答えできませんので、予めご了承ください。

● 郵便物送付先およびFAX番号

　　送付先住所　〒160-0006　東京都新宿区舟町5
　　FAX番号　　03-5362-3818
　　宛先　　　　（株）翔泳社　愛読者サービスセンター係

※本書に記載された内容は、2014年7月現在のものです。
※本書に記載された手順やURL等は変更される場合があります。
※本書の出版にあたっては正確な記述につとめましたが、著者や出版社などのいずれも、本書の内容に対してなんらかの保証をするものではなく、内容やサンプルに基づくいかなる運用結果に関してもいっさいの責任を負いません。
※本書に掲載されているサンプルプログラムやスクリプト、および実行結果を記した画面イメージなどは、特定の設定に基づいた環境にて再現される一例です。
※本書に記載されている会社名、製品名はそれぞれ各社の商標および登録商標です。

はじめに ── 建築でのCGパースの役割

「CGパースとは何ですか?」と聞かれたときに、具体的に答えられる人は少ないかもしれません。
　CGパースとは、Computer Graphic Perspective（コンピュータグラフィックパースペクティブ）の略称です。言葉にすると何か難しそうな用語になってしまいますが、つまりはCGを用いて建物の外観や内観を描いたものです。みなさんがよく目にするマンションや戸建住宅のチラシにも、CGパースは多々使用されています。

　実際の仕事では、例えばマンションが完成する前に完成予想図として外観や内観のCGパースを作成し、それを持ってお客様に営業することがあります。壁紙・フローリング・キッチンの色味などもすべて実際に使われている素材を反映してCGパースを作成するので、イメージ図であっても、完成した際の印象を完成前に確かめることができます。
　従来の平面図だけでは完成した際の印象を確かめるのは非常に困難でしたが、それが今ではCGパースによって手にとるようにわかるのです。CGパース1枚でお客様とイメージを共有できるので、非常にスムーズに、良い信頼関係を築くことができます。また、建物を実際に建ててくれる大工さんとも、CGパースがあることで連携がとりやすくなるのです。

　これまでは手描きの「絵」によるパースを用いていましたが、最近は「CG」を使用したパースが非常に増えています。
　「絵」と「CG」の違いは『時間』です。修正が生じた場合、手描きの「絵」は一から描き直しなのでかなり時間を要します。それに対して「CG」のパースは修正箇所を手直しするだけで良いので時間が短縮できます。
　お客様のご要望に応じてパースを素早く修正すれば、お客様の満足度も上昇します。

　このように今では学生の課題だけにとどまらず、社会における数多のプレゼンテーションの場でもCGパースは必要不可欠なツールとなりました。
　本書では、そうしたCGパース制作の基本フローと、より魅力的にに見せるための実践表現について、1冊でまとめて解説しています。ソフトは簡単に使えることで人気の「SketchUp」と「Thea Render」を使って、まったくの初心者でも本書を通してCGパースを作れるようになることを目指します。

　プレゼン・コンペ・卒業制作などでCGパースを"魅せる"クオリティに仕上げるために、本書が皆さんのお役にたてば幸いです。

CONTENTS

Introduction 008
    01　CGパースの制作フロー　　　　　　　　　　　　　　　008
    02　CGパースを制作するためのソフト　　　　　　　　　　009
    03　ソフトの入手とインストール　　　　　　　　　　　　011
    04　ソフトの画面構成　　　　　　　　　　　　　　　　　014

Part 00　準備編 017

chap 01　SketchUpの基本操作
    01　操作方法　　　　　　　　　　　　　　　　　　　　　018
    02　基本ツール　　　　　　　　　　　　　　　　　　　　020
    03　グループ化とコンポーネントの作成　　　　　　　　　031
    04　プラグインのダウンロード　　　　　　　　　　　　　036
    05　基本プラグイン-ベジェ曲線ツール (BZ_Toolbar)　　038
    06　基本プラグイン-カーブロフトツール (Curviloft)　　040

chap 02　Thea Renderの基本操作
    01　明るさの設定　　　　　　　　　　　　　　　　　　　044
    02　カメラサイズの設定　　　　　　　　　　　　　　　　046
    03　操作方法　　　　　　　　　　　　　　　　　　　　　047
    04　シーンの保存　　　　　　　　　　　　　　　　　　　051
    05　太陽の設定　　　　　　　　　　　　　　　　　　　　052
    06　マテリアルの設定　　　　　　　　　　　　　　　　　053
    07　照明の設定　　　　　　　　　　　　　　　　　　　　057
    08　レンダリングエンジン　　　　　　　　　　　　　　　058
    09　レンダリングスタートと保存方法　　　　　　　　　　060

Part 01　基本フロー編　　063

chap 01　SketchUpでカタチをつくる

- 01　躯体をつくる　064
- 02　シーンを保存する　070
- 03　窓をつくる　073
- 04　照明をつくる　082
- 05　カーテンをつくる　088
- 06　家具をつくる　096
- 07　小物をつくる　117
- 08　テクスチャを配置する　134
- 09　コンポーネントを配置する　142
- 10　調整作業　150

chap 02　Thea Renderで表情をつける

- 11　TheaRenderへインポートする　154
- 12　環境設定　156
- 13　マテリアルの設定（ガラス）　158
- 14　マテリアルの設定（金属）　160
- 15　マテリアルの設定（木パネル）　164
- 16　マテリアルの設定（石）　168
- 17　マテリアルの設定（プラスチック）　169
- 18　マテリアルの設定（木材）　173
- 19　マテリアルの設定（布）　175
- 20　照明の設定　179
- 21　レンダリングスタートと保存　181
- 22　レタッチ作業　188

CONTENTS

Part 02 実践表現編　195

chap 01 雰囲気をつくる
- 01 一瞬でテイストを変える　196
- 02 絵画風にする　200
- 03 カメラフィルムで撮影したような味わいにする　208
- 04 焦点をしぼって周りをぼかす　210
- 05 グレアでドラマチックな雰囲気をつくる　216
- 06 光を加えて雰囲気を変える　220
- 07 昼と夜の表情をつくる　226
- 08 ダウンライトで雰囲気を変える　236

chap 02 素材をつくる
- 09 水をつくる　240
- 10 曇りガラスをつくる　252
- 11 森をつくる　258
- 12 芝生をつくる　270

chap 03 場面をつくる
- 13 断面パース、平面パースをつくる　276
- 14 敷地パースをつくる　282
- 15 写真と合体したパースをつくる　292

chap 04 プレゼンする
- 16 アニメーションをつくる　302
- 17 閲覧用のSketchUpを利用する　308

Appendix　310
Index　316

● 付属 DVD について

本書付属の DVD-ROM には、本書で解説している作例・素材のデータと、レンダリングソフト「Thea Render」のデモ版を収録しています。DVD のフォルダ構成については、DVD 内の readme.txt ファイルを参照してください。

本書解説内で付属 DVD 収録の素材データなどを参照する手順があります。DVD から直接読み込むと正しく動作しない可能性があるので、DVD の内容をあらかじめデスクトップなどパソコン内にコピーしてからお使いください。

付属 DVD に収録されているデータやソフトウェアは、本書解説の参考および学習を目的として、個人的に利用する場合のみ使用可能です。その他の目的での使用や、無断転載、インターネットへのアップロード、データの譲渡・配布・販売などは一切禁止します。

● ソフトウェア動作環境

本書では「SketchUp Make」と「Thea Render」を使って解説しています。各ソフトの必須動作環境は以下の通りです。

SketchUp Make 2014 必須動作環境

OS	Windows XP、Vista、7、8（XP はサポート終了） Mac OS X 10.7 以上
CPU	1GHz 以上
メモリ	1GB 以上
HDD	300MB 以上の空き容量
ビデオカード	256MB 以上のメモリを備えた 3D クラスのビデオカード（OpenGL バージョン 1.5 以上対応） ※ Intel 内蔵グラフィックは非推奨
マウス	3 ボタンスクロールホイールマウス

Thea Render 1.3 必須動作環境

OS	Windows 2000/XP/Vista/7/8 Mac OS X 10.4 以上
CPU	SSE2 対応 CPU（Windows 版）、Intel 製 CPU（Mac 版）

※ レンダリング作業は PC のマシンパワーに依存するため、CPU、メモリ、ビデオカードはより高い性能のものが望ましいです。

● Mac 用の特殊キーについて

本書では Windows 版に準拠して操作解説を掲載しています。Mac をお使いの場合、特殊キーが異なりますので、下記の通りに読み替えて操作してください。

Windows 版	Mac 版
[Alt] キー	[option] キー
[Enter] キー	[return] キー
[Ctrl] キー	[command] キー
右クリック	[control] キー＋クリック

Introduction

01 CGパースの制作フロー

CGパースの制作は「モデリング作業」・「レンダリング作業」・「レタッチ作業」の3つからなります。どれも重要な作業ですが、モデリング：レンダリング：レタッチの各作業割合は、およそ5：4：1です。

1 モデリング作業

パースにおける物体を成形していくことを「モデリング」と呼びます。成形した物体のことを「モデル」と呼びます。モデリング作業は全工程の半分を占めるほど重要な作業となります。この作業に時間をかけ丁寧に作りこんでいくとより良いパースにできます。

モデリングのためのソフトは、本書で使用する「SketchUp」をはじめ、「Shade」「Blender」など様々なソフトが存在します。

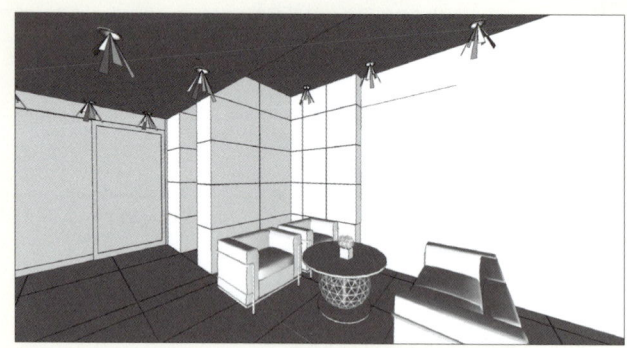

2 レンダリング作業

「レンダリング」とは、成形したモデルに質感・反射・光などの情報を与える演算処理のことを指します。モデリングの段階では平板な質感でも、レンダリング作業を行うことで瞬く間にリアリティを増幅させることができます。この作業がなければリアリティあふれるパースを作ることは不可能です。高度な計算を高速に行うには、より高いスペックのPCが必要となります。

本書で使用する「Thea Render」というソフトでは、必要なテクニックはそれほど複雑なものではないので、初心者の方でも劇的にパースを変貌させることができます。

3 レタッチ作業

画像化したパースに加工を行うことを指します。レンダリングだけでは十分に表現できなかった箇所の色調を調整したり、新たに画像を挿入したりして、パースをより魅力的に見せることができます。

レタッチはあくまで画像補正作業のため、作業後にアングルを変更した場合などは再度長時間のレタッチ作業を行わなくてはなりません。レタッチ作業は仕上げの微調整程度に考えておきましょう。

02 CGパースを制作するためのソフト

CGパースを制作するためのソフトとして、本書で使用する「SketchUp」と「Thea Render」を紹介します。

■ SketchUp

SketchUpは、もとはアメリカのGoogle社が開発を行い提供してきた3次元デザインソフトで、現在はTrimble社が買収して開発・提供を行っている、世界中に数百万人以上のユーザーがいる有名な3Dモデリングソフトです。日本語版も提供されているので、日本でも多数のユーザーがこのソフトを活用しており、個人だけではなく企業も利用しているほどです。

これからCGパースを学ぼうという人にとって、SketchUpの最大の魅力は無料でダウンロードできるということです。また、操作性が良く直感的にモデリングできることから、初心者でもある程度のレベルまでモデリングをすることができます。

SketchUpには無料版の「SketchUp Make」と有料版の「SketchUp Pro」の2種類があります。無料版はインターネットがあれば誰でもすぐにダウンロードすることが可能です。有料版の「SketchUp Pro」は、販売代理店よりライセンスを購入することができます。無料版と有料版との違いはいくつかありますが、無料版のライセンスは、個人での非商用利用目的に限られます。また、機能面での大きな違いとしては、変換できるファイル形式の種類があります。有料版では「PDF」「DWG」「DXF」「EPS」などの様々な形式に変換できますが、無料版では非対応です。ただし、無料版でも基本的な操作に違いはありません。本書でも無料版のSketchUp Makeで解説を進めていきます。

SketchUp公式サイト
http://www.sketchup.com/ja

■ Thea Render

Thea Renderは、Solid Iris Technologies が提供しているレンダリングソフトです。「3ds Max」「Maya」「Cinema 4D」などの統合3D制作ソフトに比べると認知度が低く、プロのＣＧ業界でも知らない方が多いソフトかもしれません。

しかし、そのユーザー数は世界中で着実に伸びています。その要因としては、前述したレンダリングソフトに比べ、設定がしやすいことが挙げられます。簡単な設定にもかかわらず、誰でもプロレベルの美麗なパースを描くことができるので、最近では日本でも扱う人が増加しています。
SketchUp用のデータ変換・レンダリングプラグインも提供されているので、モデリング作業とレンダリング作業がスムーズに連続して行えます。

SketchUp同様に、Thea Renderにも無料版（デモ版）と有料版の2種類があります。扱える設定に差はありませんが、無料版（デモ版）では仕上げたレンダリングパースに透かし文字が入ります。本書では、無料版（デモ版）を付属DVDに収録しています。

Thea Render公式サイト
http://www.thearender.com/

03 ソフトの入手とインストール

本書で利用するソフトをそれぞれインストールしましょう。

■ SketchUp

1 ブラウザで SketchUp の Web サイト（http://www.sketchup.com/ja）を開き、「SketchUp のダウンロード」ボタンをクリックします。

2 ここでは無料版の「SketchUp Make」をダウンロードするので、SketchUp の使用目的は［個人的なプロジェクト］または［教育用途］を選択します。
メールアドレスを入力し、職業/関心事を選択したら、お使いの環境に合わせてプルダウンメニューで Windows か Mac を選択します。
ライセンス契約の同意にチェックを入れたら、「SketchUp Make のダウンロード」ボタンをクリックします。

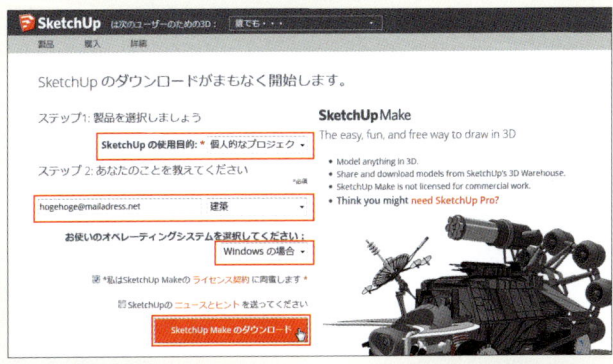

> **MEMO**
> 下記URLのページから言語とバージョンを直接選んでダウンロードすることもできます。
> http://www.sketchup.com/ja/download/all

3 SketchUp Make のダウンロードが始まります。ダウンロードが完了したら、ダウンロードしたファイルのアイコンをダブルクリックして開きます。

4 SketchUp Make 2014 のセットアップが始まります。［次へ］をクリックして、以降は画面の指示に従って SketchUp Make のインストールを行います。

> **MEMO**
> Mac の場合は確認画面で［同意する］を選択すると、ディスクイメージのウィンドウが開くので、左側のアイコンを右側の［アプリケーション］フォルダにコピーします。
>
>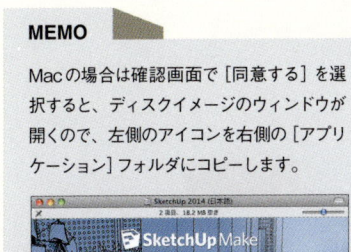

5 これでSketchUp Makeのインストールは完了です。

■ Thea Render

1 書籍付属のDVDの「Thea Render Demo」フォルダを開きます。「Windows」フォルダと「Mac」フォルダがあるので、お使いの環境のほうを開きます。

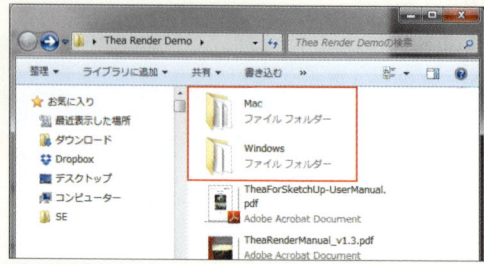

2 2つファイルがあるので、「TheaRender_v1.3.06.1115」のほうをダブルクリックします。

3 Thea Renderのセットアップが始まります。[Next]ボタンをクリックして、画面の指示に従ってThea Renderのインストールを進めます。

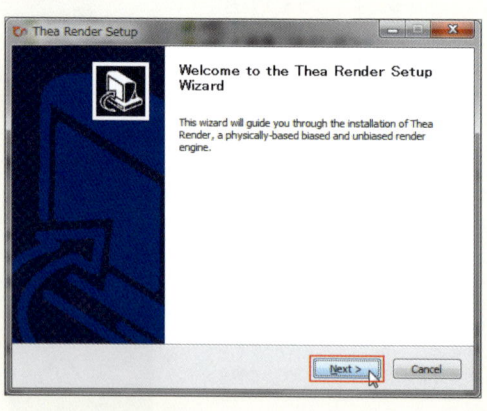

> **MEMO**
> Macの場合はディスクイメージのウィンドウが開くので、「Thea.app」のアイコンをMac内の「アプリケーション」フォルダにコピーします。
>
>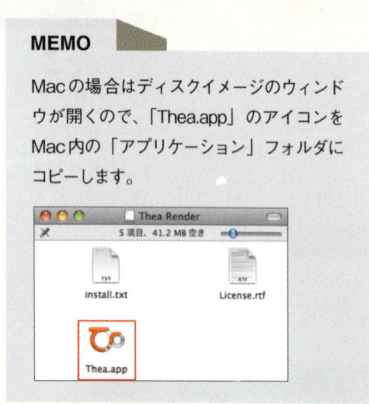

4 これでThea Render本体のインストールは完了です。

5 続いて、SketchUpのデータをThea Renderのデータに変換するための「Thea for SketchUp」プラグインをインストールします。
先ほどの2つのファイルのうち、こんどは「TheaForSketchUp_v1.3.06.203.1115」のほうをダブルクリックするとセットアップ画面が開くので、同様にインストールを進めます。
これでThea RenderとSketchUpを連携して使う準備ができました。

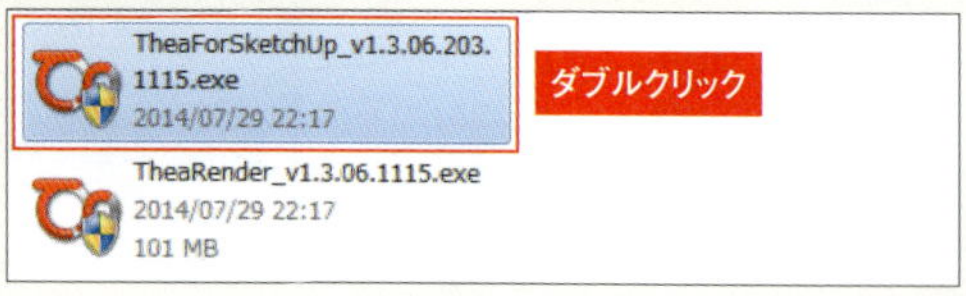

MEMO

Macの場合はディスクイメージのウィンドウが開くので、インストーラーのアイコンをダブルクリックして、手順に従ってインストールします。

■ GIMP

1 本書では、CGパースのレタッチ用にフリーソフトの「GIMP」を使用します。画像処理ができるソフトであればPhotoshopなどでも構いませんが、本書の解説はGIMPでの手順を紹介しています。

ブラウザでGIMPのWebサイト（http://www.gimp.org/）を開き、「Download」ボタンをクリックします。

2 ページ半ばの「Download GIMP 2.8.*」をクリックすると、GIMPのダウンロードが始まります。

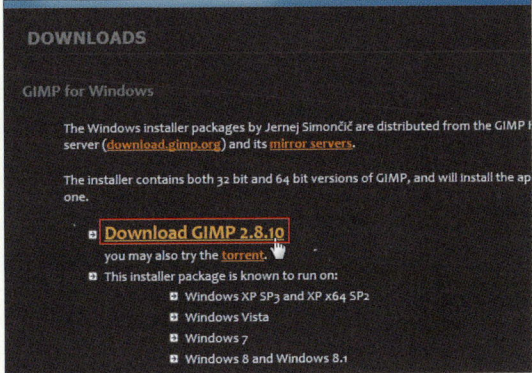

3 ダウンロードしたファイルをダブルクリックして開き、画面の指示に従ってインストールしたら完了です。

MEMO

インストールが終わったら、デスクトップにGIMPのショートカットを作っておくと便利です。

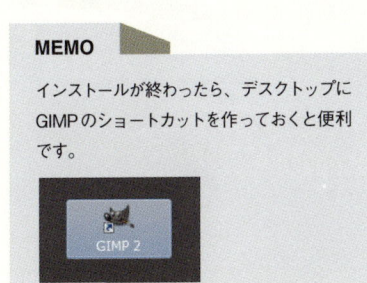

Introduction

04 ソフトの画面構成

ソフトを使う前に、画面構成とインターフェイスを理解しましょう。

■ SketchUp

SketchUpのアイコンをダブルクリックして、ソフトを起動しましょう。「SketchUpへようこそ」という画面が表示されるので、[テンプレートを選択]をクリックして、[建築デザイン - ミリメートル]を選択して[SketchUpを使い始める]をクリックします。

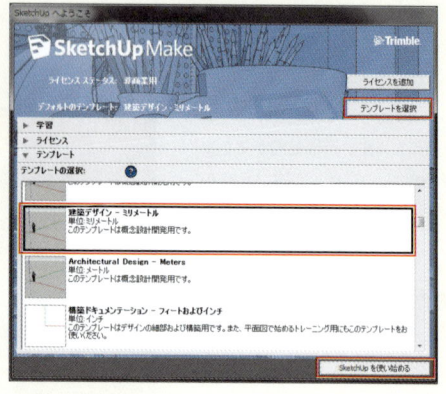

SketchUpのメイン画面が表示されます。SketchUpは画面がシンプルなので見やすく、操作しやすいインターフェイスとなっています。

① タイトルバー
開いているファイルの名前が表示されます。

② メニューバー
各機能を使うためのメニューです。

⑧ 人物モデル
新規作成時に表示されるサンプルモデルです。クリックして[Delete]キーを押すと削除できます。

⑤ モデリング作業エリア
幅、高さ、奥行きを持った3次元の領域です。この中でモデリングを行います。

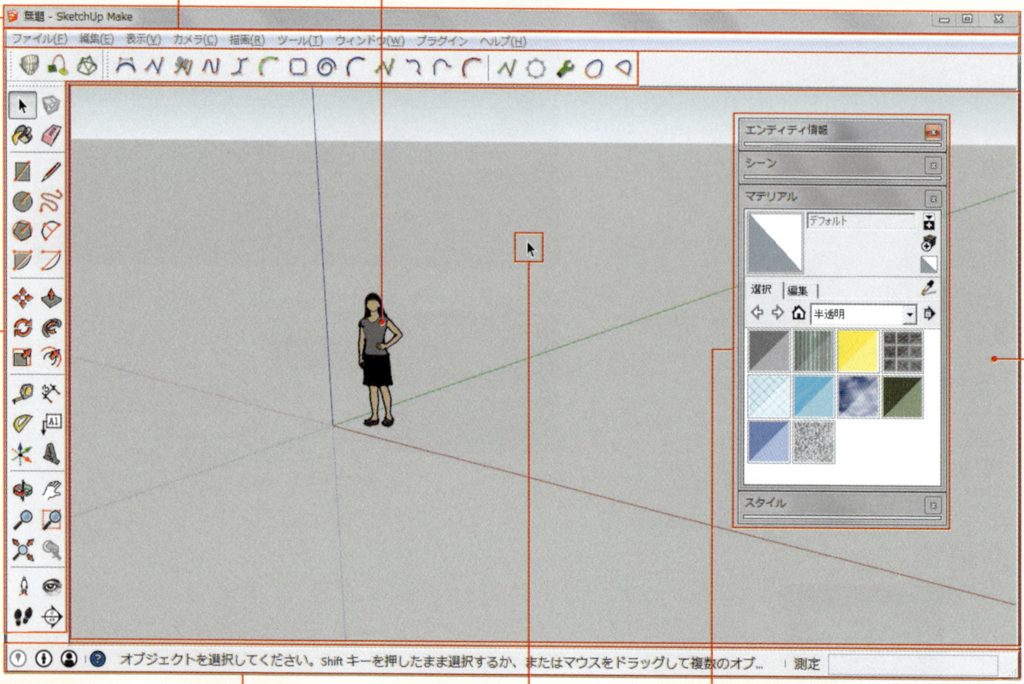

③ ツールバー
モデリングに使う各種ツールです。

④ ステータスバー
選択したツールの説明やモデルの寸法など各種情報が表示されます。

⑥ カーソル
マウスカーソルです。選択しているツールなどによって形状が変わります。

⑦ 作業パレット
マテリアルやシーンなどの作業を行うウィンドウです。メニューバーの[ウィンドウ]から表示・非表示を選択できます。タイトル部をクリックして折り畳みができます。

ツールバーの表示

メニューバーの [表示] → [ツールバー] から、表示したいツールバーを選択できます。
ツールバーはドラッグして移動が可能なので、[ラージ ツール セット] とプラグイン関係のツールバーを表示して、前ページのように配置するのがおすすめです。

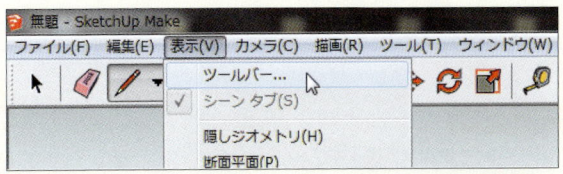

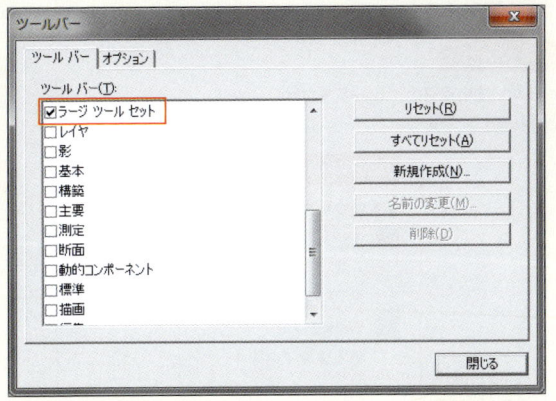

よく使うツール一覧

SketchUpでよく使うツールの一覧です。基本的な使い方はPart00とPart01で解説しています。

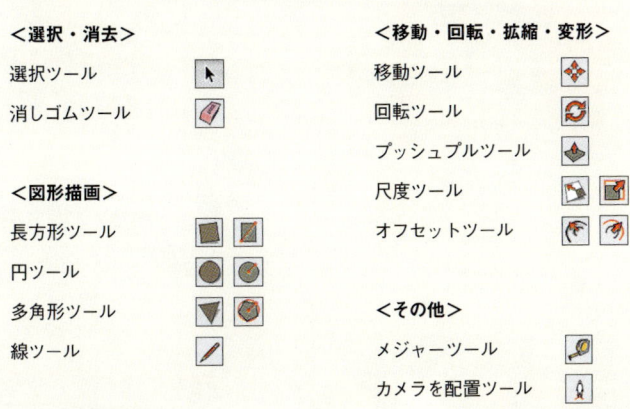

＜選択・消去＞
選択ツール
消しゴムツール

＜図形描画＞
長方形ツール
円ツール
多角形ツール
線ツール

＜移動・回転・拡縮・変形＞
移動ツール
回転ツール
プッシュプルツール
尺度ツール
オフセットツール

＜その他＞
メジャーツール
カメラを配置ツール

> **MEMO**
> SketchUpのバージョンによって、ツールアイコンのデザインが若干が異なる場合があります（上記ツール一覧でアイコンが2つ並んでいるものは、左がSketchUp 8、右がSketchUp 2014です）。ただし、いずれも見た目から直感的に判断できるようになっていますので、迷うことは少ないでしょう。

Introduction

■ Thea Render

「Thea Studio」アイコンをダブルクリックすると、Thea Render が起動してメイン画面が表示されます。インターフェイスは英語ですが、理解しやすいのですぐに覚えることができます。

② メニューバー
TheaRender で使用する様々なツメニューが並んでいます。

① タイトルバー
現在開いているファイルの名称が表示されます。

⑦ ツールバー（左）
よく使う項目は2種類です。
- オンにするとリアルタイムでプレビューレンダが更新されます。
- Workspace の表示の仕方を変更できます。

⑧ ツールバー（上）
よく使う項目は4種類です。
- モデルを選択します。
- 作業の中で元に戻したり先に進んだりできます。ただし元に戻らない場合もあります。
- モデルの移動・回転・拡大縮小を行えます。
- シーンやライトを追加することができます。

⑥ Settings
左側に7つのタブが縦に並んでいますが、主に [Material Lab] [Environment] [Instancing] を使用します。
[Material Lab] はマテリアルを編集することができます。
[Environment] では環境光など、光の情報を編集することができます。
[Instancing] ではモデルを複製配置することができます。

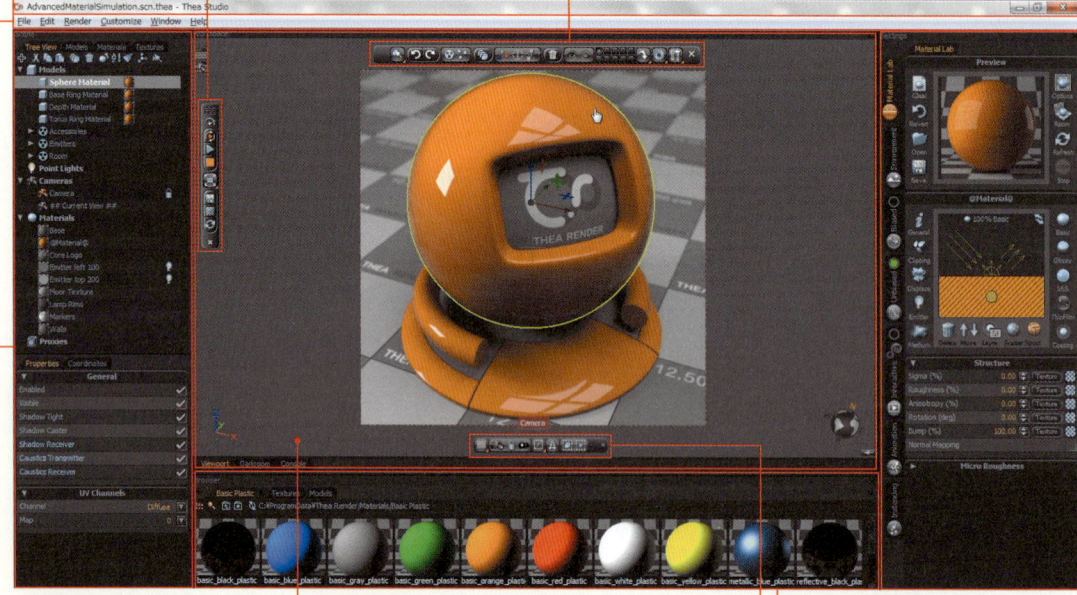

③ Scene
上下に複数のタブが表示されていますが、主に [Tree View] と [Properties] の2つを使用します。
[Tree View] ではモデル・カメラ・太陽・マテリアルを選択することができます。
[Properties] では解像度やフォーカスの設定を行うことができます。

④ Workspace
モデルを表示して編集をする画面です。下部に3つのタブ [Viewport] [Darkroom] [Console] があります。
「Viewport」ではモデルを移動したり、アングルを自在に変えることができます。また、リアルタイムにレンダリングのプレビューを確認できます（プレビューレンダ）。
[Darkroom] ではレンダリングの明るさや色合いなどを編集することができます。
[Console] には TheaRender のプログラム情報が表示されますが、使用する頻度は低いです。

⑤ Browser
モデルの質感を表現するマテリアルのデータを選択できます。元々保存されているデータもありますが、自分で作ったマテリアルを保存して使用することもできます。

⑨ ツールバー（下）
よく使う項目は2種類です。
- 保存しているシーンを表示します。
- モデルの見え方を変更することができます。

page 016_017

part.
00

準備編

1. SketchUpの基本操作
2. Thea Renderの基本操作

よくつかう基本操作をまとめました。
はじめてCGを描くとき、つまづいてしまったとき、
まずはここを開いてください。

01 操作方法

マウスの使い方をマスターすると、効率的に画面操作ができます。また、選択方法をおさえておくと、目的の図形をすぐに選択できるようになります。

●マウスの使い方

1 左クリック
図形を選択したりアイコンを選択するときに使用します。本書では「クリック」と呼びます。

2 右クリック
図形上で右クリックを押すと編集項目が表示されます。本書では「右クリック」と呼びます。

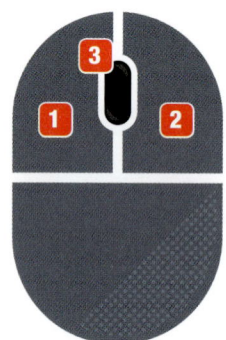

3 ホイール
このボタンは3つの使い方があります。

〈画面の拡大・縮小〉
作業エリア内で奥に回転すると拡大、手前に回転すると縮小します。ツールバーの 🔍 と同じ効果です。

〈画面の回転〉
ホイールを長押ししたままマウスを動かすと画面の回転ができます。ツールバーの 🧭 と同じ効果です。

〈画面固定移動〉
[Shift] キーを押しながらホイールを長押しし、マウスを動かすと画面固定移動が行えます。ツールバーの ✋ と同じ効果です。

●図形の選択と消去

線や面を選択する

▶ を選択し、選択したい図形上で1回クリックしましょう。線の上でクリックすると線が選択され**1**、面の上でクリックすると面が選択されます**2**。

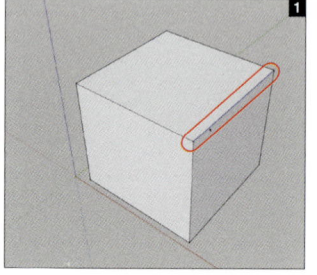
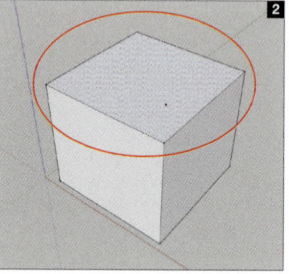

MEMO
選択すると、選択した図形が青くなります。

図形全体を選択する

〈方法1〉
▶ を選択し、選択したい図形上ですばやく3回クリックしましょう**1**。本書ではこれを「トリプルクリック」と呼びます。

〈方法2〉
▶ を選択し、選択したい図形をすべて囲むようにドラッグします**2**。

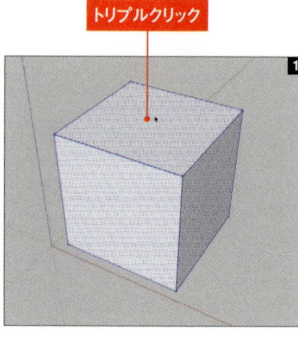
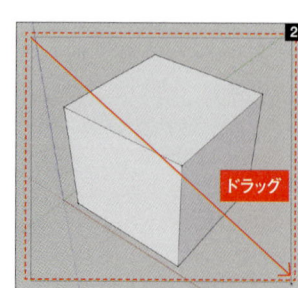

MEMO

左から図形を囲むと枠内に収まっている図形だけが選択されます。

右から図形を囲むと枠の領域に触れた図形が選択されます。

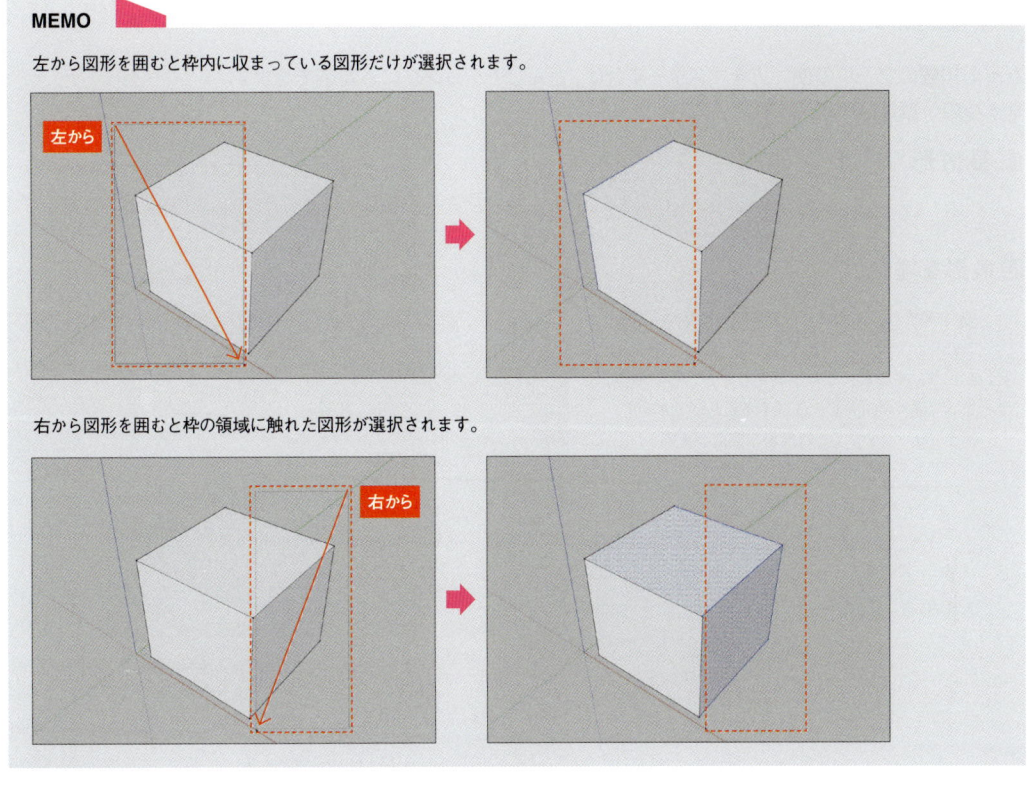

選択を解除する

図形が選択されていると面や線が青く表示されます❶。 ▶ を選択し、モデリング作業エリア内のモデルが存在しない部分を何回かクリックすると、解除が外れます❷。
きちんと選択が解除されたかどうかは、青い部分があるかどうかで確認しましょう。

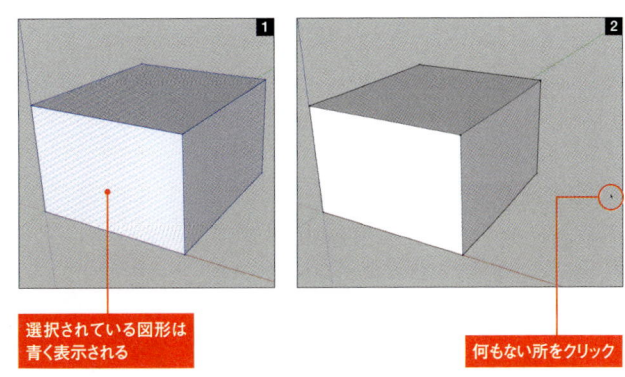

選択されている図形は青く表示される

何もない所をクリック

図形を消去する

図形を ▶ で選択し、[Delete] キーを押すと、図形を消去することが可能です。線を消去したい場合は 🖉 で線をクリックすると消去できます。

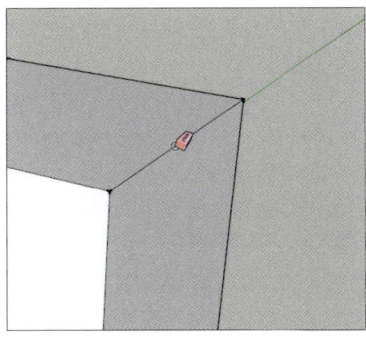

02 基本ツール

たった10個のツールの使い方をマスターすれば、どんなモデリングにも対応できます。
ツールの一覧はp015を参照してください。

●長方形ツール

四角形を描く

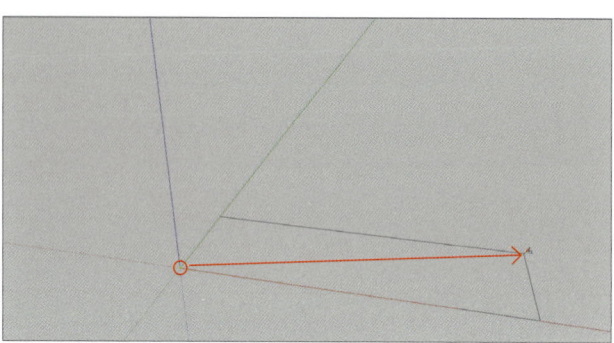

を選択し、作業エリアで1回だけクリックをしたら、マウスをいろんな方向へ動かしてみましょう。すると、クリックをしたところを基点として様々な四角形を作成することができます。再度クリックをすると四角形が完成します。

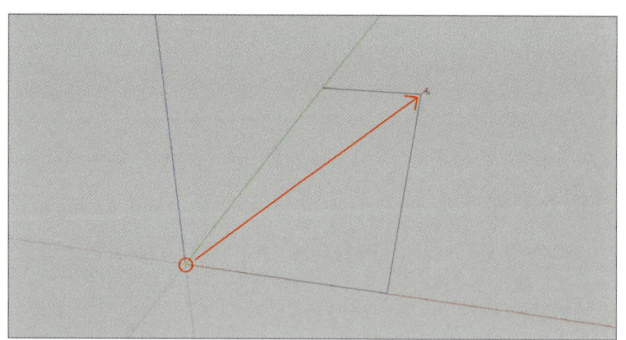

寸法を決めて四角形を描く

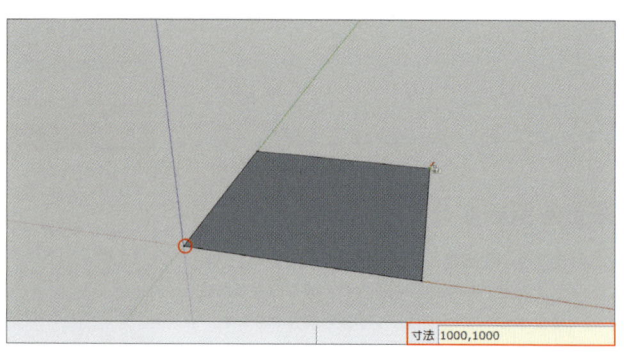

を選択し、作業エリアで1回だけクリックをしたら、四角形を作成したい方向へマウスを動かしてそのままにしておきます。
次に「1000,1000」と入力して[Enter]キーを押すと、1000mm×1000mmの四角形を描くことができます。

> **MEMO**
> 寸法を入力するときには「,(カンマ)」を入力します。「.(ピリオド)」や「、(句読点)」を入力しないように注意しましょう。また、必ず半角英数字で入力しましょう。

> **MEMO**
> 数値を入力するときは、ステータスバーの入力欄をクリックする必要はありません。そのままキーボードで入力しましょう。

●円ツール

円を描く

● を選択し、作業エリアで1回だけクリックをしたら、マウスをいろんな方向へ動かしてみましょう。すると、クリックをしたところを円の中心として様々な大きさの円を作成することができます。再度クリックをすると円が完成します。

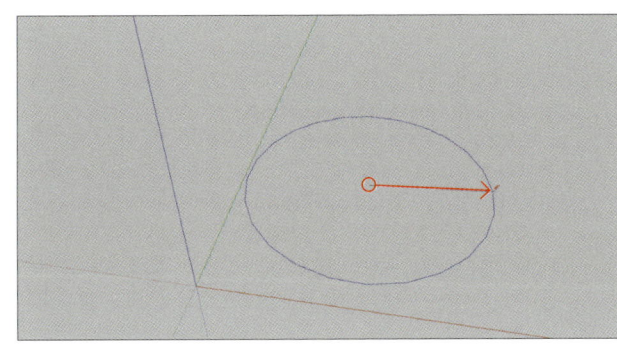

寸法を決めて円を描く

● を選択し、作業エリアで1回だけクリックをしたら、任意の方向へマウスを動かしてそのままにしておきます。
次に「500」と入力して[Enter]キーを押すと、半径500mmの円を描くことができます。

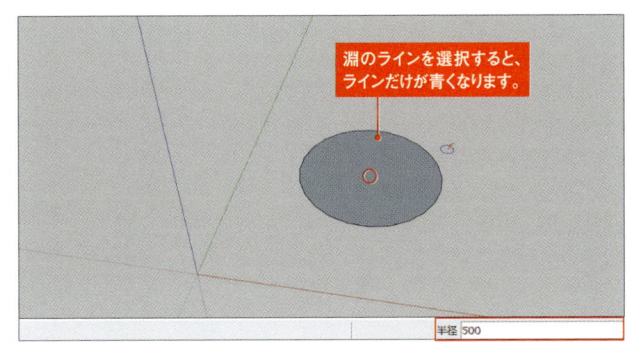

淵のラインを選択すると、ラインだけが青くなります。

正多角形を描く

円を構成する点の数を操作することで多角形が描けます。
描いた円の淵のラインを ● でクリックします。メニューバーの「ウィンドウ」→「エンティティ情報」をクリックしましょう。別ウィンドウで開かれた「エンティティ情報」の[セグメント数]を24→3に変更します **1**。すると、三角形に変わりました。構成している点の数が3＝頂点が3つなので三角形になります **2**。[セグメント数]を5にすると五角形になります **3**。点の数を増やせば増やすほどなめらかな円に近づいていきます **4**。

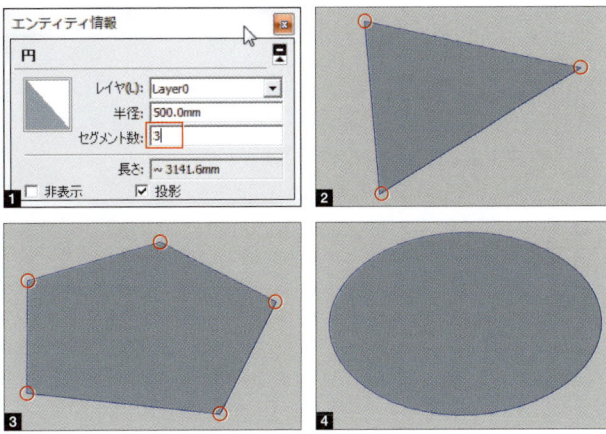

●線ツール

線を描く

✎ を選択し、作業エリアで1回だけクリックをしたら、マウスをいろんな方向へ動かしてみましょう。すると、クリックをしたところを基点として様々な長さの線を作成することができます。再度クリックをすると線が確定され、続けて次の線を引くことができます。
線引きを終了したいときには、線を確定した後に ▶ をクリックします。

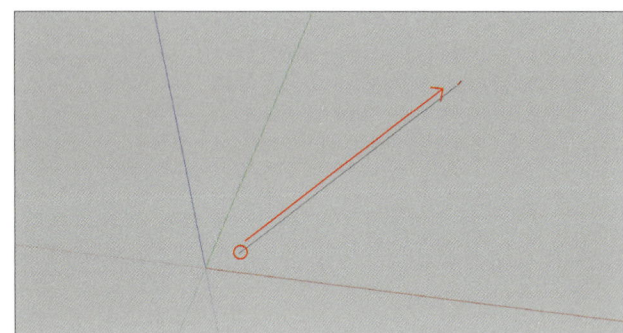

寸法を決めて線を描く

✎ を選択し、作業エリアで1回だけクリックをしたら、線を任意の方向へマウスを動かします。次に「1000」と入力して [Enter] キーを押すと、長さ1000mmの線を描くことができます。

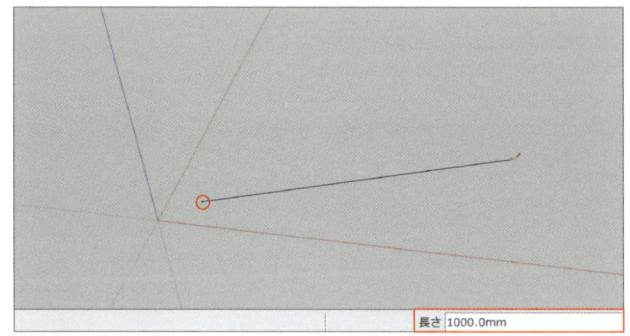

線を繋いで面を描く

線ツールは線を描くだけではなく、面を描くこともできます。
作業エリア内を ✎ で続けてクリックしていき、最後に始点をクリックします。すると線で囲まれた部分が面になります。
作業エリア内をクリックしていくときは、必ず同一平面上をクリックするようにしましょう。3次元上にクリックしてしまうと面はできません。

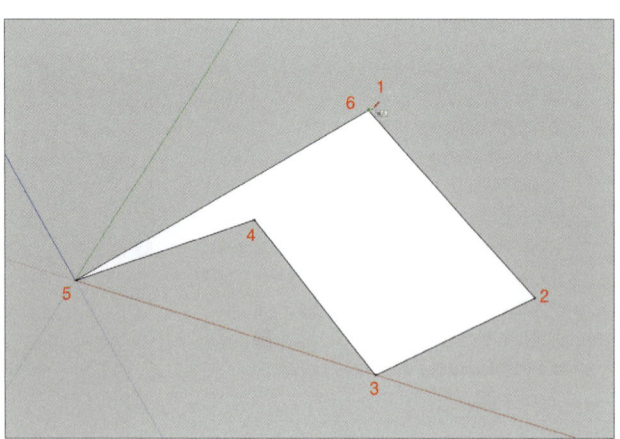

POINT

〈線ツールはどのようなときに使うのか？〉
実際の仕事では、図面をトレースをするときによく使用します。図面データを読み込み、図面の躯体部分を地道にトレースすることが、パースを作成するはじめの一歩となります。

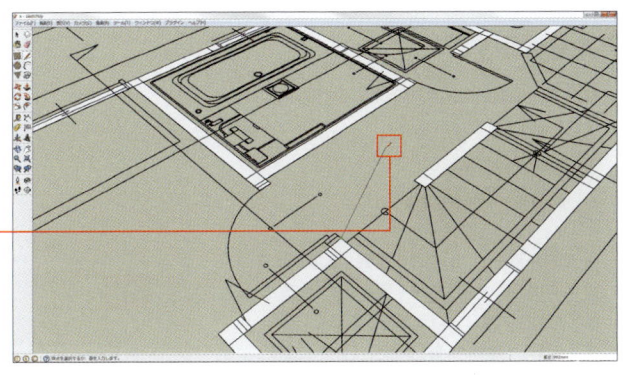

躯体部分を地道になぞって面をつくり、立ち上げます。

Part. 00_SketchUp

02 基本ツール

SketchUp

● 移動ツール

モデルを移動する

■を使って適当な大きさの四角形を描いて、最後にグループ化をします。

→p020 / 四角形を描く
→p031 / グループを作成する

▶で四角形をクリックして選択します。✿を選択し、四角形の角にマウスを置きます。すると「端点、グループ内」というガイドが出てくるので、クリックして赤軸（X軸）に沿って動かします。次に「3000」を入力して[Enter]キーを押すと、赤軸に沿って3000mm移動します。

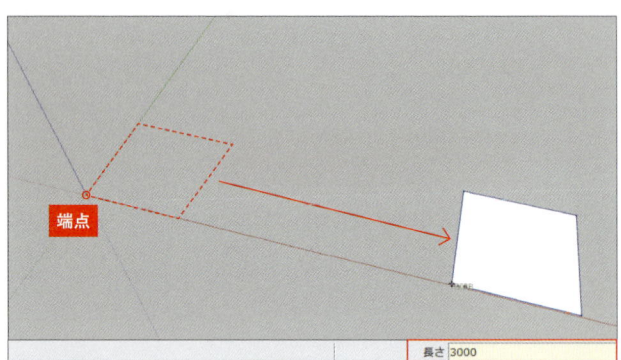

モデルを複製移動する

元の図形を残したまま移動してみましょう。

▶で四角形をクリックします。✿を選択し、四角形の角をクリックします。次に[Ctrl]キーを1回押すとカーソルの右上に「+」が表示されます✿。その状態でマウスを動かすと、元の図形を残したまま、新しい図形を複製することができます。再度クリックすると、場所が確定されます。

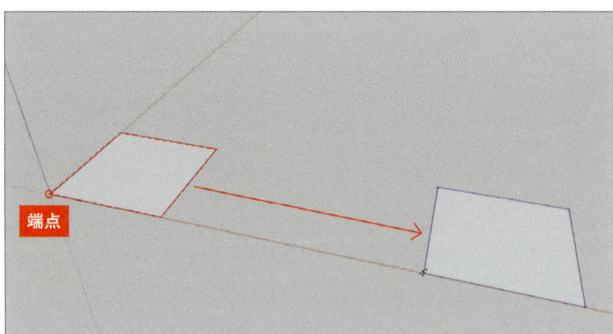

モデルを等間隔に多数複製する

等間隔に配置するように多数複製を行う方法は2つあります。

〈「最初に複製移動した距離×個数」で複製する方法：「個数x（エックス）」〉

✿を選択し、四角形を赤軸に沿って2000mm複製移動させましょう。複製移動した直後に「5x（エックス）」を入力して[Enter]キーを押すと、最初に複製移動した距離で等間隔に5つの四角形が複製できます。

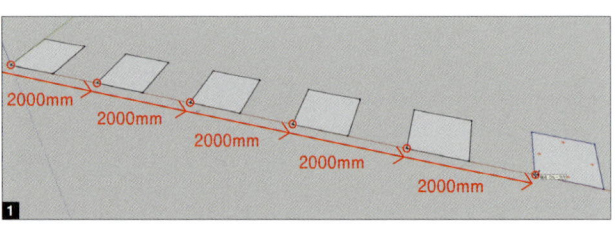

〈「最初に複製移動した距離÷個数」で複製する方法：「個数/（スラッシュ）」〉

✿を選択し、四角形を赤軸に沿って10000mm複製移動させましょう。複製移動した直後に「5/（スラッシュ）」を入力して[Enter]キーを押すと、最初に複製移動した距離を5分割した位置に四角形が複製できます。

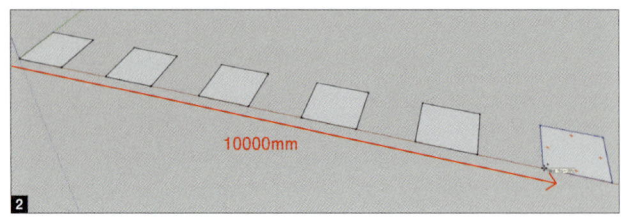

●プッシュプルツール

モデルを伸縮する

■を使って適当な大きさの四角形を描きます。
→p020 / 四角形を描く

▶で四角形の面だけをクリックします。🔶を選択し、面を1回クリックします。そのままマウスを上へ動かすと上に伸び、下へ動かすと下へ伸びます。
数値を指定して伸ばしたいときは🔶で面を1回クリックし、マウスを上へ少し動かし数値を入力すると上へ数値分だけ伸びます。逆にマウスを少し下へ動かし、数値を入力すると下へ伸びます。

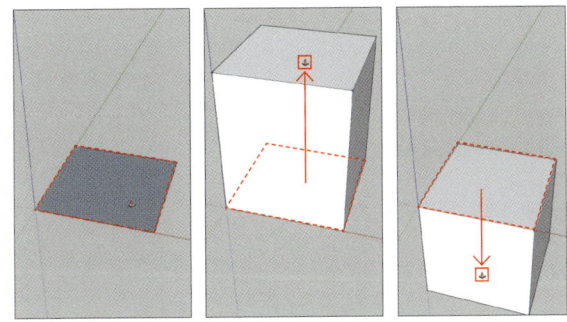

> **POINT**
> 「-(マイナス)」の数値を入力すると、動かしたマウスの方向とは反対の方向に図形が伸縮します。プラスとマイナス両方を利用しながらスムーズに作業を行っていきましょう。

元の図形の形状を残して伸縮する

■と🔶を使って、1000mm×1000mm×1000mmの立方体を描きます。
🔶を選択し[Ctrl]キーを1回押すと、カーソルの右上に「+」が表示されます🔶。この状態で伸縮を行うと、原型をとどめたまま形状が変化します。

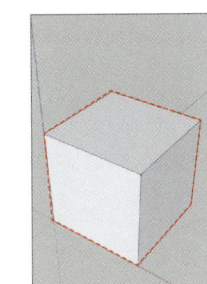 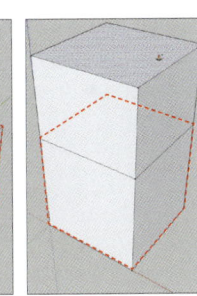 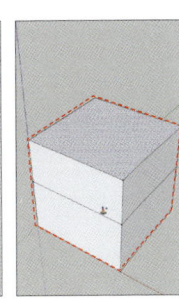

> **POINT**
> プッシュプルツールで元の図形を残して伸縮する機能は現場でもよく使用します。例えば、戸建住宅のバルコニー部分の笠木を作成するときに使用します。
> 笠木となる面を選択し、🔶で[Ctrl]キーを押して面を持ち上げると、バルコニーに笠木を作成することができます。

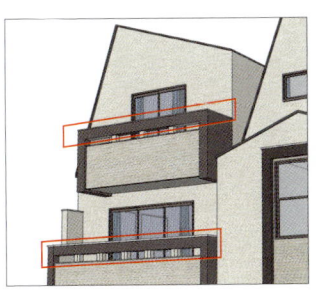 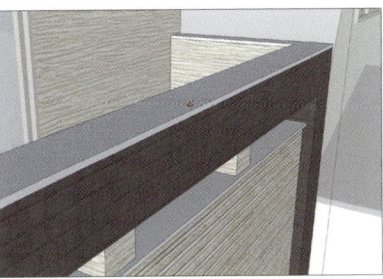

●回転ツール

モデルを回転する

■と♠を使って、2000mm×1000mm×1000mmの直方体を描いて、最後にグループ化を行います。

→p025／モデルを伸縮する
→p031／グループを作成する

♠で直方体を選択します。◯を選択し、直方体の角にマウスを置くと「端点、グループ内」というガイドが表示されるのでクリックします。次に別の角をクリックします。その状態でマウスを動かすとはじめにクリックした角を中心に回転します。回転したい方向へ少し回転させて「90」を入力して[Enter]キーを押すと、指定した方向へ90度回転します。

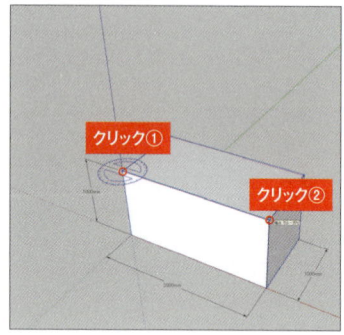
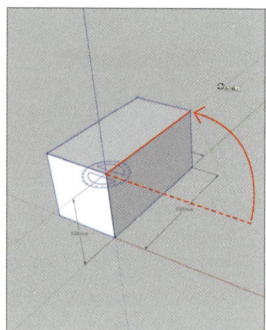

元の図形を残したまま回転する

■と♠を使って、2000mm×1000mm×1000mmの直方体を描いて、最後にグループ化を行います。

◯を選択し[Ctrl]キーを1回押すと、カーソルの右上に「+」が表示されます ◯⁺。直方体の端点をクリックし、回転したい方向へ90度回転しましょう。すると元の直方体を残して新しい直方体が回転しながら複製されます。

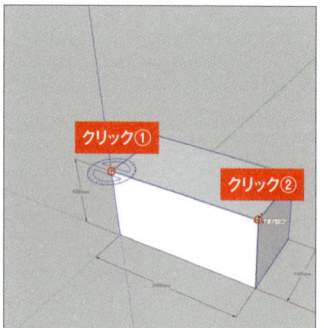
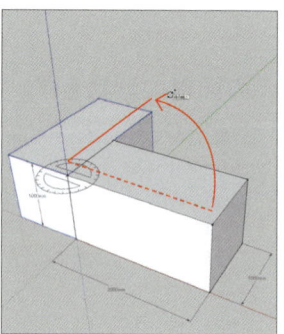

> **POINT**
>
> ◯を押すとカーソルのまわりに分度器のようなマークが表示されますが、この分度器には3種類の向きがあります。
> 赤軸（X軸）を回転軸とする赤分度器
> 緑軸（Y軸）を回転軸とする緑分度器
> 青軸（Z軸）を回転軸とする青分度器
> カーソルを置く面の向きによって表示される分度器は異なります。そのためカーソルを動かしてしまうとコロコロと種類が変わってしまいます。[Shift]キーを1回押しながらマウスを動かすと、そのとき表示されている分度器を維持し、スムーズに回転できるので試してみましょう。
>
>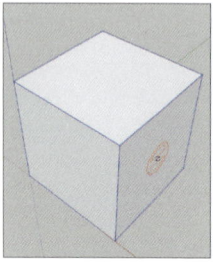
>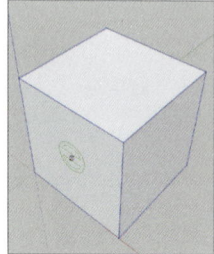
>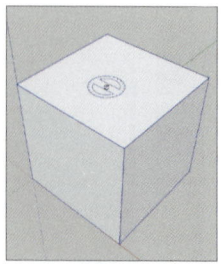

●オフセットツール

モデルをオフセットする

■ を使って1000mm×1000mmの正方形を描きます。

→p020 / 四角形を描く

図形を選択していない状態で、■ を選択し正方形の面をクリックします。その状態でいろんな方向にカーソルを動かすと新たな四角形の細いラインが内側にできたり外側にできたりします。例えば、四角形の細いラインが内側にできるようにカーソルを少し動かした直後に「200」を入力して［Enter］キーを押すと、元の正方形の外形線から200mm内側に入ったところに新たな四角形ができます。逆に外側にカーソルを動かすと元の正方形の外側に新たな四角形ができます。

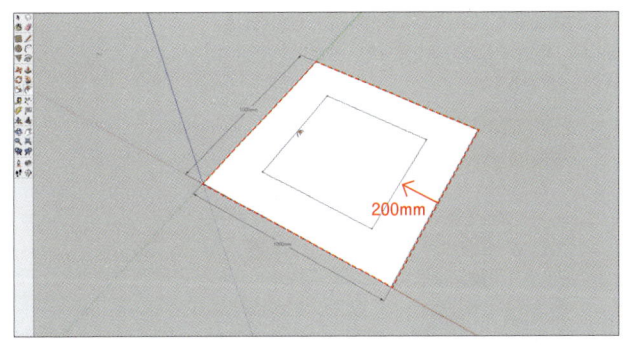

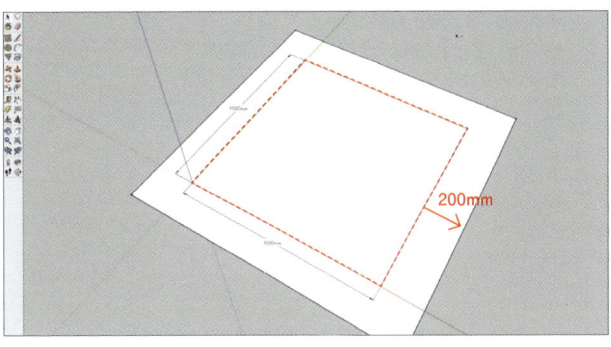

POINT

パースづくりにおいてオフセットツールはいったいどのような場面で使うのでしょうか？それは窓のサッシをつくるときです。均等な距離を保ち、1つの手順で4辺をつくることが可能なので効率がとても良いのです。また、四角形に限らず、五角形などの多角形にも使えます。効率の良い方法を頭で考えながら、実践で使っていきましょう。

● 尺度ツール

モデルの大きさを変更する

■と♣を使って、1000mm×1000mm×1000mmの立方体を描いて、最後にグループ化を行います。

→ p025 / モデルを伸縮する
→ p031 / グループを作成する

▶で立方体を選択し、続いて▶を選択します。すると立方体のまわりを囲むようにして▶が表示されます **1**。

▶を1回だけクリックし、カーソルを動かします。クリックした▶の対角線上にある点が基点となって、拡大縮小します。

例えば、立方体の面の中心をクリックすると反対側の面の中心を基点として拡大縮小されます **2**。この場合、プッシュプルツールを用いたときと同じ効果が得られます。また、立方体の角をクリックすると図形の比率を保ったまま拡大縮小されます **3**。

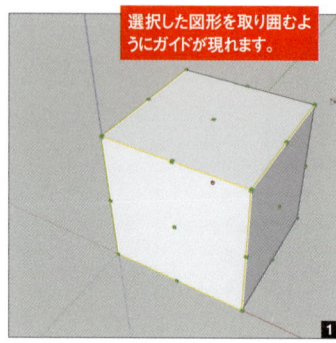
選択した図形を取り囲むようにガイドが現れます。

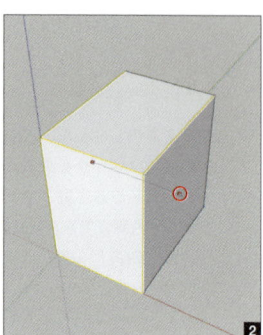

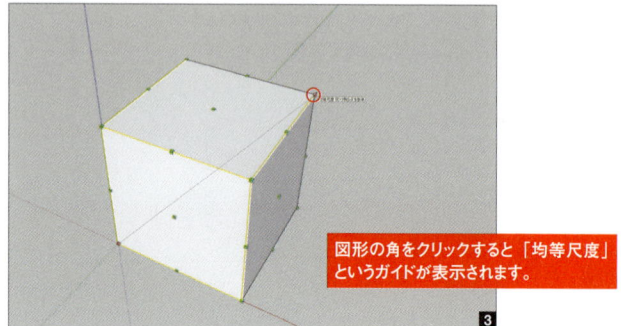
図形の角をクリックすると「均等尺度」というガイドが表示されます。

縮尺の基点を変更する

▶で立方体をクリックし、▶を選択します。適当な▶をクリックします。ここで[Ctrl]キーを押しっぱなしにします。すると、縮尺の基点が立方体の中心に変更されます。この状態でカーソルを動かすと立方体の中心に向かって拡大縮小が行われます。

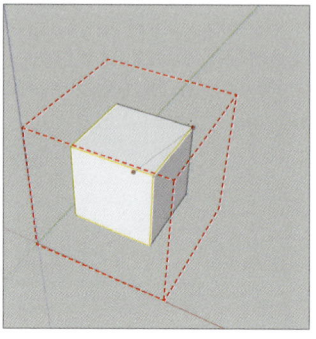

POINT

尺度ツールを選択すると図形のまわりにガイドとなる点がたくさん表示されますが、実際の作業でよく使う点は、各面の中心点と図形の角の点です。その他の点は非常に扱いにくいので触らないようにしましょう。

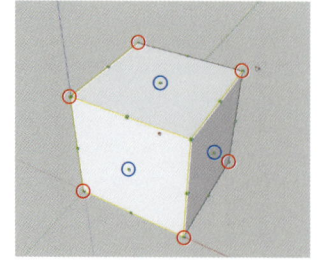

○ 図形の角
○ 面の中心

● テキストツール

文字を書く

を選択します。別ウィンドウが開きますので、好きな文字を入力しましょう。フォントや文字の高さ（厚み）を変更することができます。すべて設定し終えたら、[配置]をクリックします。

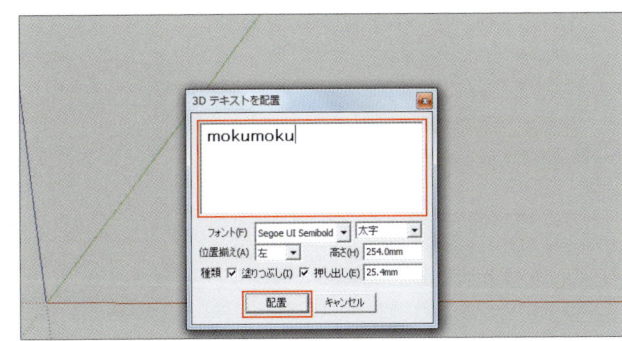

作業画面に戻りますので、文字を好きなところに配置しましょう。作業エリアをクリックすれば配置できます。

文字のモデルはグループ化されていますので、編集したいときは を使ってモデルをダブルクリックしてグループの中に入ります。グループの中に入れば文字を部分的に分厚くしたり、文字の間隔を広げたりできますので、いろいろと調整してみましょう。

→p032 / グループの中に入る

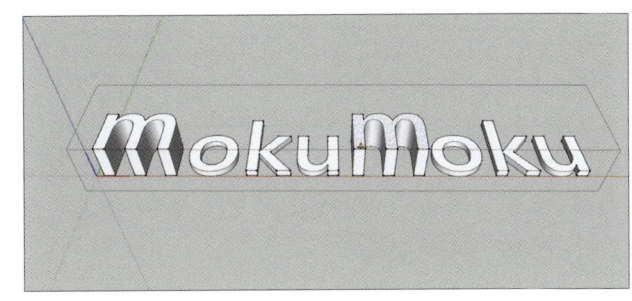

POINT

テキストツールは看板のパースを製作するときなどに使います。例えば社名やマンションの館名板など、看板をパースの中に組み込むとリアリティが増します。

● メジャーツール

寸法を測る

■ と 🖍 を使って、1000mm×1000mm×1000mmの立方体を描いて、最後にグループ化を行います。

→p025 / モデルを伸縮する
→p031 / グループを作成する

立方体の一辺を測ってみましょう。🖉 を選択して寸法を測りたい部分の端点をクリックします。次にカーソルをいろんな方向に動かしてみましょう。クリックをしなくてもマウスを置いた位置まで距離がステータスバーの測定値欄に自動的に表示されます。このようにして距離を測ることができます。

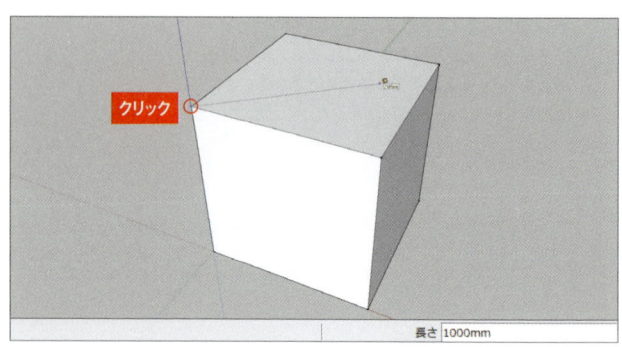

寸法ガイドを配置する

🖉 を選択し[Ctrl]キーを1回押すと、カーソルの右上に「+」が表示されます 🖉。直方体の端点ではなく辺をクリックします。軸に沿ってカーソルを動かし、「800」を入力して[Enter]キーを押すと、クリックした辺から800mmの位置に点線のガイドラインが引かれます。

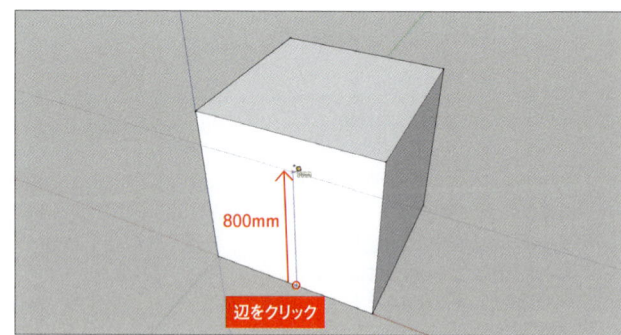

POINT

「寸法ガイド」は現場ではどのように活用されているのでしょうか？
「寸法ガイド」は窓をつくるときに大活躍します。窓はフロアレベルから900mmの位置に下端がくるように建築基準法で定められています。この寸法ガイドで下端となる900mmの位置にガイドラインを配置しておけば簡単に窓の配置ができます。

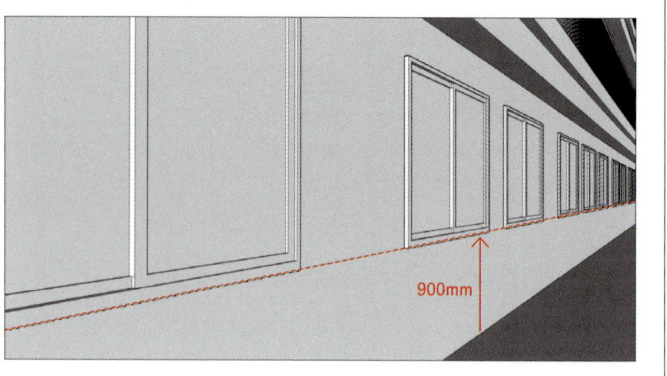

03 グループ化とコンポーネントの作成

モデルをグループ化すると、図形がバラバラにならず、移動や複製するのに便利です。また、コンポーネント（部品）として登録すると、同じ部品を複数配置したとき、1つを変更すれば、連動してすべて変化させることができます。

● グループを作成する

1 モデルを作成する

■ と ♣ を使って、1000mm×1000mm×1000mmの立方体を描きましょう。

→p025 / モデルを伸縮する

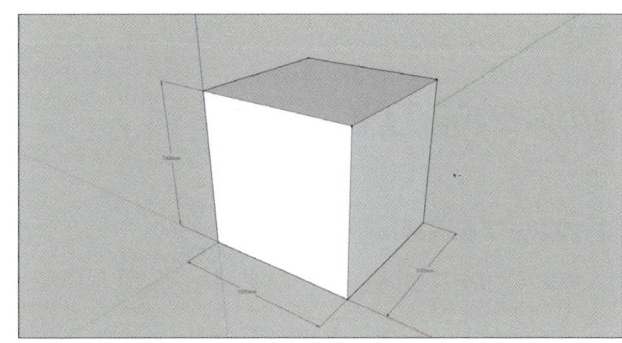

2 モデルをすべて選択する

▶ で立方体をトリプルクリック、もしくはドラッグをして立方体を囲みます。これで選択することができました。

→p018/ 図形全体を選択する

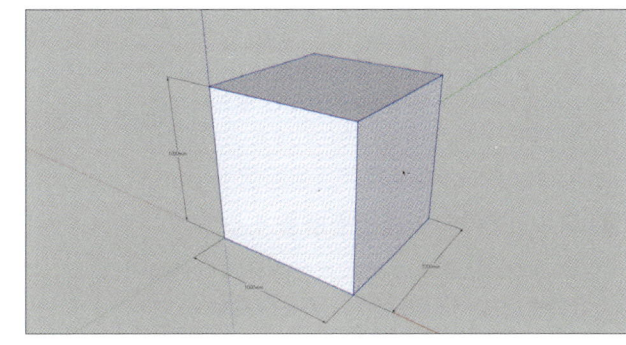

3 モデルをグループ化する

▶ で立方体を右クリック→［グループを作成］を選択します。これで作成したモデルのグループ化ができます。

FIX

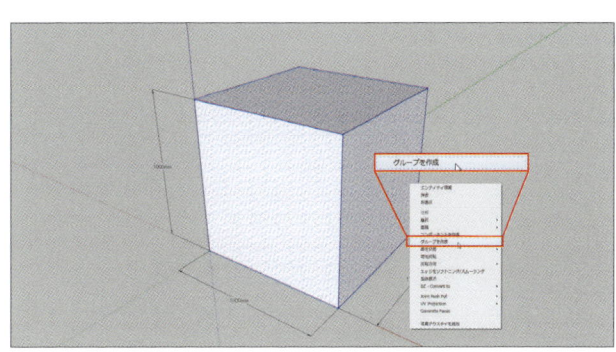

POINT

「モデリングが終わったらグループ化」を心がけましょう。例えば、右の椅子をつくるときには「木材」「金属」「ゴム」という3つの素材に分けることができます。この3つでグループを作成しておくのがベストです。木材部分の座面をつくり終えたらグループ化、金属部分のパイプをつくり終えたらグループ化、ゴム部分の滑り止めをつくり終えたらグループ化というように、その都度グループ化していきましょう。すべてのパーツをつくり終えて合体させたら、最後に「椅子」というくくりで全体をグループ化しておきましょう。

グループ化をしても、モデルをダブルクリックしてグループの中に入れば、グループ化をする前のように形状を編集することができます。そのため、モデリングが終わったら、ひとまずバラバラにならないように、グループ化してまとめましょう。

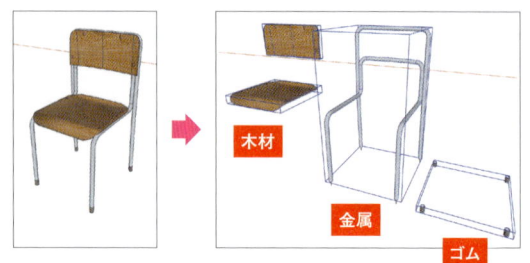

● グループの中に入る

1 グループを選択して中に入る

グループを作成しておけばグループごとに中に入って編集を行えます。
まずは作成したグループを1つ ▶ で選択します **1**。

グループ化された図形が青く選択されたら、さらにダブルクリックします。すると、選択したグループを取り囲むように線が表示されます **2**。この状態が「グループの中に入る」ということです。これで、他のグループを選択することなく、選択したグループ内でのみ編集が可能になります。

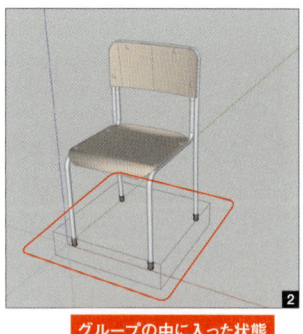

2 グループの中で選択を解除する

グループを取り囲む線の内側でモデルが存在しない領域をクリックすると、グループ内で青く選択されている部分が解除されます。

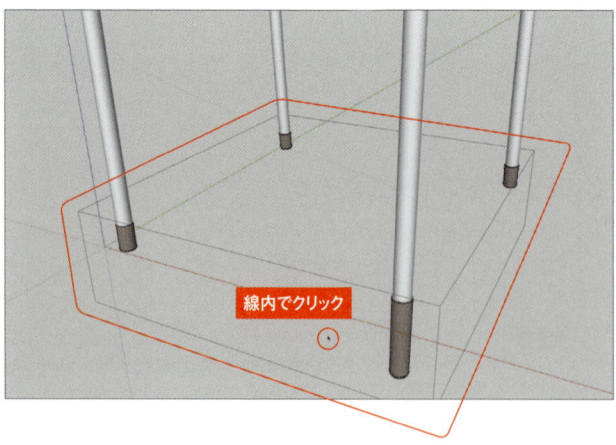

3 グループの外に戻る

グループを取り囲む線の外でモデルが存在しない領域をクリックしすると、グループ内での編集を抜け出します。

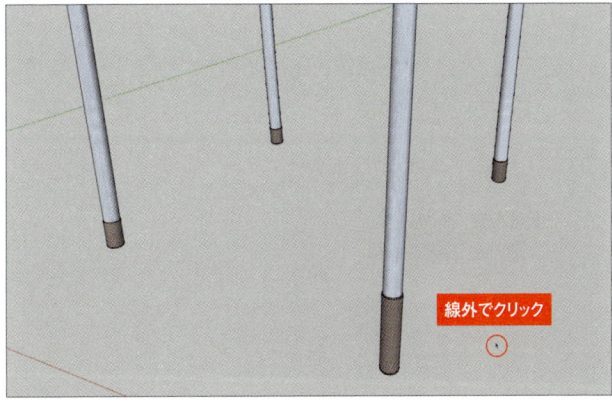

●コンポーネントを作成する

1 モデルをコンポーネント化する

■と♦を使って、1000mm×1000mm×1000mmの立方体を描き、▶で立方体をトリプルクリックして全選択します。

→p025 / モデルを伸縮する
→p018 / 図形全体を選択する

▶で立方体を右クリック→［コンポーネントを作成］を選択します。すると、別ウィンドウが表示されるので任意の名前を登録し、［作成］をクリックします。これで作成したモデリングのコンポーネント化ができます。

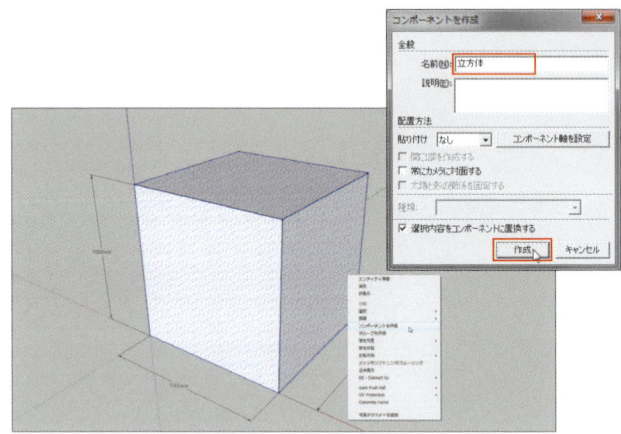

2 コンポーネント化したモデルを複製する

コンポーネントが作成できたら、立方体を複製してみましょう。❋を選択し、［Ctrl キー］を1度押します。「2000」を入力して［Enter］キーを押して2000mm複製移動させた直後に「5x（エックス）」を入力して［Enter］キーを押します。

→p024 / モデルを等間隔に多数複製する

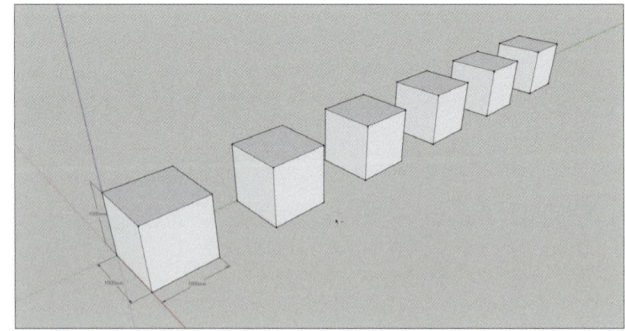

3 コンポーネント化したモデルを編集する

コンポーネント化すると、モデルはグループ化された状態になっています。グループの中に入って編集しましょう。立方体を1つ選択し、ダブルクリックでグループの中に入ります。♦を使って立方体の形を変えてみましょう。コンポーネント化されているので、1つの立方体を編集するとすべての立方体が同時に編集されます。

→p025 / モデルを伸縮する

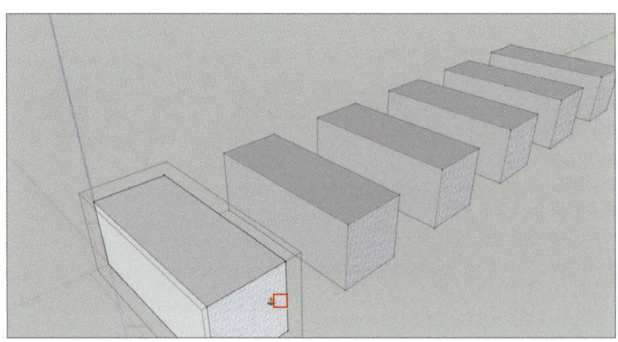

POINT

SketchUpでのコンポーネントとは、連動するモデルのことを指します。
例えば、いくつかのグループを一斉に修正できれば、時間短縮になり作業がはかどりますよね。コンポーネントはそんなメリットを持っているのです。

実際のＣＧ製作業務でコンポーネントを使う例としては、手摺の修正があります。計画段階でＣＧパースを作成しても、その後に形状変更することは多々あり、手摺もそのうちの1つでもう少し細くしよう、いやもう少し太くしようというように修正作業を行うことがあります。
右図のように手摺をコンポーネント化しておけば、1つのコンポーネントの形状を変更するだけで、モデルが連動して他の同一のコンポーネントの形状も変化するので、手摺の間隔をスムーズに検討できるようになりますね。

Part. 00_SketchUp

03 グループ化とコンポーネントの作成

SketchUp

04 プラグインのダウンロード

SketchUpでは様々なプラグインが無料でダウンロードできます。ここでは本書で使う「BezierSpline」「Curviloft」「Round Corner」というプラグインをダウンロードします。

1 プラグインが提供されている下記のサイトをブラウザで開き、右上の「Resister」をクリックします。

プラグイン提供サイト「sketchUcation」
http://sketchucation.com/

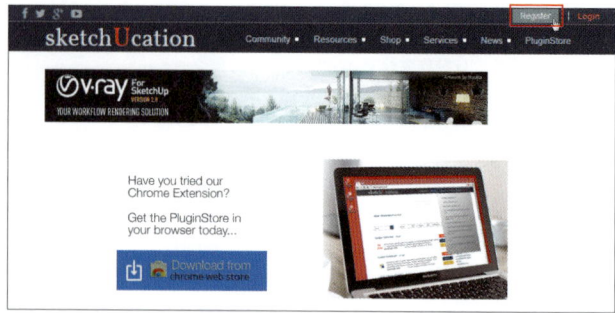

2 一番右の「BASIC」欄の「SUBSCRIBE」をクリックすると、ユーザー登録画面が表示されるので、必要事項を入力して登録します。

MEMO
このプラグイン提供サイトは登録制なので、ユーザー登録する必要があります。

3 登録するとログインした状態になるので、下記URLを開き、以下の3つのプラグインの「Download」をそれぞれクリックします。

プラグインのページ
http://sketchucation.com/pluginstore?pauthor=fredo6

ダウンロードするプラグイン
・Bezier Spline
・Curviloft
・LibFredo6
・RoundCorner

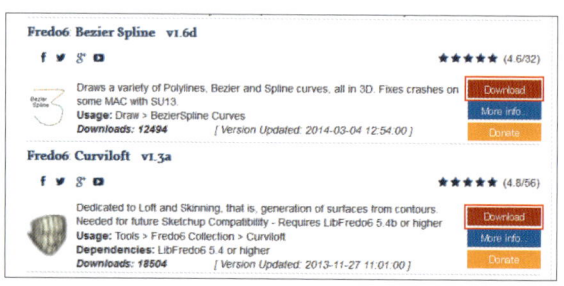

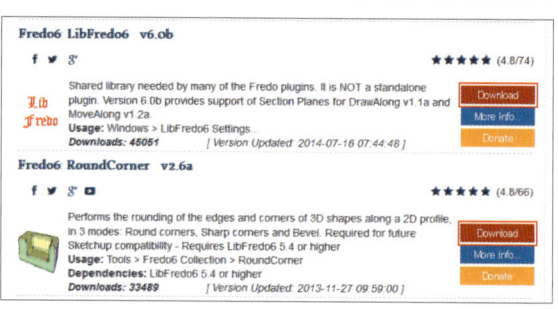

プラグインファイルがそれぞれダウンロードされます。

MEMO
「LibFredo6」は他のプラグインを動かすために必要な共有ライブラリです。いっしょにダウンロードしましょう。

4 SketchUpを起動し、メニューの[ウィンドウ]→[環境設定]で「システム環境設定」を開いたら、[機能拡張]を選択して、[拡張機能をインストール]ボタンをクリックします。

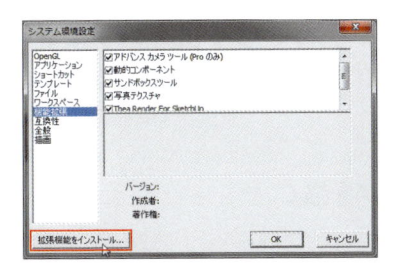

5 ファイル選択画面で、先ほどダウンロードした「BezierSpline_v1.6d.rdz」を選択して開きます。プラグインのインストール確認画面が表示されるので、[はい]をクリックします。

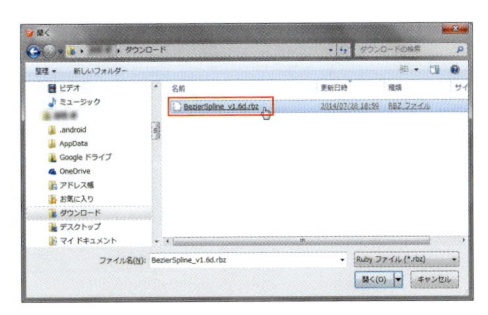

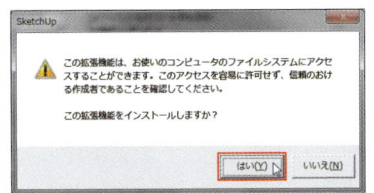

6 自動的にプラグインがインストールされます。同様に他の3つもインストールしましょう。

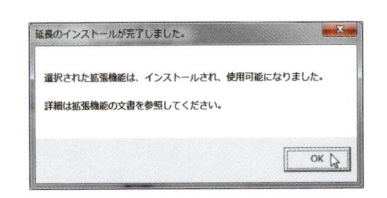

7 メニューの[表示]→[ツールバー]から、インストールしたプラグインにチェックを入れてツールバーを表示させましょう。

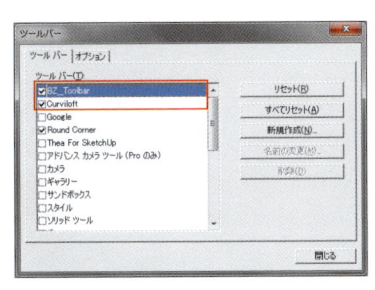

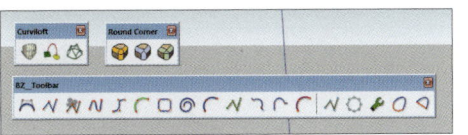

FIX

MEMO
「LibFredo6」にはツールバーはありません。

POINT
ダウンロードしたプラグインをまとめて保存しておくと、新しいパソコンに替わったときなどにダウンロードし直す手間が省けて便利です。

POINT
プラグインをインストールしてもSketchUpで表示されないときは、SketchUpを再起動しましょう。それでも表示されないというときはパソコン本体を再起動しましょう。

Part. 00_SketchUp

04 プラグインのダウンロード

SketchUp

05 基本プラグイン-ベジェ曲線ツール（BZ_Toolbar）

ベジェ曲線を使えば、曲面のモデリングを簡単に描けます。

1 ガイドとなるボックスを描く

■と♣を使って、5000mm×5000mm×5000mmの立方体を描いて、最後にグループ化をします。

→p025 / モデルを伸縮する
→p031 / グループを作成する

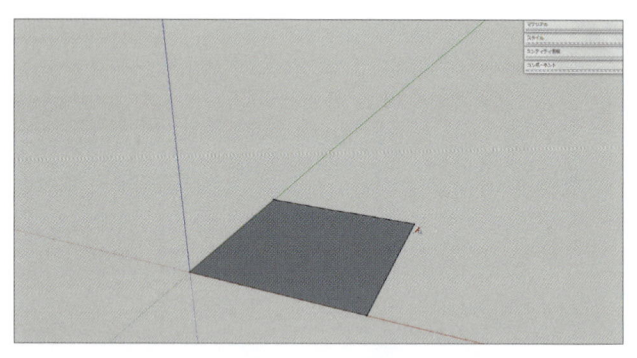

POINT

ガイドがあると正確な位置に曲線を描くことができます。ガイド上に表示される「面上」「中点」「エッジ上」などを目印にして曲線を描くようにしましょう。曲線を描き終わったら、ガイドを削除します。グループ化しておくことで手早く削除することができます。

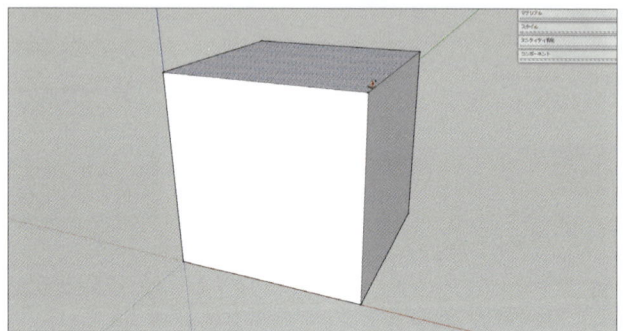

2 F-Spline（エフスプライン）ツールで曲線を描く

ボックスの上で1→2→3の順番でクリックしていきます。4番目でダブルクリックをすると、曲線ができあがります。

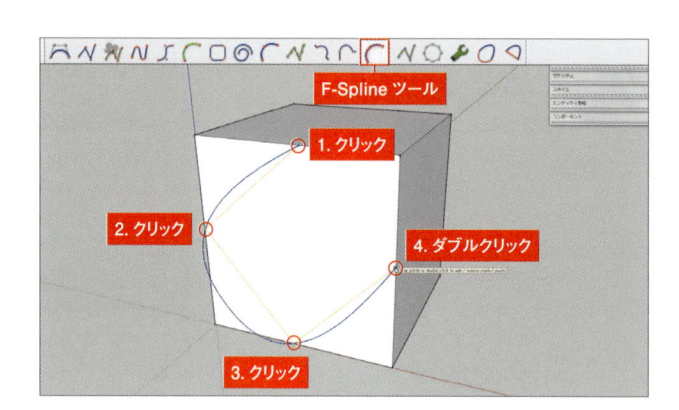

3 Edit（エディット）ツールで編集する

1番目にクリックした点の上でクリックします。クリックしたままドラッグをし、指を離すと点が移動します。

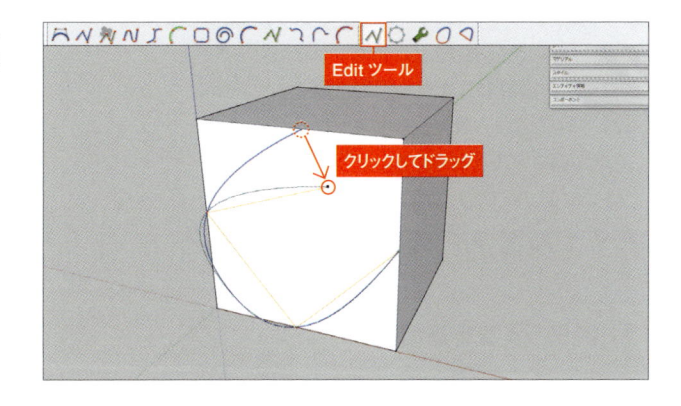

オレンジのライン上でダブルクリックすると、編集できる点が増えます。逆に作成した点の上でダブルクリックをすると、点を減らすことができます。

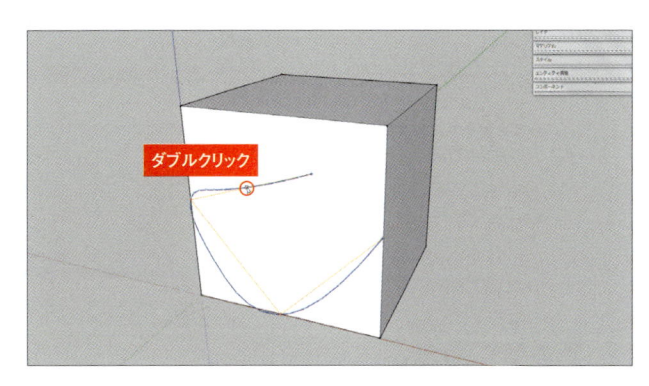

Editツールを使って点の位置をいろいろと動かしてみましょう。ポイントはガイドの「面上」「中点」「エッジ上」などを目安にすることです。

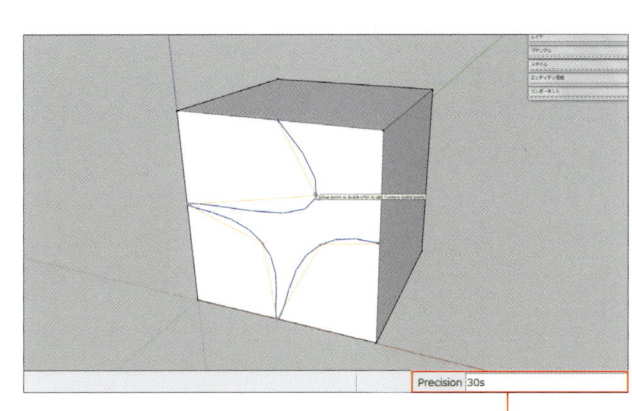

複雑な曲線はかなりカクカクしてしまいます。そこで「100s」と入力して[Enter]キーを押すと、測定値欄の数値が30s→100sに変わります。すると、曲線を構成する点の数が増えます。数を増やせば増やすほど、曲線はなめらかになります。ただし、データが重くなってしまうので適度な数値に設定しましょう。

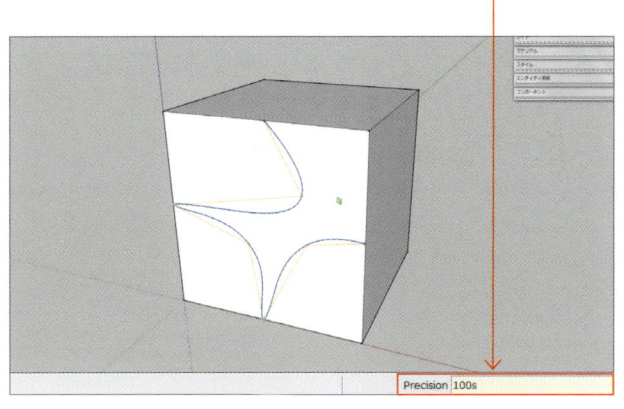

FIX

06 基本プラグイン-Curviloft（カーブロフト）

カーブロフトを使えば曲面のモデリングが簡単に描けます。
① ▧ 「断面ラインを結んで曲面をはる」ツール
② ▧ 「パスに沿わしながら図形を繋ぐ」ツール
③ ▧ 「輪郭線から膜を張る」ツール
この3つのツールをおさえましょう。

● ▧ で断面ラインを結んで曲面を張る

1 断面ラインを準備する

メニューバーの［ファイル］→［開く］を選択し、デスクトップに付属DVDからコピーしておいた「Curviloft」サンプルデータ（Curviloft練習）を開きましょう。［シーン1］のタブをクリックすると作業エリアに3本のラインと、モデリングの完成図があります。この3本のラインは、このモデリングを構成する断面ラインです。このように、はじめにモデリングを構成する断面ラインを準備します。

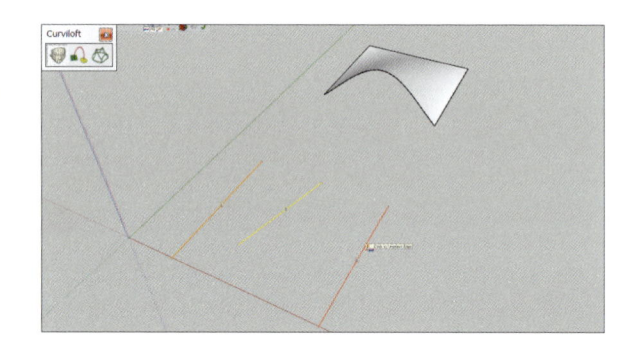

2 断面ラインを結ぶ

メニューバーの［表示］→［ツールバー］→［Curviloft］でツールアイコンを表示し、左端にある ▧ を選択します。
3本のラインを左から順にクリックします **1**。クリックし終わったら、［Enter］キーを1回押すと黒い面ができます **2**。この状態は面がまだ確定されていません。もう一度［Enter］キーを押すと確定されます。すると3本のラインを断面線とする曲面ができました **3**。

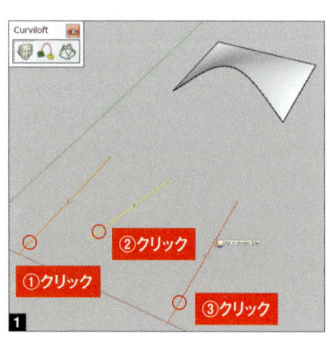

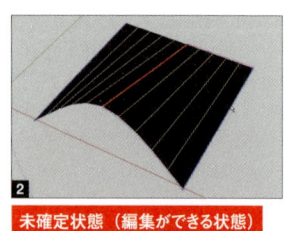

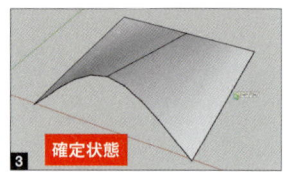

ではラインをクリックする順番を変えてみましょう。例えば、中央→左→右とクリックします **4**。すると先ほどつくった曲面とは違う形ができます **5**。いくつかの断面線をクリックした順につないで曲面ができあがるので順番を考えながらクリックをしましょう。

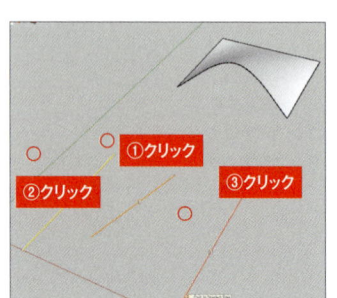

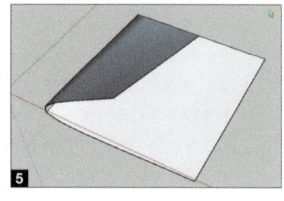

3 曲面を滑らかにする

未確定状態のときに、出来上がった黒い面をクリックします。「Properties of the Edited Junction」というウィンドウが開きます[6]。「Seg.」「Interpol.」の値を増やすと面を構成しているライン（辺上の点）の数が増え、より滑らかな曲面をつくることができます[7]。ただし、滑らかな曲面にすればするほど、データが重くなってしまうので注意しましょう。

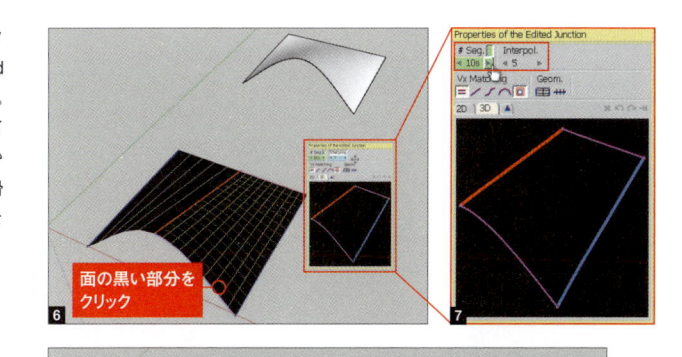

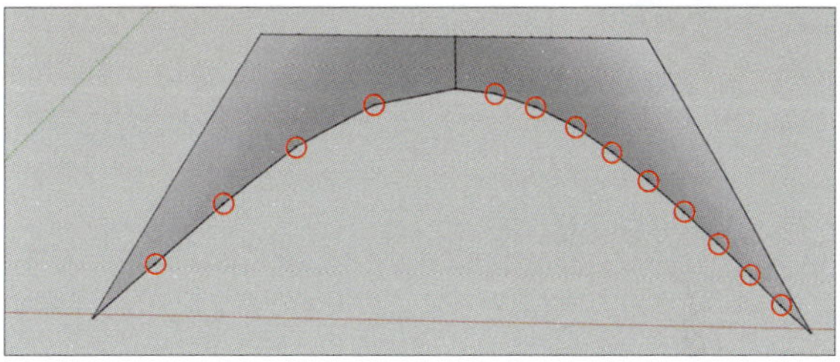

POINT

実際に をどのように使うのか練習してみましょう。参考写真の椅子をつくります。

[シーン2］のタブをクリックしましょう。 で作業エリアにある5本のラインを左から順にクリックします[1]。クリックし終わったら［Enter］キーを2回入力して、曲面を確定状態にして[2]、最後にグループ化をします。

→p031 / グループを作成する

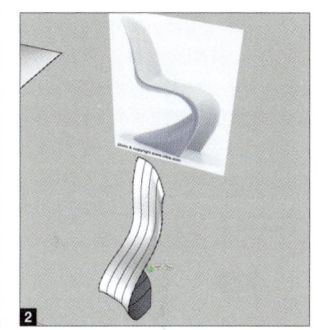

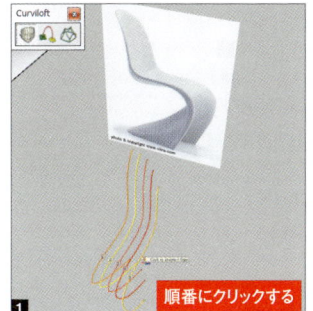

次に、モデルを隣に複製移動します[3]。複製したモデルの上で右クリックし、［反転方向］→［グループの赤］をクリックします[4]。すると赤軸に沿ってモデルが反転し、元のモデルと対称のものができ上がります。

→p024 / モデルを複製移動する

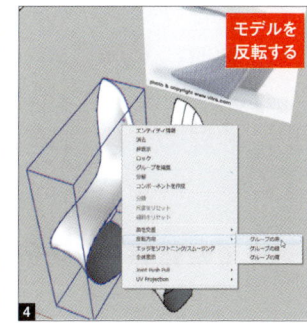

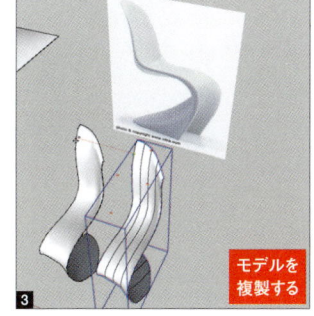

反転したモデルを元のモデルに接着させるように移動をすると、曲面でできた椅子ができました[5]。最後に図形全体を選択し、グループ化をしたら完成です。

→p024 / モデルを移動する
→p031 / グループを作成する

FIX

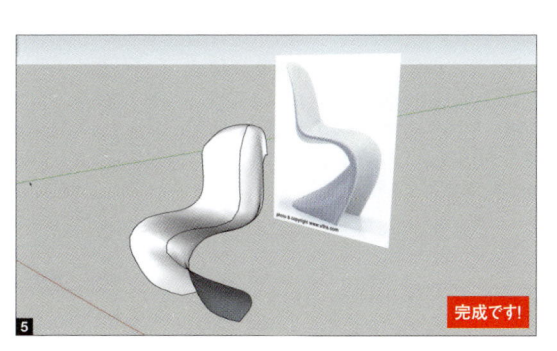

● 🔧 でラインに沿って図形を繋ぐ

1　2つの図形と1本のラインを準備する

「Curviloft」サンプルデータ（Curviloft練習）を開きます。［シーン3］のタブをクリックすると2つの図形と1本のラインがあります。この2つの図形をこのラインに沿って繋ぎます。このように、はじめにモデルの始点と終点となる2つの図形と、軸となるラインを1本、準備します。

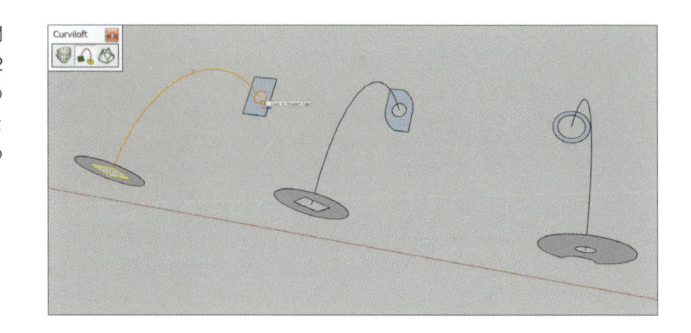

2　2つの図形を1本のラインに沿って繋ぐ

ツールアイコンを表示し、中央にある 🔧 を選択します。
「図形を沿わせるライン」→「繋ぎたい図形①」→「繋ぎたい図形②」の順にクリックします **1**。クリックし終わったら、［Enter］キーを1回押すと黒い面ができます。この状態は面がまだ確定されていません。もう一度［Enter］キーを押すと確定されます。すると、一番はじめにクリックしたラインに沿って新しくモデルが作成されます。同じ要領で隣の図形も繋いでみましょう **2**。

FIX

POINT
このツールは蛇口をつくるときによく使われます。

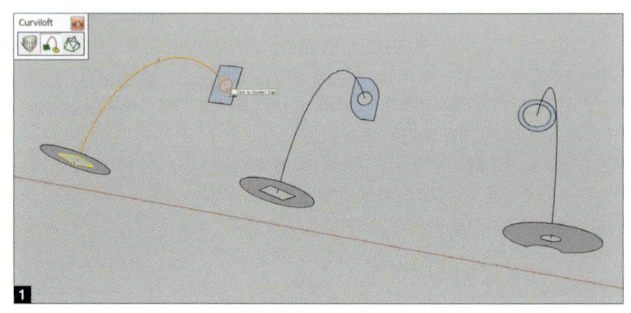

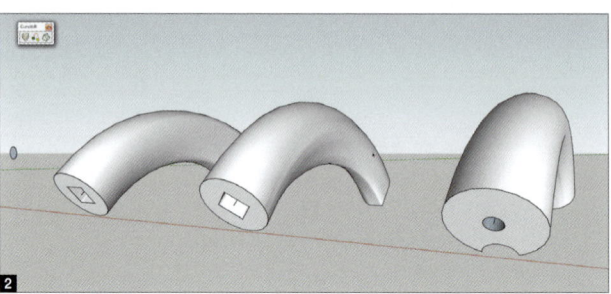

● 🔶 で輪郭線から膜を張る

1　輪郭線を準備する

「Curviloft」サンプルデータ（Curviloft練習）を開きます。［シーン4］のタブをクリックすると輪郭線があります。この輪郭線をすべて通るように面が張られます。このように、はじめにモデルを構成する輪郭線を準備します。

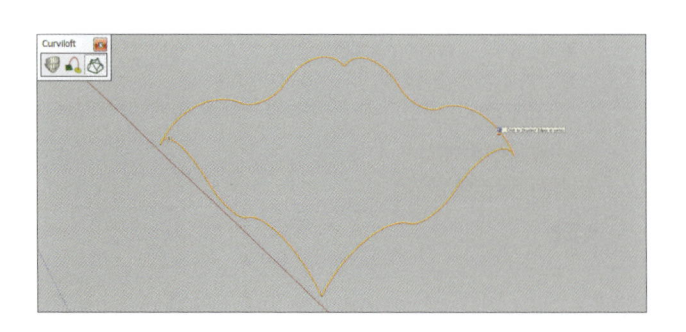

2　輪郭線を繋ぐ

ツールアイコンを表示し、右端にある🍥を選択します。
このツールは順番は関係ありませんので全部のパスをクリックします**1**。クリックし終わったら、[Enter] キーを1回押すと黒い面ができます**2**。この状態は面がまだ確定されていません。もう一度 [Enter] キーを押すと確定されます。すると、選択したパスをすべて通るように面が張られます。

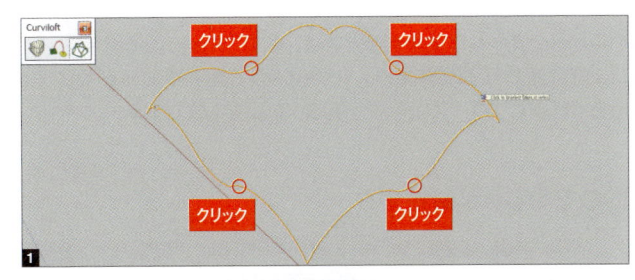

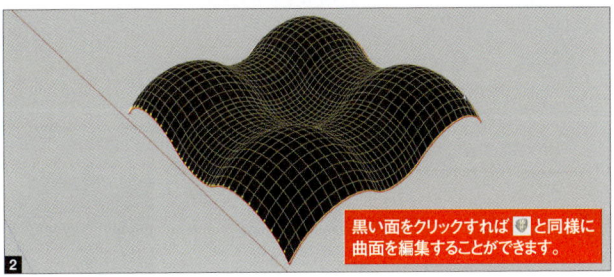

黒い面をクリックすれば🍥と同様に曲面を編集することができます。

3　面の表裏を合わせる

作成した面を見てみると、裏返っている部分があります。色が薄い水色になっているので一目瞭然です。作成した面は自動的にグループ化されています。面をダブルクリックし、グループの中に入って編集をしましょう。グループの中に入ったら、メニューバーの [表示] → [隠しジオメトリ] をクリックします。するとモデリングを構成しているラインが表示されます。
次に、面の白い部分で右クリックし、[面の表裏を合わせる] をクリックします**1**。白い部分が「表」なので、この表に合わせるように、「裏」が反転します。これで面の表にすることができます**2**。

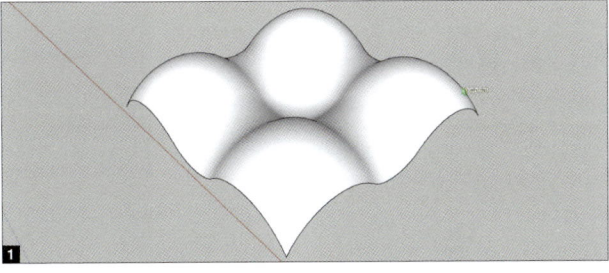

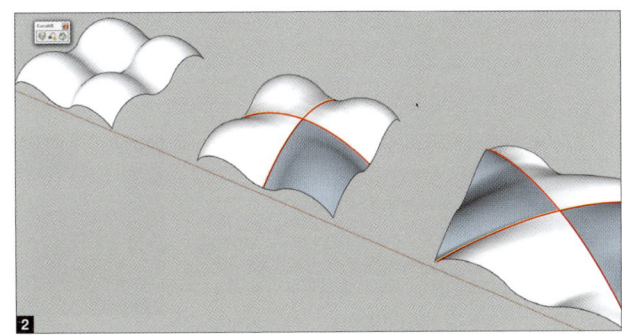

同じ要領で隣にあるパスを繋いでみましょう。同じ淵でも中を通るパスの形状が異なれば、作成される曲面が異なります。これは「すべてのパスを通って曲面ができる」という🍥の特徴によるものです。

中のパスの形状が異なるとできあがる曲面も異なります。

FIX

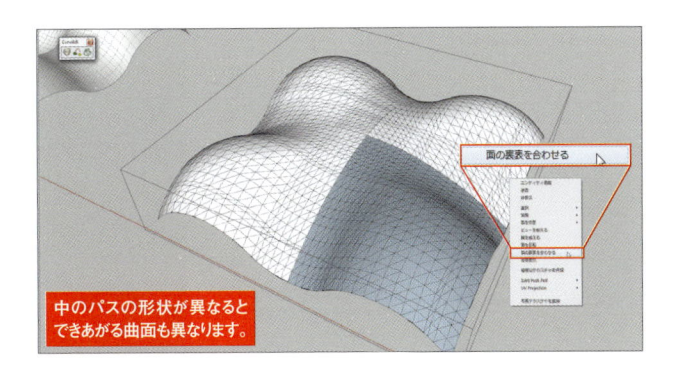

01 明るさの設定

Thea Renderで作業を行うときは、まず［Workspace］の明るさを調整しましょう。特に内観パースをつくるときは、壁に囲まれて環境光が入りづらいので必ず調整が必要です。［ISO］［Shutter Speed］［f-number］の3つをうまく調整し、パースに合った明るさを設定しましょう。

ISOで明るさを調整する

Thea Renderを起動させ、メニューバーの［File］→［Open］をクリックしてファイルを読み込みます。
ここでは、メニューバーの［File］→［Scenes］→［Examples］→［Sunpool Caustics］をクリックします❶。［Workspace］にプールの題材が表示されます。この題材を使って、明るさを調整しましょう。

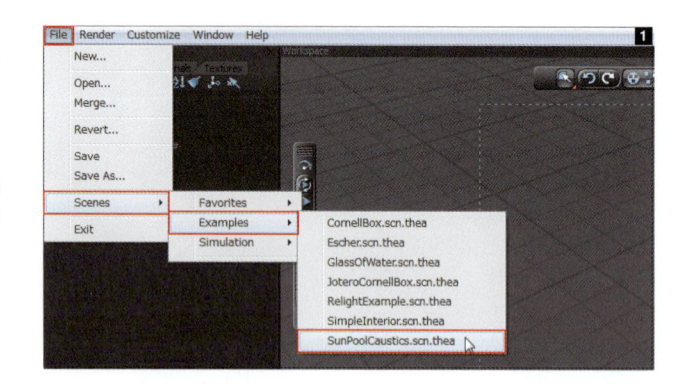

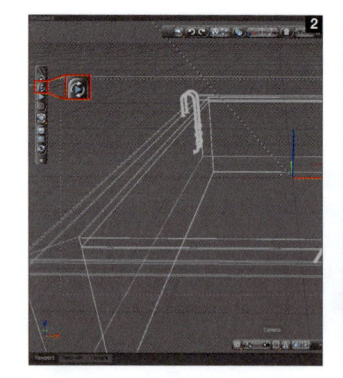

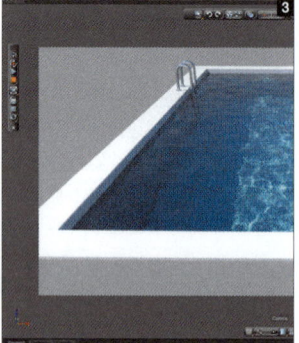

［ツールバー（左）］の をクリックします❷。すると題材がレンダリングされた状態になります❸。 をクリックして有効にすると、常にレンダリングが更新され、マテリアルの変更などを瞬時に確認できます。ただしこれはプレビューレンダリングなので、実際にレンダリングした時には少し異なる場合があります。

［Workspace］左下のタグで［Darkroom］をクリックします❹。［Darkroom］左上の［ISO］を調整しましょう。初期設定では「100」になっています。数値部分をクリックし、「10」と入力し、左下のタグから［Viewport］へ戻ります❺。すると［Workspace］のビューが暗くなりました❻。このように［ISO］の数値を下げると暗くなります。

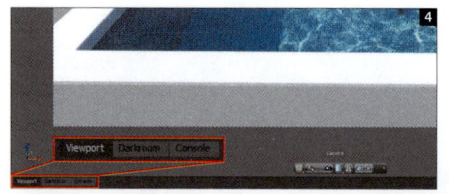

逆に明るくしてみましょう。[Darkroom] へ移動し、[ISO] の数値を今度は「500」と入力します 7。[Viewport] へ戻ると明るさが一段と明るくなります 8。このように [ISO] の数値を上げると明るくなります。

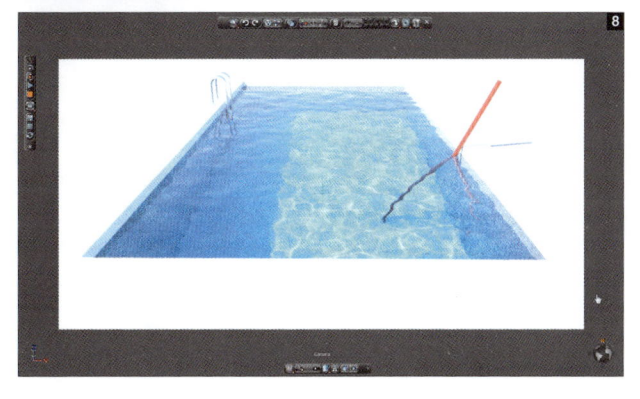

> **MEMO**
> 反映されない場合は 🔄 をクリックします。

Shutter Speedとf-numberを調整する

[Darkroom] の [Shutter Speed] と [f-number] でも明るさを調整できます。

[ISO] 同様、[Workspace] 左下のタグから [Darkroom] を開き、それぞれの項目に数値を入力し、[Viewport] へ戻ります。このとき、[ISO] とは異なり、[Shutter Speed] と [f-number] は数値を上げると暗く、下げると明るくなります。

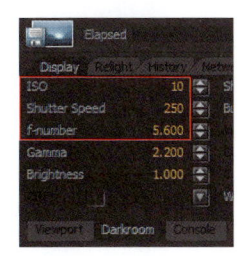

POINT

[ISO] [Shutter Speed] [f-number] の違いは？

[ISO] はISO感度を指します。明るくするためには数値を上げる必要がありますが、高感度になればなるほど仕上がるレンダリング画像が「ざらざら」と汚くなってしまいます。これは画像を構成している粒子が粗くなるためです。そのため、[ISO] の数値は、高くしすぎないように注意しましょう。

[Shutter Speed] を翻訳すると「シャッター速度」。この速度はレンズが光を取り込む時間と関わってきます。速度が速いほどレンズに取り込まれる光の量が少なくなるため暗くなります。逆に速度が遅いと取り込まれる光の量が多くなるので明るくなります。

[f-number] はF値（レンズの明るさ）のことを指します。レンズには焦点距離が存在します。「レンズの焦点距離÷レンズの口径＝F値」となり、レンズの口径が大きいほど集める光の量が多くなって明るくなります。口径（分母）が大きくなるとF値は小さくなります。つまりF値（f-number）を小さくすると明るくなるということです。

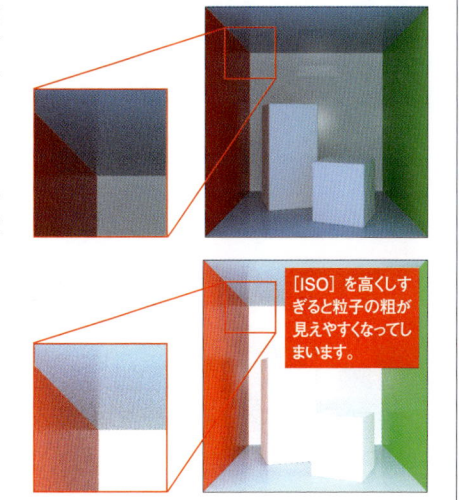

[ISO] を高くしすぎると粒子の粗が見えやすくなってしまいます。

02 カメラサイズの設定

解像度を変えることでより高画質なパースをつくることができます。

1 ［Workspace］の表示を変更する

Thea Render を起動させ、ファイルを読み込みます。
ここでは、メニューバーの［File］→［Scenes］→［Simulation］→［AdvancedMaterialSimulation］をクリックします。［Workspace］に球体の題材が表示されるので、この題材を使って、カメラサイズを設定しましょう。［ツールバー（左）］の ■ をクリックします。
［Workspace］を見ると薄い点線で囲まれた部分がプレビューレンダされています ■。本番のレンダリングはこの点線内をレンダリングします。
［ツールバー（左）］の ■ をクリックしましょう。［Workspace］の表示メニューが表示されるので、［Overlay］に変更してみましょう ■。今までグレーで表示されていた部分がなくなり、すべて見えるようになりました ■。ただしこの状態でも本番では点線内しかレンダリングされません。

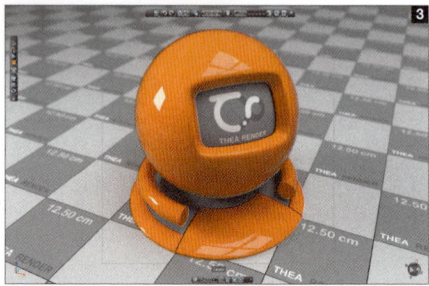

2 カメラサイズを変更する

［Scene］の［TreeView］で［Camera］をクリックします ■。［Properties］の［Film］の［Resolution］が 500 ⇔ 500 となっているので数字をクリックし、1000 ⇔ 500 と入力しましょう ■。すると点線で囲まれた範囲が横長になり、カメラサイズが1000pixel×500pixelに変更されます ■。これは解像度を表しているので、高くすればするほど高画質なパースをつくることができますが、データは重くなってしまいます。

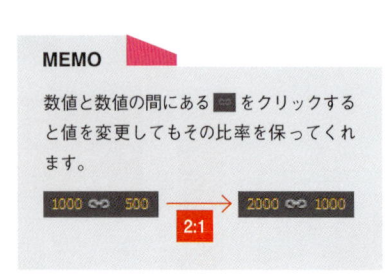

FIX

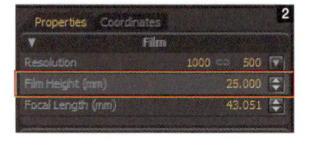

MEMO
数値と数値の間にある ⇔ をクリックすると値を変更してもその比率を保ってくれます。

1000 ⇔ 500 → 2000 ⇔ 1000
2:1

03 操作方法

Thea Renderの基本操作を覚えましょう。

1 左クリック
図形を選択したりアイコンを選択するときに使用します。本書では「クリック」と呼びます。

3 ホイール
このボタンは2つの使い方があります。

〈画面の拡大・縮小〉
作業エリア内で奥に回転すると拡大、手前に回転すると縮小します。

〈画面の回転〉
ホイールを長押しをしたままマウスを動かすと画面の回転ができます。

2 右クリック
このボタンは2つの使い方があります。

〈編集項目の表示〉
図形上で右クリックを押すと編集項目が表示されます。

〈画面の固定移動〉
右クリックを使ってドラッグをすると画面を固定したまま移動ができます。

モデルを移動する

Thea Renderを起動させ、ファイルを読み込みます。
ここでは、メニューバーの[File]→[Scenes]→[Examples]→[Glass Of Water]をクリックします。[Workspace]にコップの題材が表示されるので、この題材を使って、モデルを移動しましょう。[ツールバー（左）]の をクリックします。

1. 色がつくとアイコンが選択されている状態です
2. 黄色くなった矢印をドラッグします

移動させるモデルをクリックして選択します。ここではストローを選択しましょう。
次に、[ツールバー（上）]の をクリックします。アイコンに色がつけば、そのツールが選択されている状態です。 をクリックするとモデルのまわりに3色（赤・青・緑）の矢印が表示されます。赤い矢印にカーソルをのせると矢印が黄色くなります 1 。この状態のまま、右へドラッグすると、ストローを右へ移動することができます 2 。青の矢印ならば上下、緑の矢印ならば前後に移動することができます。

MEMO

3色の矢印はそれぞれの軸に対応しており、その軸方向にのみ移動することができます。赤は赤軸（X軸）、緑は緑軸（Y軸）、青は青軸（Z軸）に対応しています。
また、十字マークは対応する軸の位置を固定したまま、様々な方向に移動することができます。例えば、青の十字マークをクリック＆ドラッグすると、高さを保ったままモデルを移動できます。

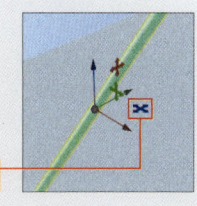

十字マークは軸の位置を固定しながら移動することができます

POINT

実務では、車などのモデルを配置する際に移動ツールを使用します。特に車は「よし、ばっちり配置できた！」と思ってみても、違うアングルから覗いてみると車が地面から離れているときが多々あります。そんな時は、移動ツールの青軸をマウスで動かして、地面にしっかりのるように丁寧に配置してあげましょう。

モデルを回転する

回転させるモデルをクリックして選択します。ここではストローを選択しましょう。
次に、[ツールバー（上）]の アイコン をクリックします。アイコンに色がついたらモデルのまわりに3色のT字マークが表示されます。青いT字にカーソルをのせるとT字が黄色くなります **1**。この状態のまま、円を描くように時計まわりにドラッグすると、ストローを青いT字の面上で回転することができます **2**。赤いT字、緑のT字もそれぞれの面上で回転することができます。

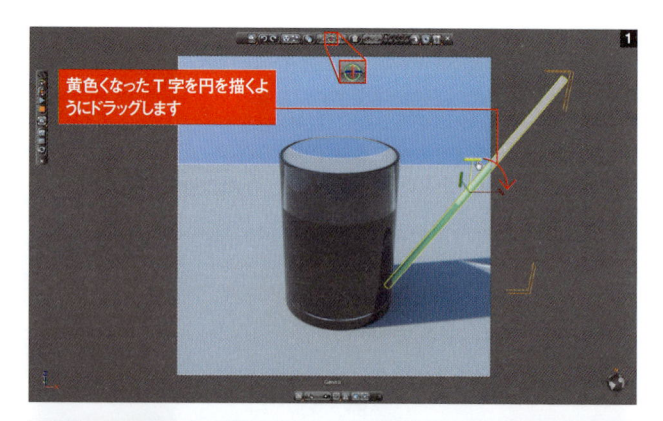

MEMO

3色が重なる点を中心とし、T字が描かれている面上を回転する仕組みです。

回転の中心

モデルを拡大縮小する

拡大縮小させるモデルをクリックで選択します。ここではグラスを選択しましょう。

次に、[ツールバー（上）]の をクリックします。アイコンに色がついたらモデルのまわりに3色の棒が表示されます。青い棒にカーソルをのせると棒が黄色くなります❶。この状態のまま、上にドラッグするとグラスを縦方向に拡大することができます❷。下向きにドラッグすると縮小を行うことができます❸。赤い棒、緑の棒もそれぞれの方向に拡大縮小することができます。

MEMO
赤・青・緑、それぞれ伸びている軸方向に拡大縮小します。

モデルを同じ比率で拡大縮小する

拡大縮小させるモデルをクリックで選択します。ここではグラスを選択しましょう。

次に、[ツールバー（上）]の をクリックします。3色の棒が重なる点にグレーの四角いマークがあります。カーソルをのせるとマークが黄色くなります❶。この状態のまま、ドラッグでいろんな方向に動かしてみましょう。すると元のモデルの比率を保ったまま、外側に動かすと拡大、内側に動かすと縮小が行えます❷❸。

Part. 00_Thea Render　03　操作方法

Thea Render

モデルを複製する

Thea Render を起動させ、ファイルを読み込みます。
ここでは、メニューバーの [File] → [Scenes] → [Examples] → [SimpleInterior] をクリックして室内の題材を開き、[ツールバー（左）]の をクリックします。
画面が暗いときは [Darkroom] で明るさを調整しましょう。

→p044／明るさの設定

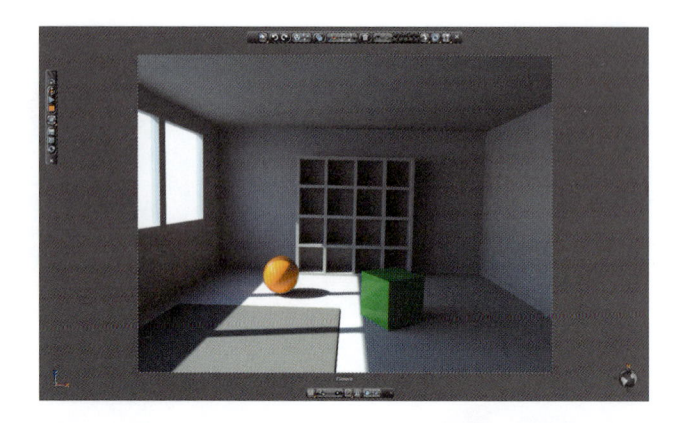

複製するモデルをクリックして選択します。ここでは四角の箱を選択します。
次に、右クリックで [Edit] → [Duplicate] をクリックすると元のモデルと同位置に複製することができます **1**。
実際に複製されているかどうか確認するために移動ツールで移動してみましょう **2**。

→p024／モデルを移動する

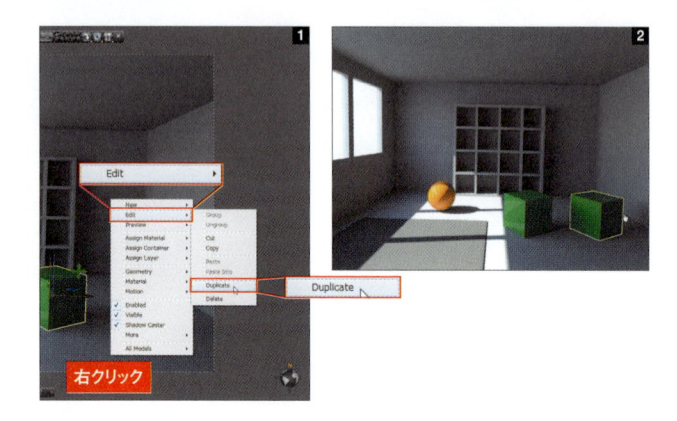

モデルを消去する

消去したいモデルをクリックして選択します。ここでは球体を選択します。
右クリックで [Edit] → [Delete] をクリックをすると選択したモデルを消去することができます **1** **2**。

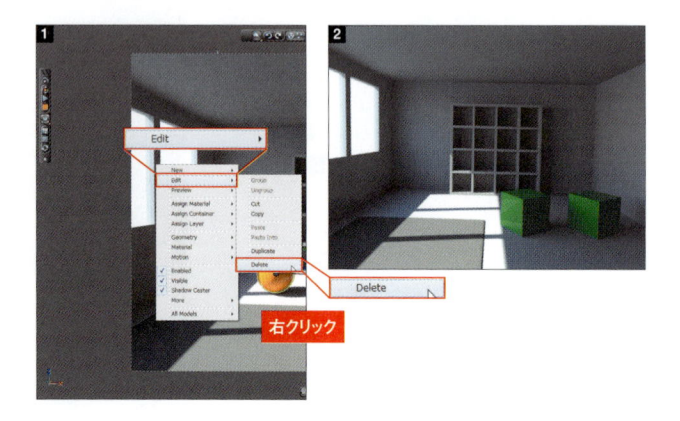

04 シーンの保存

カメラで撮影するように、素敵なアングルをシーンとして保存しましょう。保存したシーンはいつでも呼び出すことができます。ただし、シーンごとに明るさを分けても、明るさは保存されないので注意してください。

1 カメラを追加する

Thea Renderを起動させ、ファイルを読み込みます。ここでは、メニューバーの［File］→［Scenes］→［Examples］→［SimpleInterior］をクリックします。［Workspace］に室内の題材が表示されるので、この題材を使って、シーンを保存してみましょう。［ツールバー（左）］の アイコン をクリックします。

［ツールバー（上）］の アイコン をクリックします。表示されたウィンドウの［Insert Camera］をクリックします １ 。カメラが追加され、［Scene］→［TreeView］の［Cameras］に［Camera#2］が新しく表示されます ２ 。

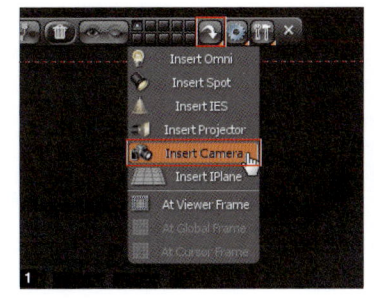

2 アングルをシーンとして保存する

カメラは、現在［Workspace］で表示されているシーンを表します。［ツールバー（下）］の アイコン をクリックするとカメラを切り替えられます １ 。現在選択されているカメラは、オレンジ色で表示されます ２ 。
次に［ツールバー（下）］の アイコン をクリックします。するとレンダリング範囲の枠が赤くなりました ３ 。「シーンが保存できますよ」という状態です。この状態で最適なアングルを探してみましょう。ここでは、オレンジの球に近づいてみます。いいアングルが見つかったら［TreeView］でそのカメラを右クリックして［Locked］を選択すると、アングルが保存されます ４ ５ 。

FIX

レンダリング範囲の枠が赤くなります。

05 太陽の設定

ワンクリックで太陽を配置することができます。西日の表現も簡単にできます。

1 太陽を配置する

Thea Renderを起動させ、ファイルを読み込みます。ここでは、メニューバーの [File] → [Scenes] → [Examples] → [SunPoolCaustics] をクリックしてプールの題材を開き、[ツールバー (左)] の アイコンをクリックします。

画面が暗いときは [Darkroom] で明るさを調整しましょう。

→p044 / 明るさの調整

[Scene] 上部の [TreeView] で [Sun] をクリックし、[Scene] 下部の [Properties] で [Enabled] のチェックボックスにチェックが入っているか確認しましょう 1 。チェックボックスをクリックするとチェックを入れたり外したりできます。チェックが入ると太陽が配置され、[Workspace] の右上には太陽エディターが表示されます 2 。

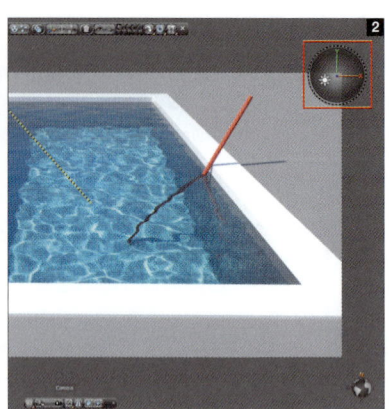

2 太陽の位置を変更する

太陽を配置したら、[Workspace] の右上にある太陽エディターに注目してみましょう 3 。太陽マークをクリックしたままエディター内を移動すると、赤い棒の影の向きが変わります 4 。このように、エディター内を移動すると、モデルを中心にして太陽がぐるぐる移動します。

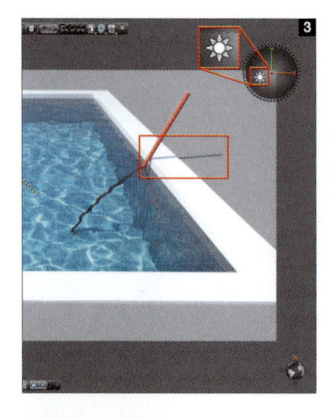

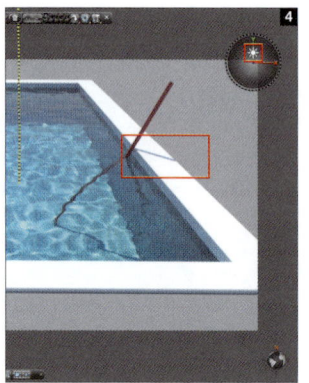

また太陽マークをエディターの縁に移動するとモデルに黄色い光が差し込み、太陽が沈む直前の西日のような雰囲気を出すことができます 5 。エディターのどまんなかに太陽マークがあるときは、モデルの真上から太陽が差していて、縁にいくほど太陽高度が低くなるイメージです。

FIX

06 マテリアルの設定

色味、反射、凹凸の設定方法をおさえましょう。この3つの設定で、パースのリアリティがぐっと増します。

色味をつける

Thea Renderを起動させ、ファイルを読み込みます。
ここでは、メニューバーの[File]→[Scenes]→[Simulation]→[AdvancedMaterial Simulation]をクリックして球体の題材を開き、[ツールバー（左）]の をクリックします。
色を変えたい部分を でクリックして選択します①。ここでは球体のオレンジ部分を選択します。
[Setting]→[MaterialLab]のプレビューに[Workspace]で選択したモデルのマテリアルが表示されます②。[Scatter]をクリックし、[Diffuse]のカラーボックスをクリックします。
「TheaColorLab」ウィンドウが開きます③。ここで設定したい色をクリックして、チェックボタンを押すと色を変更できます。緑色をクリックしてみましょう。

緑色に変更できました。

反射をつける

Thea Renderを起動させ、ファイルを読み込みます。
ここでは、メニューバーの[File]→[Scenes]→[Examples]→[CornellBox]をクリックして赤と緑の部屋の題材を開き、[ツールバー（左）]の をクリックします。
[Darkroom]でISOを200→900にし、画面を明るくしておきます。
反射をつけたい部分をクリックして選択します。ここでは赤壁を選択します **1**。

[MaterialLab]の[Coating]を1回クリックします。すると、色味の上にレイヤーが追加されました **2**。これがコーティング（反射）のレイヤーです。プレビュー画面を見ると赤い壁に膜が貼られて艶が出ました **3**。

今度は艶の強弱を変えてみましょう。コーティングレイヤーをクリックして選択し、[Reflectance]のカラーボックスをクリックすると、「TheaColorLab」ウィンドウが開くので、グレーから白に色を変えます **4**。

すると先ほどより反射が強くなります**5**。逆に
[Reflectance]を黒色に近づけると反射が弱くな
ります。

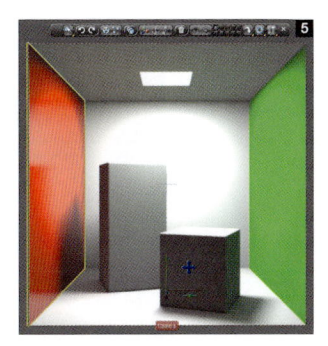

凹凸をつける

Thea Renderを起動させ、ファイルを読み込み
ます。
ここでは、メニューバーの[File]→[Scenes]→
[Simulation]→[AdvancedMaterial
Simulation]をクリックして球体の題材を開き、
[ツールバー（左）]の 📄 をクリックします。
色を変えたい部分をクリックして選択します。
ここでは球体のオレンジ部分を選択します**1**。
[MaterialLab]の[Struct]をクリックし[Bump]
の参照ボックスをクリックします**2**。

[Browse Bitmap]ウィンドウが開くので、付属
DVDの「STRP28LB.jpg」を参照します**3**。

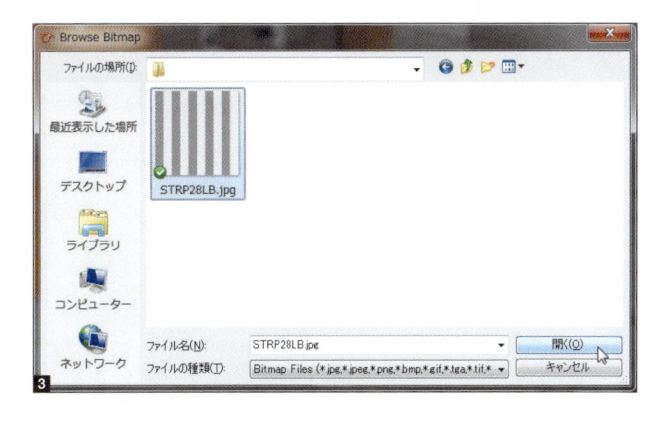

［Bump］の参照ボックスに画像が設定され、マテリアルに凹凸がつきました **4** 。

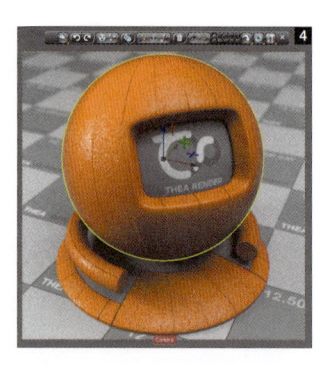

凹凸の大きさを変えてみましょう。［Struct］の［Bump］の参照ボックスの画像をクリックし、［Scale］の数値を1→2に入力し直します **5** 。すると凹凸の大きさは1/2になります **6** 。逆に数値を小さくすると凹凸は大きくなります。

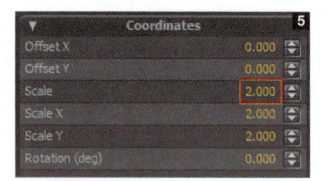

こんどは凹凸の強弱を変更してみましょう。［Struct］の［Bump］の数値を300％にします **7** 。凹凸がさらに強くつきました **8** 。逆に数値を0％に近づけると凹凸が弱くなっていきます。

07 照明の設定

暗い室内を明るくしたいというときには照明を設置しましょう。簡単な操作で色も変えることができます。

1 照明を配置する

Thea Renderを起動させ、ファイルを読み込みます。ここでは、メニューバーの［File］→［Scenes］→［Examples］→［SimpleInterior］をクリックして室内の題材を開き、［ツールバー（左）］の ◯ をクリックします。
照明の設定具合をわかりやすくするために、太陽の設定を外しておきます。

→p052／太陽を配置する

室内が暗くなったことを確かめ、光らせたいモデルを選択します。ここでは緑のキューブを選択します **1**。
［Settings］→［MaterialLab］の中段で［Emitter］をクリックします。すると［MaterialLab］の下段に［Emittance］が表示されるので、［Enable］のチェックボックスをクリックしてチェックを入れます **2**。これで照明モードがONになりました **3**。

［Enable］にチェックを入れると［MaterialLab］の［Preview］が変化します。

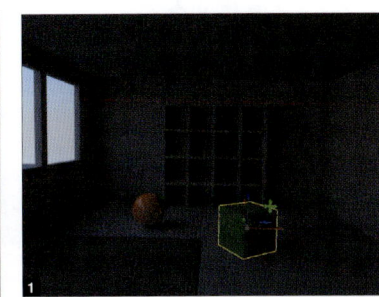

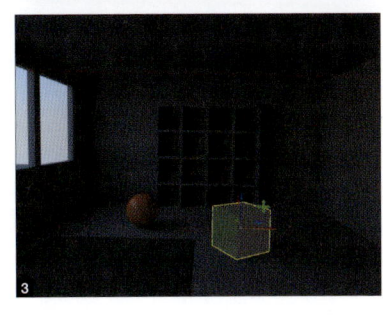

2 光の強さを設定する

［Emittance］の［Efficacy］の数値をクリックし、「500」と入力します。また、［Power］でも同様に光の強弱を調整できるので、2つをバランスよく使い、光量を調整しましょう **4**。キューブがより強く光っているのが確認できます **5**。

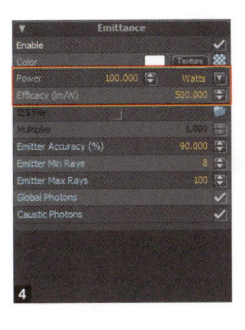

3 光の色を設定する

［Emittance］の［Color］のカラーボックスをクリックし、マテリアルの色味調整と同様に色味を変更します **6**。プレビューレンダでキューブの色味の変化が確認できます **7**。

→p053／色味をつける

FIX

08 レンダリングエンジン

レンダリングエンジンとはレンダリングをする際の動力源と考えられています。様々な種類のエンジンがあり、それぞれに特有のルールが備わっているので表現に違いがでます。

エンジンを選択する

Thea Renderを起動させ、ファイルを読み込みます。ここでは、メニューバーの [File] → [Scenes] → [Examples] → [SimpleInterior] をクリックして室内の題材を開き、[ツールバー（左）] の アイコンをクリックします。
画面が暗いときは [Darkroom] で明るさを調整しましょう。

→p044 / 明るさの調整

メニューバーの [Render] → [Preset] をクリックすると、エンジンのプリセットを選択することができます。プリセットを選択したら、レンダリングをスタートしましょう。

→p060 / レンダリングをスタート

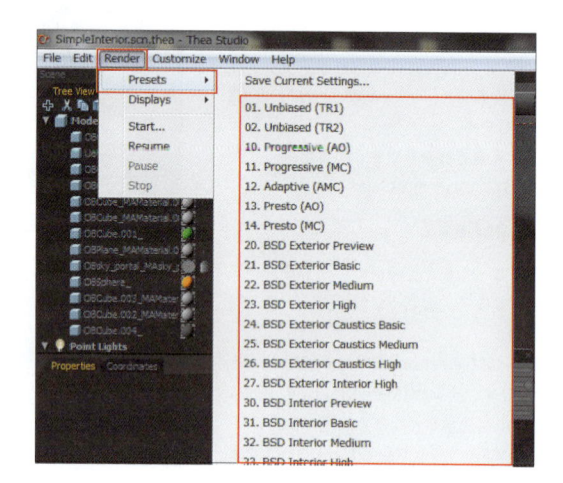

POINT

各プリセットの例を掲載します。

01.Unbiased（TR1）
「終わりのないレンダリング」と呼ばれており、待てば待つほど鮮明な仕上がりになります。「十分きれいに仕上がってるな」と思ったところで停止ボタンをクリックしましょう。

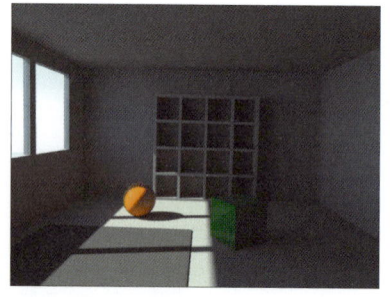

02.Unbiased（TR2）
Unbiased（TR1）の類似エンジンで、TR1がざらざらとした質感なのに対し、TR2はもやもやとした質感になります。こちらも適度なところで停止ボタンをクリックしましょう。

10.Progressive（AO）
少し彩度を落としたようなモダンな表情に仕上がります。黒色を強調するような雰囲気が出ます。

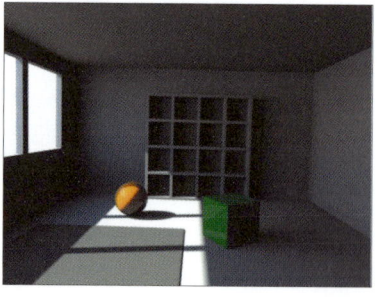

12.Adaptive（AMC）
Unbiased（TR2）の簡素版です。Unbiased（MC）と同じく、レンダリング時間は短縮できますが、TR2より精度が落ちてしまいます。

13.Presto（AO）
バージョン1.3で追加された新エンジンです。CPUだけでなくビデオカードのGPUを使用してレンダリングします。

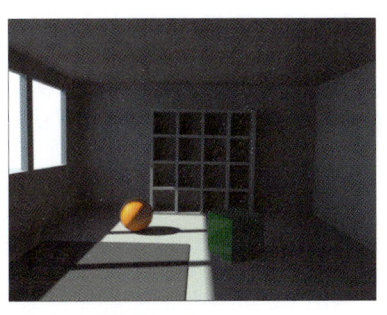

20～23.BSD Exterior
エクステリア向きのプリセットです。

24～26.BSD Exterior Caustics
エクステリア向きのプリセットです。ガラスを多く使用した時に向いています。

27.BSD Exterior Interior High
エクステリア・インテリア両用のプリセットです。

30～34.BSD Interior
インテリア向きのプリセットです。

40.BSD Direct Lighting
直接光が当たる部分をレンダリングします。これを別でレンダリングした通常のパースの上に載せて加工すると光をより強調した輝きのあるパースをつくることも可能です。

Part.00_Thea Render

08　レンダリングエンジン

Thea Render

09 レンダリングスタートと保存方法

すべての設定が終わったら、いよいよ本番レンダリング開始です。プレビューレンダと本番レンダリングで見え方に差が出るものもあるのでこまめに本番レンダリングをし、マテリアルの具合を確認しましょう。

1 レンダリングをスタートする

モデルを作成し、Thea Renderでマテリアル等の設定を終えたら本番レンダリングを開始しましょう。ここでは題材として「07 照明の設定」で作成したデータを使用します。

[Workspace]左下のタグから[Darkroom]へ移動し、[Darkroom]上部の ▶ をクリックします ■。すると別ウィンドウが開くので左下の ✓ をクリックしましょう ■。クリックするとレンダリング画面に切り替わり、本番レンダリング開始です ■ ■ ■。

MEMO

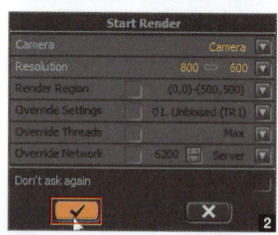

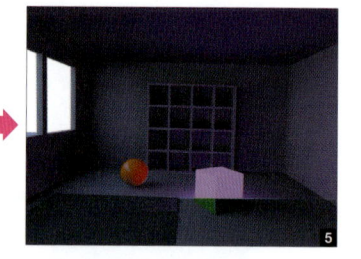

プレビューレンダではがさがさしていた画質も本番レンダリングはきれいに仕上がります。

プレビューレンダ → 本番レンダリング

MEMO

クリックすると一時的に止まります。表示されたウィンドウの[OK]をクリックすると再開されます

クリックすると終了します。再開はできません

経過時間を表示します

レンダリング状況を表示します。

全体のどれくらい完了したかを「%」で表示します

2 レンダリングパースとして保存する

本番レンダリングを終えたら忘れずにレンダリングパースとして保存しましょう。
経過時間の左隣にある をクリックします 6。
[Save Image]ウィンドウが開くので保存先とファイル名を指定します。またファイルの種類も選べるので、目的に合ったものを選択しましょう。[保存]をクリックします。これでレンダリングパースを保存することができました。

FIX

> **MEMO**
>
> 簡単なモデリングやマテリアル設定の場合、レンダリング時間は短く、あっという間に仕上がります。反対に複雑なモデリングやマテリアル設定の場合はレンダリング時間はかなり長くなってしまいます。例えば右のようなパースだとレンダリングを開始してから完成までに2日かかってしまいます。レンダリングがどれくらいかかるのか逆算して製作スケジュールを決定しましょう。

part.
01

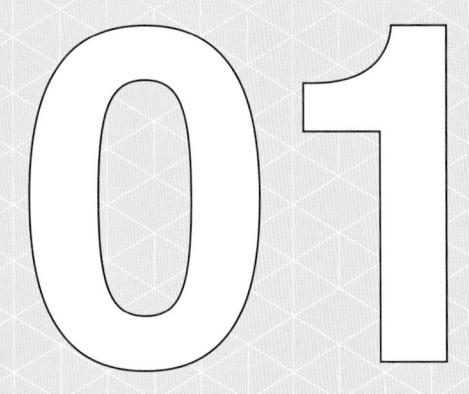

基本フロー編

chap01. SketchUpでカタチをつくる
chap02. Thea Renderで表情をつける

まずはパースづくりの流れを把握しましょう。
むずかしそうに見えがちなCGパースですが、
工程を整理すると驚くほど簡単です。
基本の手順を踏めば、どんな作品でも
すぐにクオリティを出すことができます。
chap01ではどんな建物にでもあるパーツごとに、
chap02ではどんな建物でもよく使われている素材ごとに、
つくり方を整理しています。

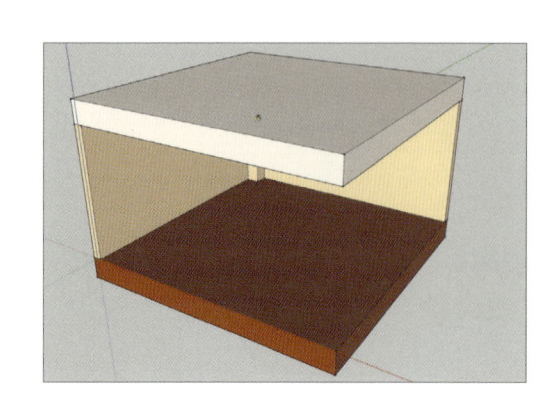

01/22 躯体をつくる

基本ツールで建物の躯体部分をつくりましょう。床、壁、天井とパーツごとにつくって組み合わせ、最後に色をつけます。ここでは壁2面をぬいた四角い部屋をつくります。

床をつくる

1 土台を描く

■ で6000mm×6000mmの四角形を描きます。

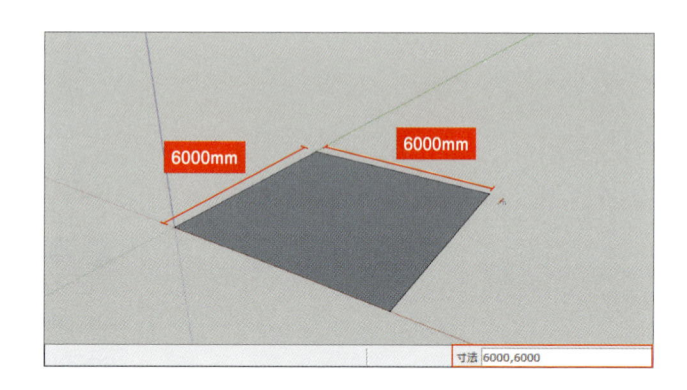

2 四角形に厚みをつける

で四角形の面をクリックし、 で下へ500mm下げて、厚みをつけます。

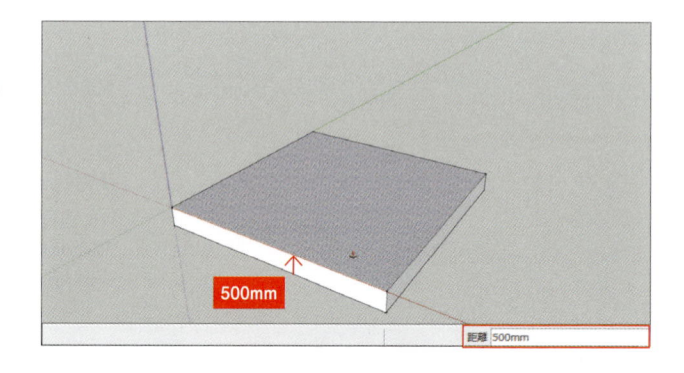

3 グループ化を行う

床の形ができたので、グループ化を行います。
でモデルをトリプルクリックしてすべて選択したら、右クリックから［グループを作成］を選択します。これで床ができました。

→p018 / 図形全体を選択する
→p031 / グループを作成する

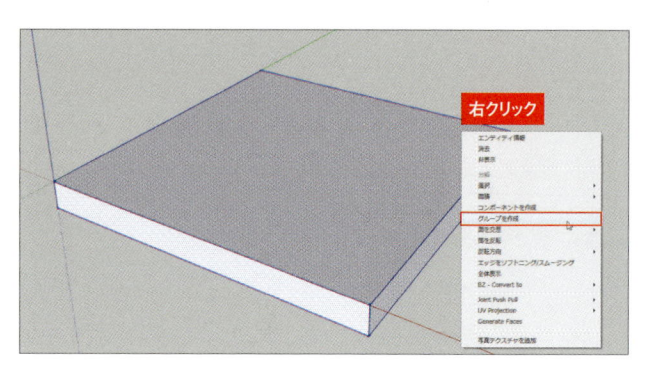

FIX

壁をつくる

1 壁の土台となる部分を描く

作業エリアの空いている場所で、■で6000mm×6000mmの四角形を描きます。この四角形が壁の外側の線になります。

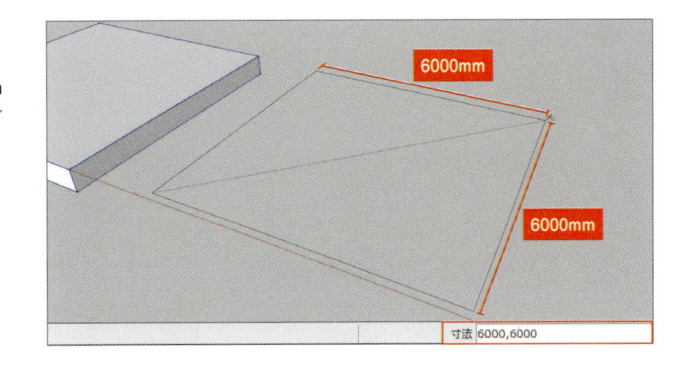

2 壁厚をつける

手順1で描いた四角形を、🗲で内側に200mmオフセットして壁厚をつけます。

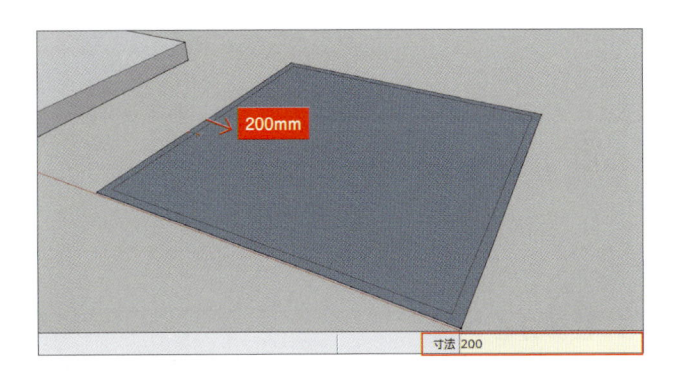

3 不要な部分を削除する

作業がしやすいように、壁2面をぬいた四角い部屋をつくっていきます。手順2で描いた四角形の向かい合う各2カ所から、それぞれ緑軸と赤軸にこの線を✏で引きます。

✏で起点となる角をクリックしてから、[←]キーを押すと、動きが緑軸に拘束されます。[→]キーを押すと、赤軸に拘束されます。

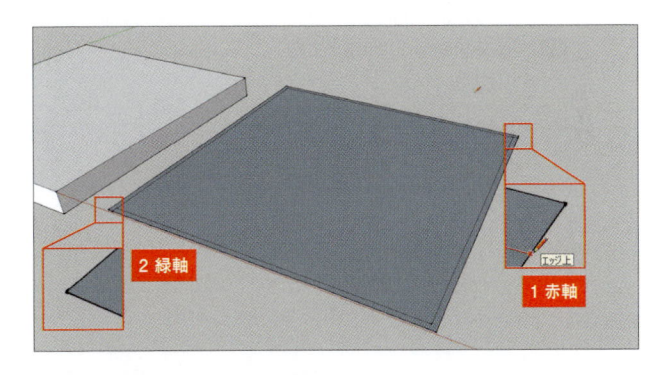

不要な線を🧽でクリックします。これで不要な線を削除できました。

NEXT

> **POINT**
> 🧽は線を削除するツールです。不要な線の上でクリックして線を消します。

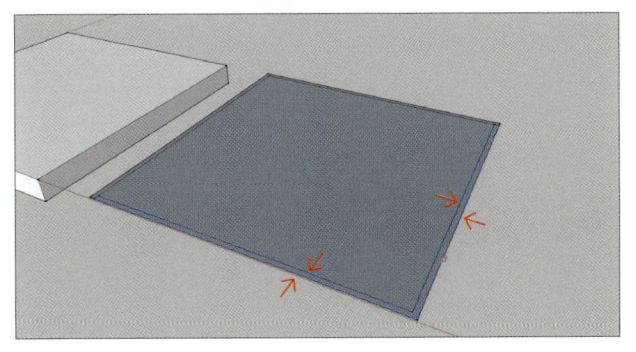

4 壁を立ち上げる

残った面を でクリックし **1**、 で3000mm
持ち上げます **2**。

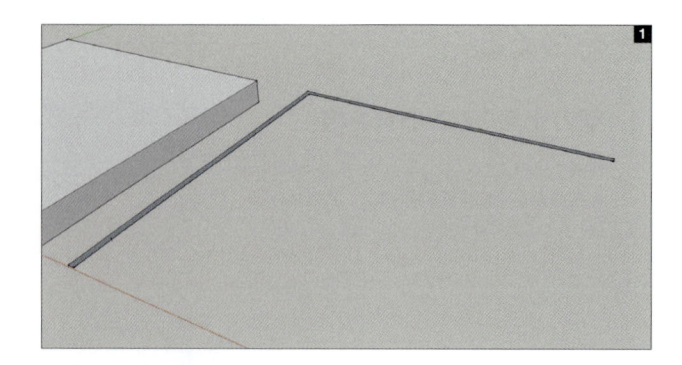

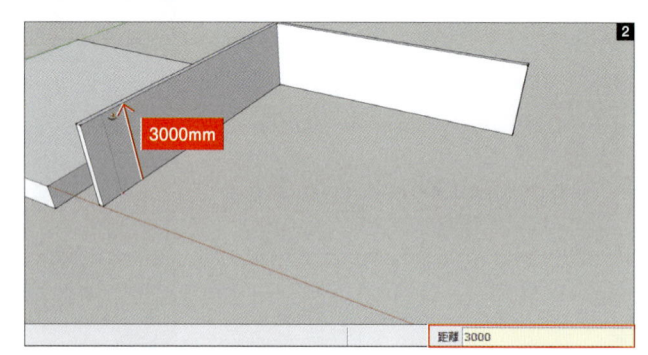

5 柱部分をつくる

壁から柱部分を引き出します。立ち上げた壁の
隅に で3000mm×350mmの四角形を描き
ます **3**。 で350mm引き出します **4**。

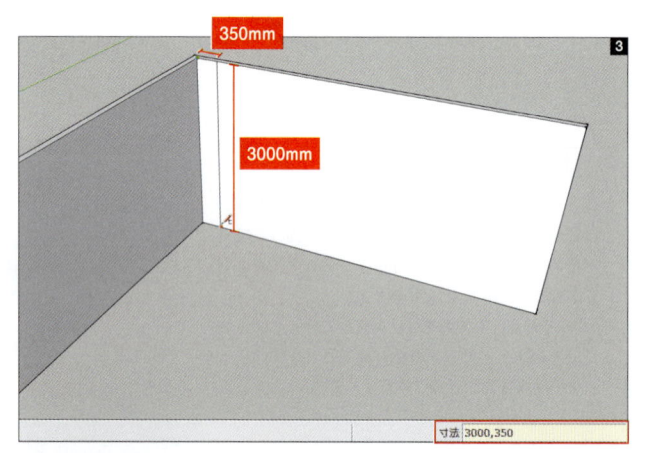

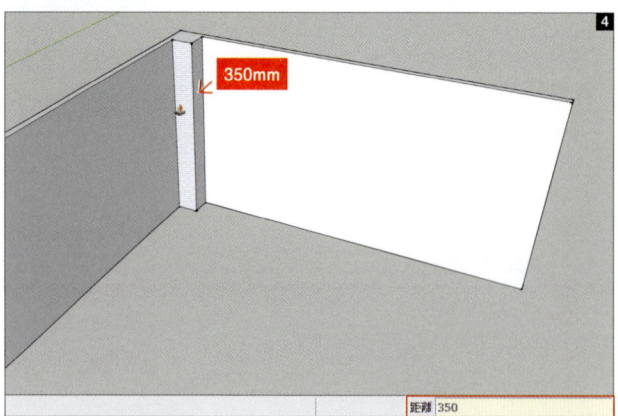

6 グループ化を行う

壁の形ができたので、グループ化を行います。
 でモデルをトリプルクリックしてすべて選択したら、右クリックから［グループを作成］を選択します。

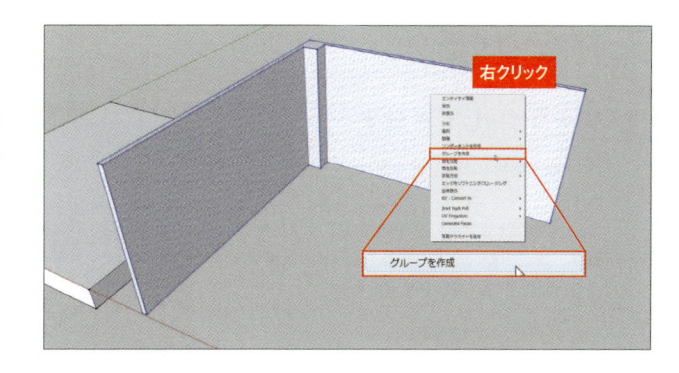

7 壁を床の上にのせる

グループ化した壁を移動させます。 でモデルの端点をクリックします。次に床の端点をクリックします。これで壁を床の上にのせることができました。

FIX

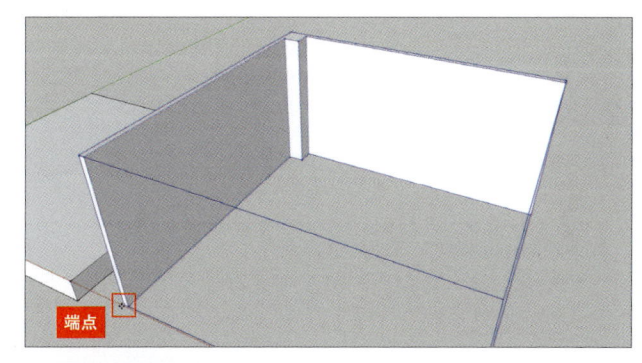

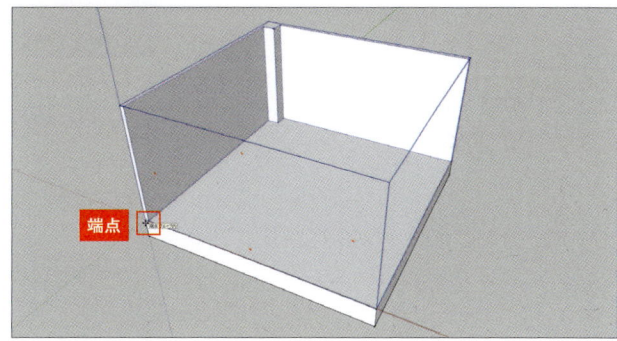

天井をつくる

1 床をコピーして移動する

▶ で床を選択します。✦ を選択し、[Ctrl] キーを1回押すと、カーソルが ✦ から ✦ に変わります。その状態で床の左下の端点をクリックします。次に、壁の上部の端点をクリックします。床を残したまま、天井ができます。

→p024 / モデルを複製移動する

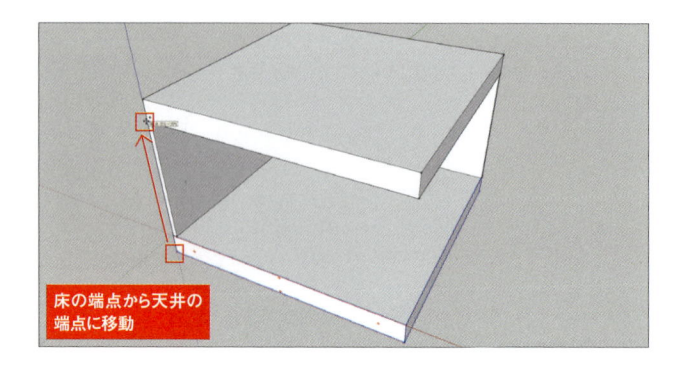

2 天井の形状を編集する

天井にくぼみをつけていきます。作業しやすいように、画面を回転させて、天井を下から覗きましょう。
天井の形状を編集したいので、天井のグループの中へ入ります。▶ で天井をダブルクリックをすると、グループの中へ入れます。

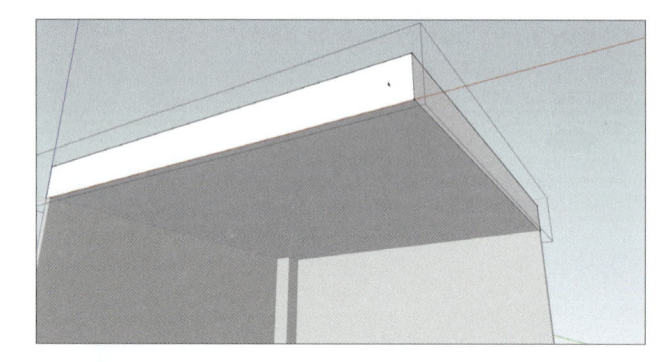

▶ で天井の下の面をクリックし、✦ で天井の内側へ1000mmオフセットします。

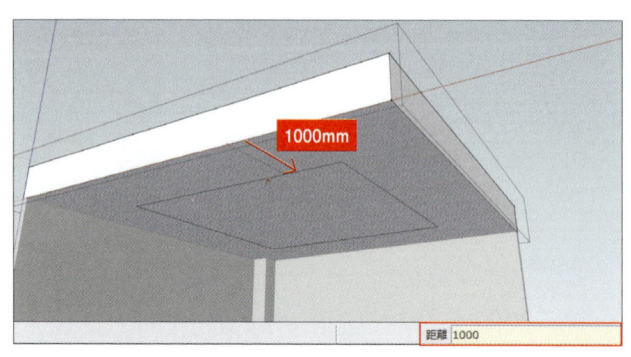

次に、▶ で天井の内側の面を選択し、✦ で150mm持ち上げます。これで形状を変更できました。

FIX

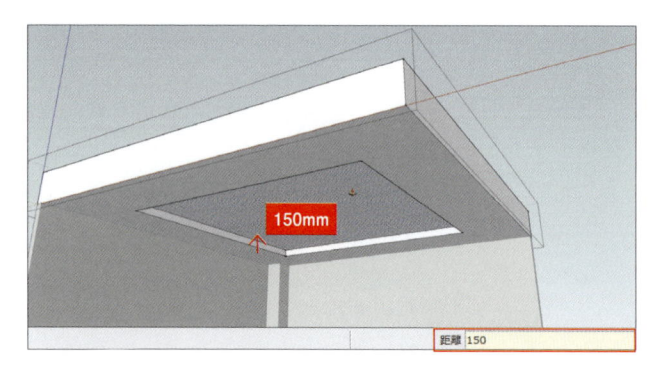

大きなかたまりに色をつける

1 選択を外す

作業エリアのモデルが存在しないところを、▶で何回かクリックします。すると青く選択されていたものがすべて外れます。これで何も選択されていない状態になりました。

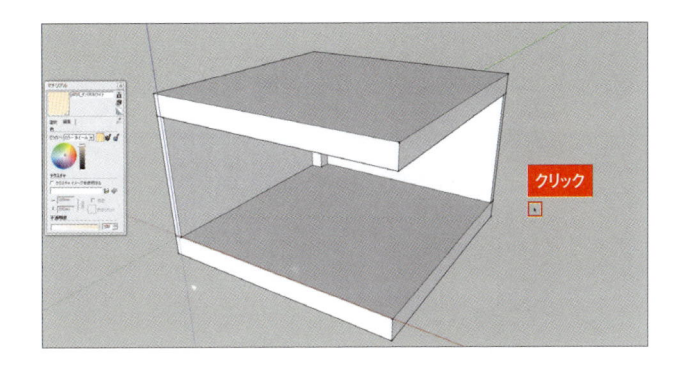

2 色をつける

メニューバーの[ウィンドウ]→[マテリアル]を選ぶとマテリアルウィンドウが開きます**1**。このウィンドウでモデルに素材や色を適用できます。ここでは床に色をつけましょう。プルダウンメニューから「色-名前付き」を選択し、パレットから指定したい色をクリックします（ここでは「0042_シエナ」）**2**。

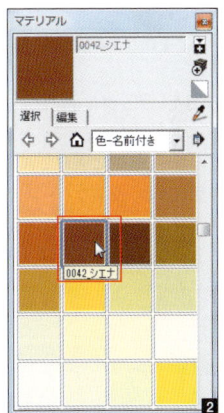

色をクリックして作業エリアに移るとカーソルが🎨に変わります。その状態で床をクリックすると、指定した色を塗ることができます**3**。同様に壁・天井も色をつけましょう（ここでは壁・天井ともに「0033_ナノバホワイト」）**4**。

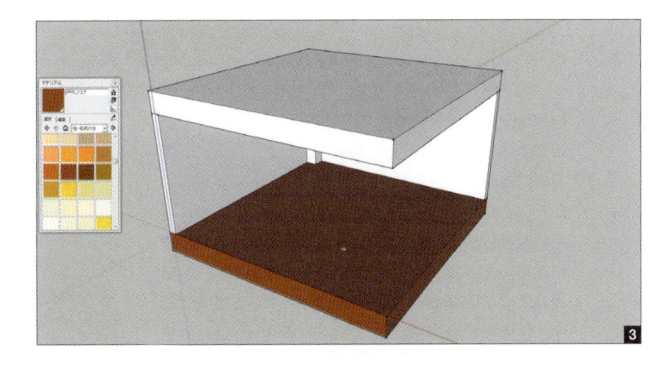

FIX

MEMO

SketchUpの段階で仕様と類似した色をつけておくと、モデリングの段階でもある程度、全体の色味を確認することができ、また、後でThea Renderでマテリアルと設定する際に仕様の区別がつきやすくなります。モデルをグループ化するときに、まとめて色をつけておきましょう。

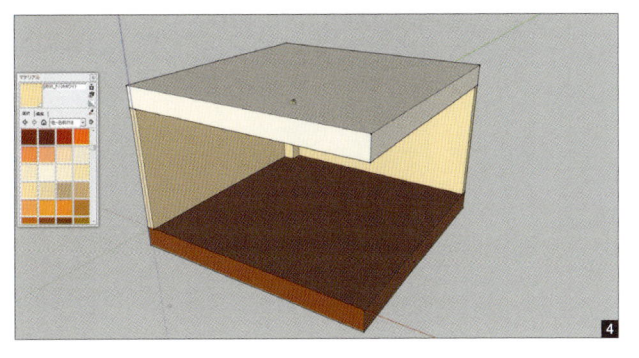

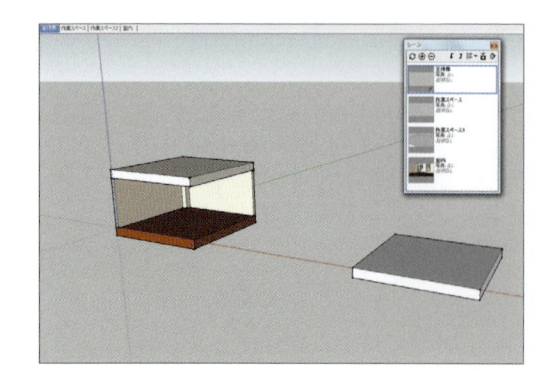

02/22
シーンを保存する

「シーン」を上手に活用すると、効率よく作業ができるようになります。

POINT

シーンとは？
アングルを保存する機能を「シーン」と呼びます。「シーン」には主に2つの使い方があります。

❶ **見せたいアングルを保存する**
「シーン」として保存することで、いつでも見せたいアングルを呼び出すことができます。プレゼンボードなどで見せたい、必要なパースのアングルを考えて、「シーン」を作成しましょう。「必要な場所だけつくりこむ」ということも、効率よく質を上げるために大事なことです。

このプレゼンボードの場合、4つのアングルを保存します

❷ **作業エリアを区分する**
作業エリアをしっかりと区分することで、作業が交錯せずに効率よく行えます。作業エリアはx,y,z方向に限りなく広がっています。このエリアのどこを使っても問題ありませんが、どこでつくっていたかわからない迷子になることもしばしば。だからといって狭い範囲ですべての作業を行うと、散らかっている部屋でずっと作業をするようなものです。本番スペースと作業スペースを区分して、「シーン」として保存すれば、効率よく作業ができます。

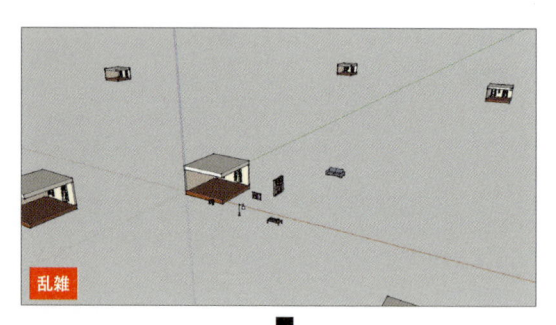

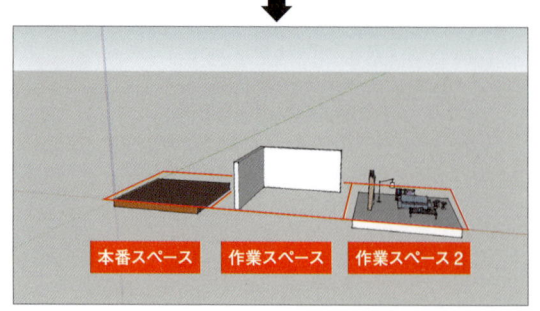

乱雑

本番スペース　作業スペース　作業スペース2

見せたいアングルを保存する

1 実際の目線で見る

室内から見たシーンを作成しましょう。🚶 を選択し、床の上にカーソルを置き、「面上」という表示が出たらクリックします **1**。するとアングルが変わります。

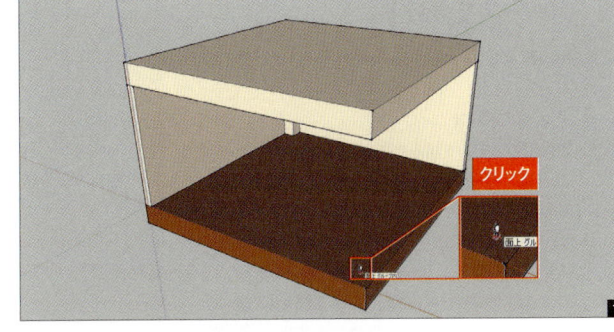

アングルが変わるとカーソルが 👁👁 に変化します。その状態でドラッグしながらマウスをいろんな方向に動かしてみましょう。先ほど 🚶 でクリックした地点に立って、1676mmの目線の高さから眺めている状態が表示されています **2**。

POINT

🚶 を選択し床の上をクリックする前に「1500」と入力すると1500mmの目線の高さから眺めることができます。

2 シーンを保存する

あとで編集をすることもできるので、まずはおおまかなアングルでシーンを保存しましょう。だいたいのアングルが決定したらメニューバーの [ウィンドウ] → [シーン] を選択し、シーンウィンドウを表示します。

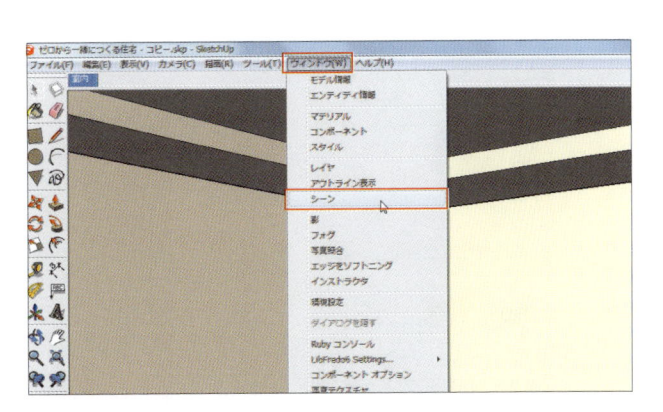

⊕ をクリックすると [シーン1] が保存されました **1**。シーンが増えたときにわかりやすくするために名前欄に「室内」と入力し、[Enter] キーを押して変更しましょう **2**。

FIX

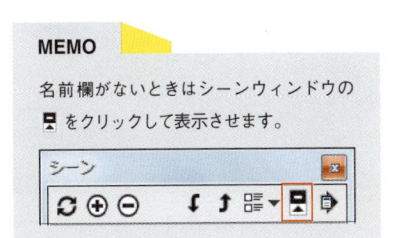

MEMO

名前欄がないときはシーンウィンドウの 🖫 をクリックして表示させます。

SketchUpでカタチをつくる

作業エリアを区分する

1 スペースを分ける

今回は次の3つのスペースを作業エリアに割り当てましょう。
① 本番スペース
本番用のモデルを組み立てます。
② 作業スペース
大きな部品をつくります。
③ 作業スペース2
作業台を準備して、小さな部品をつくります。まずは「作業スペース2」となる場所に■で6000mm×6000mmの四角形を描き、▲で下へ500mm、厚みをつけましょう。

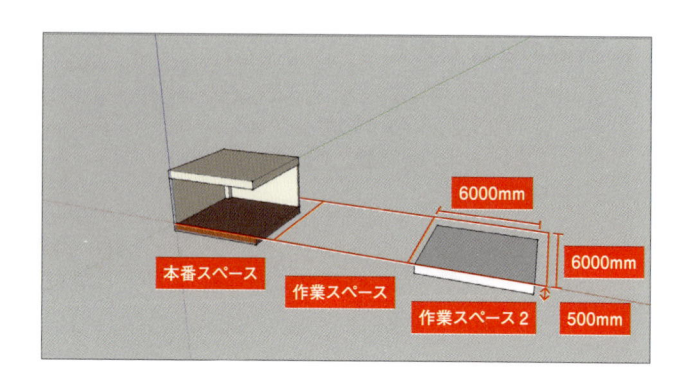

2 シーンを保存する

マウスを使って、右図のように、それぞれのスペースだけが見えるアングルをとり、それぞれのアングルをシーンとして保存しましょう。今回はそれぞれのシーンの名前を右図のように設定してあります。

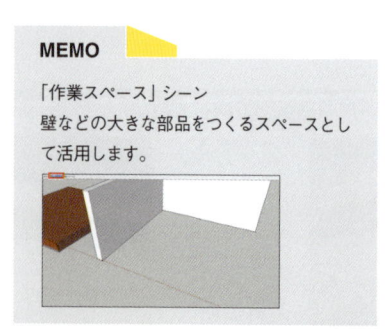

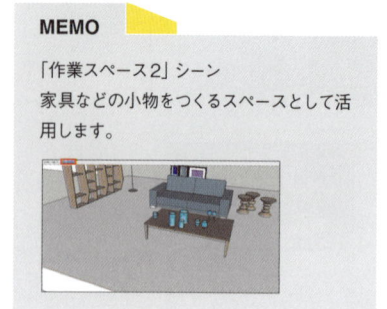

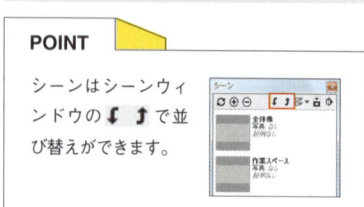

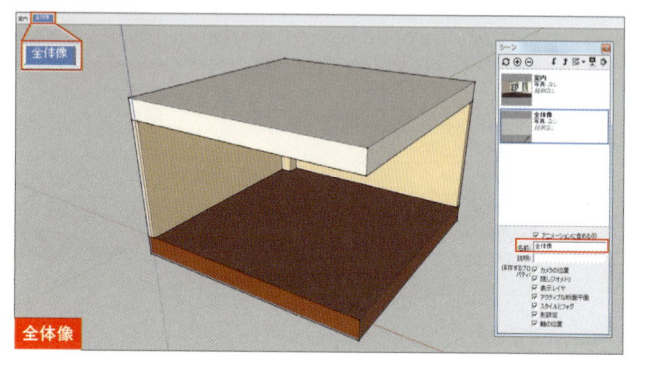

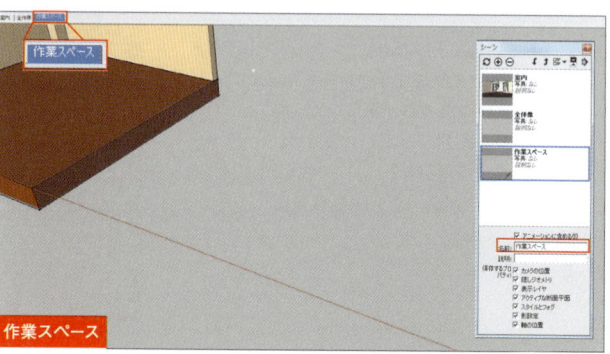

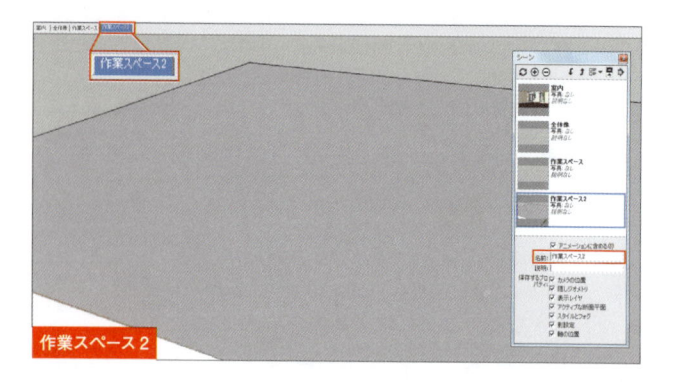

FIX

MEMO
「作業スペース」シーン
壁などの大きな部品をつくるスペースとして活用します。

MEMO
「作業スペース2」シーン
家具などの小物をつくるスペースとして活用します。

POINT
シーンはシーンウィンドウの ↓ ↑ で並び替えができます。

03/22

窓をつくる

壁に穴を開けて窓をつくりましょう。サッシとガラスをつくり、窓の開閉まで表現すると、ぐっとリアリティが増します。

壁に穴を開ける

1 ガイドラインをひく

窓枠を描きやすいように壁にガイドラインをひきます。
「室内」シーンを開き、▶ で壁をダブルクリックをして壁グループの中に入りましょう。

→p032 / グループの中に入る※

まずは窓枠の下端となる位置にガイドラインをひきます。
🔍 で床と接しているラインをクリックします。そのままカーソルを上に動かすと青軸が表示されます。「350」と入力し、[Enter]キーを押すと、床面から350mmの位置にガイドラインが作成されます **1**。

次に窓枠の上端となる位置にガイドラインをひきます。
さらに 🔍 で作成したガイドラインをクリックし、上へ2150mmの位置にガイドラインをひきます **2**。

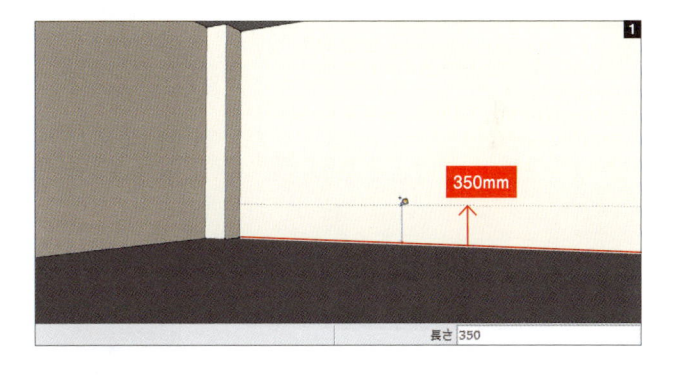

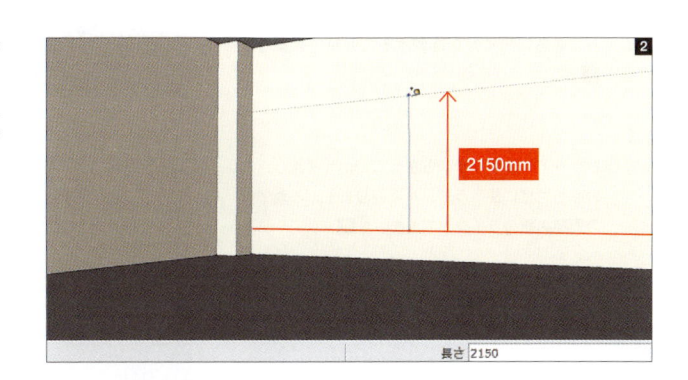

同様に、横方向のガイドラインも作成しましょう。
🔍 で入り隅のラインをクリックし、右へ200mmの位置にガイドラインをひきます。このガイドラインから1200mm、1800mm、1200mmと距離をとってそれぞれガイドラインを作成しましょう **3**。

これで窓の位置が確定できました。

NEXT

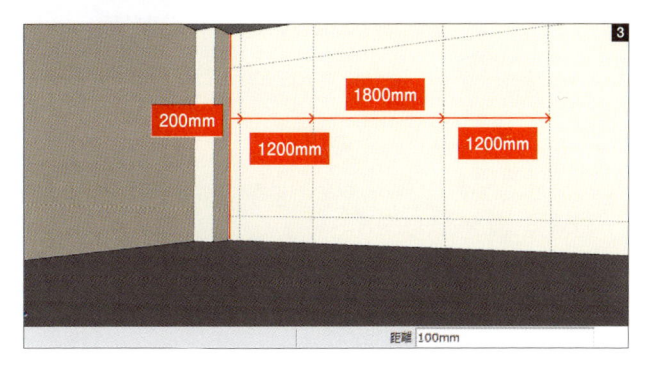

2 窓の両脇の壁をへこませる

今回のモデルでは、窓の両脇の壁をへこませてデザイン要素を加えていきます。
引き続き、壁グループの中に入り編集できる状態にします。

→p032 / グループの中に入る※

右図のように、ガイドラインが交差する点を■でクリックし、長方形を2つ作成します **1**。

長方形の面を▸でクリックし、♦で100mm室外側へ押し出します。この面が、両脇の壁の面になります **2**。

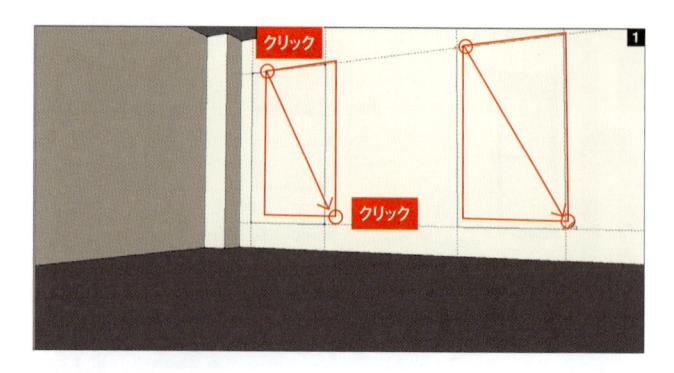

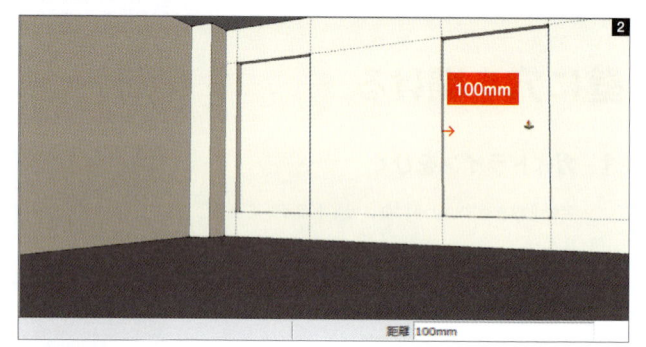

押し出した面の長手ラインを複製して、両脇の壁の境を作成しましょう。
押し出した面の左の長手ラインを▸でクリックします。次に、✦を選んで[Ctrl]キーを押します。カーソルが✥に変わるので、先ほどの長手ラインをクリックし、右へカーソルを動かすと赤軸が表示されます。そのまま「150」と入力して[Enter]キーを押します。150mmの距離をとったところにラインを複製することができました **3**。

もう一方の長手ラインも左へ150mm複製し、右の窓も同様に長手ラインを複製します。これで窓の両脇の壁のラインができました **4**。

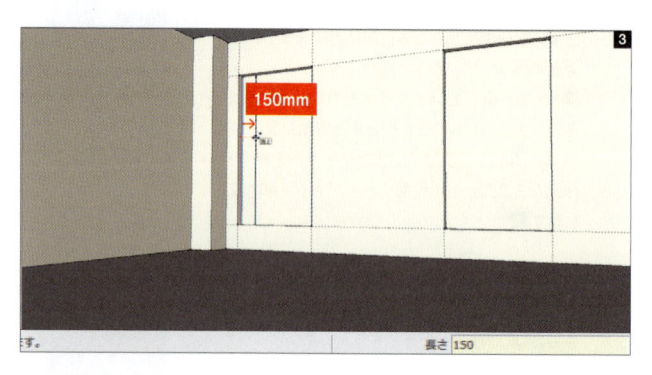

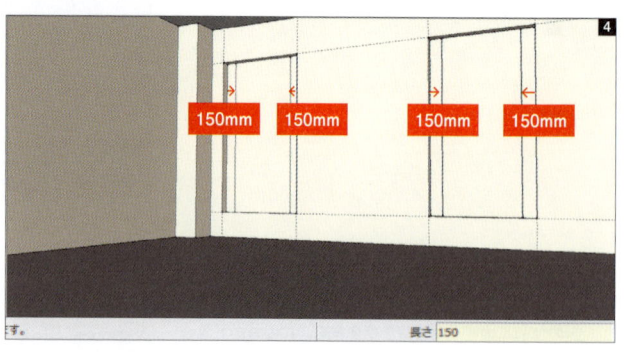

MEMO

今のアングルで作業しづらいときは、ホイールを長押ししたままマウスを動かして、作業しやすいように画面を回転しましょう。作業が終わったら「室内」シーンをクリックし、はじめのアングルに戻りましょう。

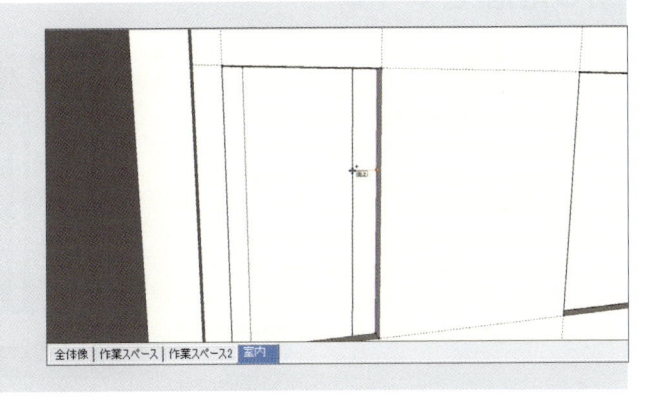

3 穴を開ける

1番内側の面を で選び、 で室外側へ100mm押し出すと穴があきました。

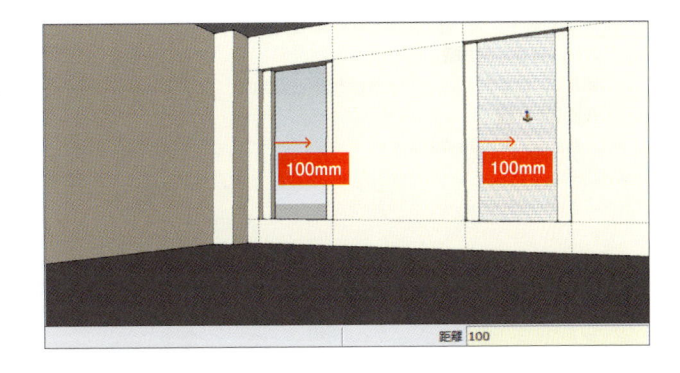

FIX

MEMO

穴を開けたい面を、残っている壁厚分、室外側に押し出します。ここでは、「200mm（最初の壁厚）-100mm（両脇壁でへこませた壁厚）=100mm」を押し出します。

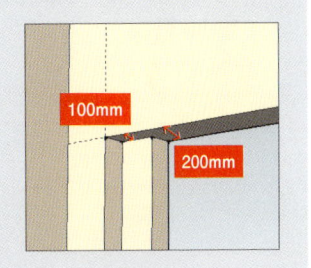

MEMO

100mm押し出しても面が残っているときは、 で消したい面をクリックして、[Delete]キーを押しましょう。

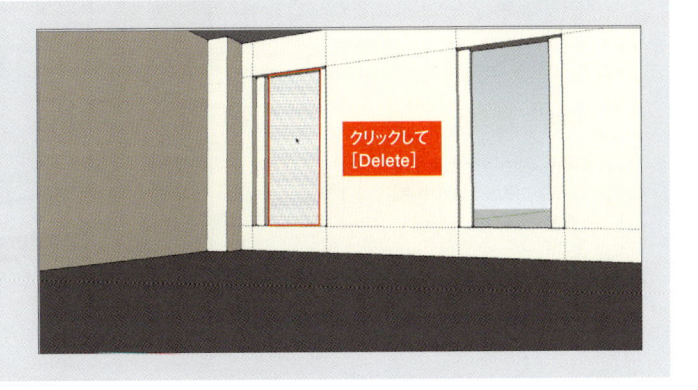

閉じた窓をつくる

1 サッシを描く

作業エリアの空いているところをクリックして、壁グループから出ます。
左側に開けた穴をふさぐように、■で四角形を描きます **1** **2**。

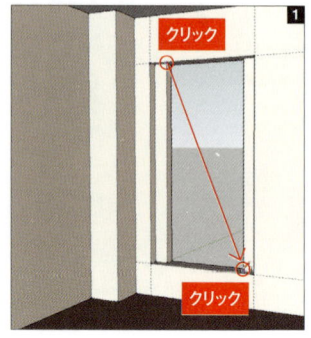

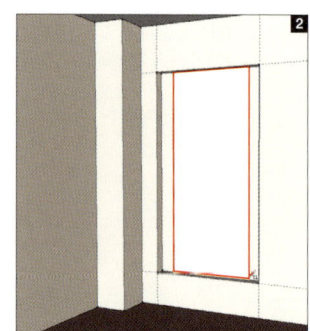

左の長手ラインを▶で選び、◆で右に30mm複製します。右の長手ラインも同様に左に30mm複製します **3**。
同様に、短手ラインも上下ともに内側へ200mm複製します **4**。
これがサッシの枠となります。

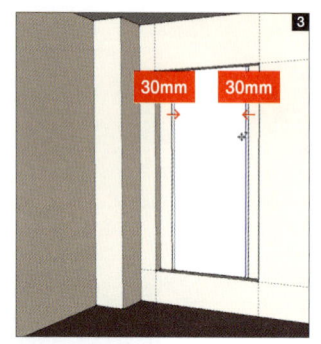

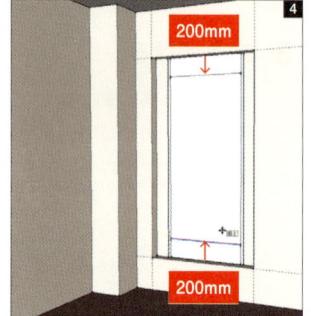

次にサッシを描いていきましょう。
1番内側の長手ラインの中点からもう一方の長手ラインの中点まで✏で直線をひき、四角形を2分割します **5**。

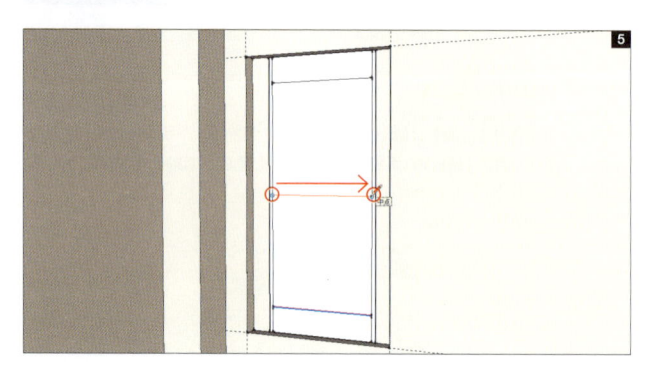

2分割した上の面を▶で選び、◆で内側に30mmオフセットします。下の面も同様に内側に30mmオフセットします。

POINT
図形にカーソルをあてると、各線の中点では「中点」と表示が出ます。

上の面の縦ラインを右図のように🖊で延長します❻。
次に矢印で示したラインを🧽で消去します❼。

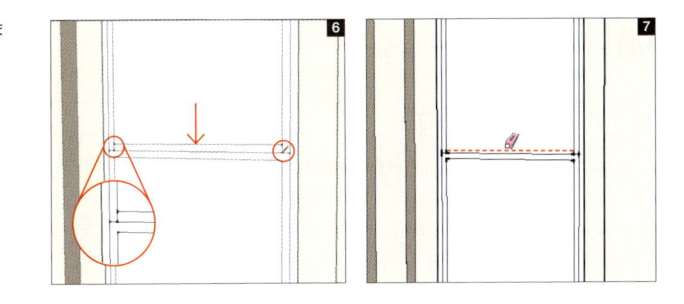

2 凹凸をつける

それぞれの面を以下のように🖌で凹凸をつけましょう。

a　30mm　室内側
b　20mm　室内側
c　25mm　室外側
d　55mm　室外側
e　30mm　室外側

これで左側の窓が完成しました。

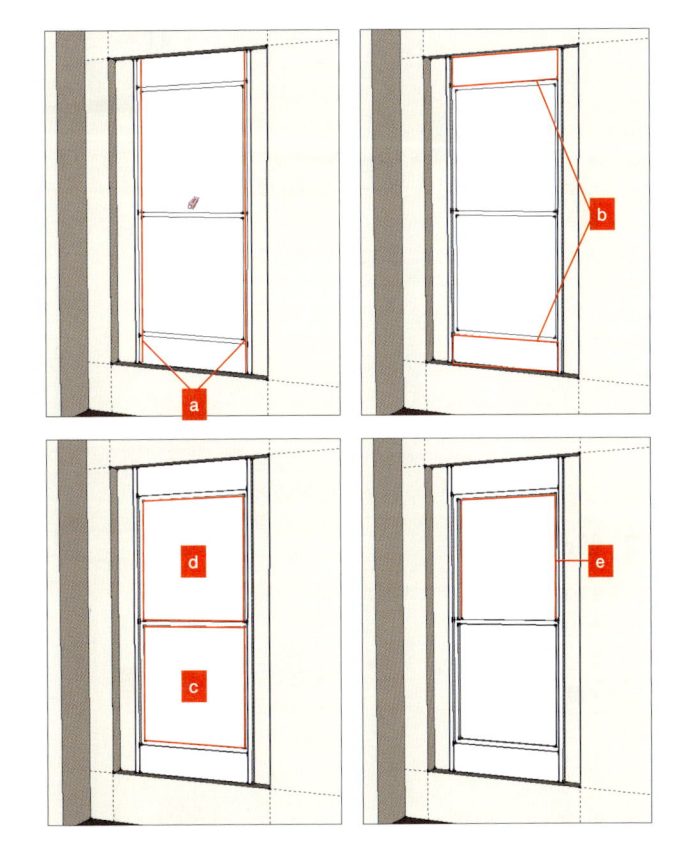

最後に窓を🖱でトリプルクリックして全選択し、グループ化を行いましょう。

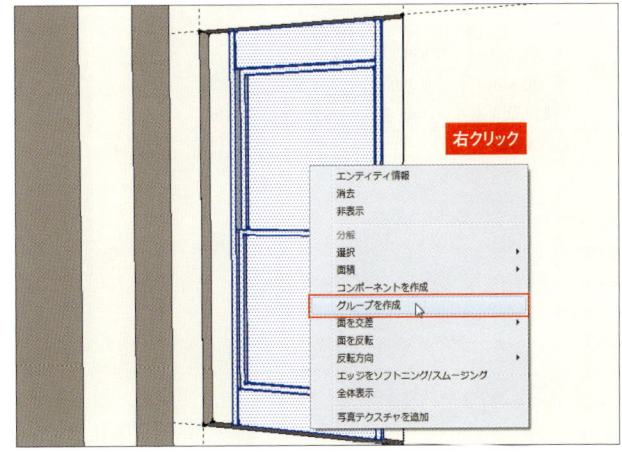

FIX

開けた窓をつくる

1 グループ化を行う

右側の窓は下の面を開けた状態のものを作成していきます。
右側の窓も左側の窓と同様に、中点を🖊で結ぶ手順まで進めます **1**。

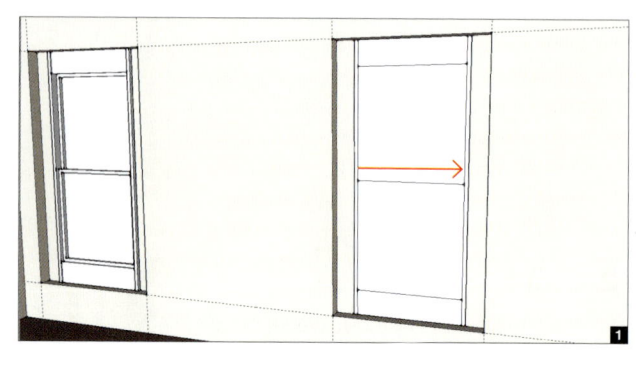

で2分割した下の面をダブルクリックして面と周囲のラインを選択し、グループ化を行います **2**。

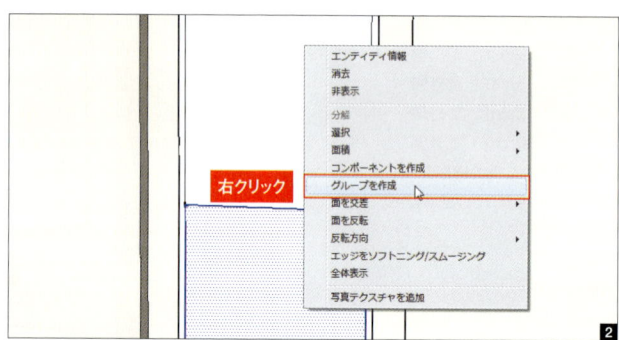

2 凹凸をつける

2分割した上の面を で内側に30mmオフセットします **1**。

それぞれの面を以下のように で凹凸をつけます **2**。

a　30mm　室内側
b　20mm　室内側
c　55mm　室外側
d　30mm　室外側

下の面のグループの中に入ります。
30mm内側にオフセットします **3**。
内側の面を選んで、 室外側へ25mm押し出します **4**。

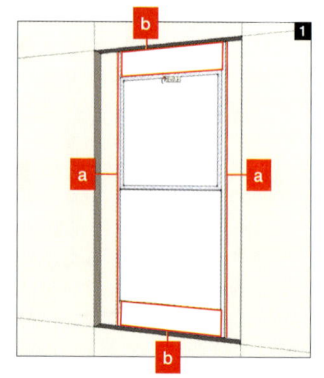

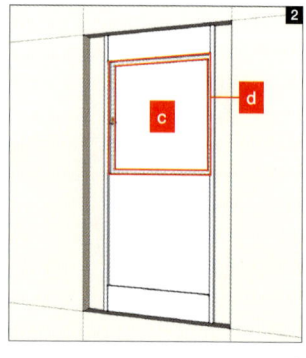

3 窓を動かす

作業エリアの空いているところをクリックして、グループから出たら ▶ で下の面を選択し、✥ で上へ持ち上げます。
これで開いている窓を作成できました。

FIX

> **POINT**
> このように、移動する予定のあるものは、1つの塊として先にグループ化しておくと便利です。

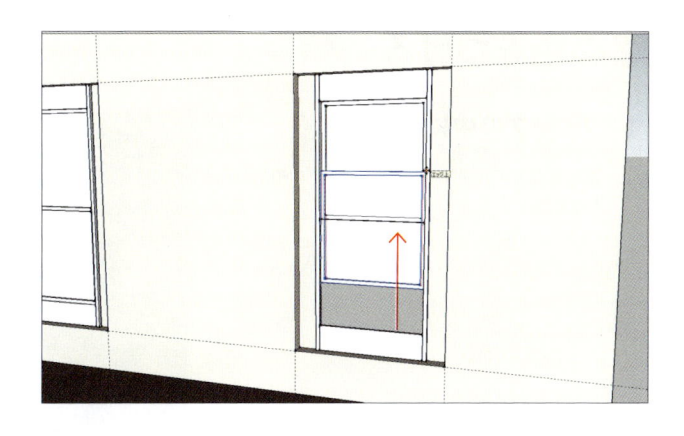

窓の色をつける

1 グループの中に入る

窓を▲でダブルクリックしてグループの中に入ります。

2 色をつける

メニューバーの「ウィンドウ」→「マテリアル」でマテリアルウィンドウを表示します。
まずはサッシの色をつけましょう。
▲でグループの中のモデルを全選択し、マテリアルウィンドウからサッシに指定したい色を選びクリックします（ここでは「0111_スレートグレー」）。作業エリアに移るとカーソルが🎨に変わるので、その状態でモデルをクリックします。モデル全体がサッシの色になりました **1**。

次にガラス部分を同様に色づけします。
ガラスなので、マテリアルウィンドウのプルダウンメニューから「半透明」というカテゴリを選びましょう。▲でガラス部分を選択し、マテリアルウィンドウからガラスに指定したい色を選びクリックします（ここでは「半透明_ガラス_安全」）**2**。

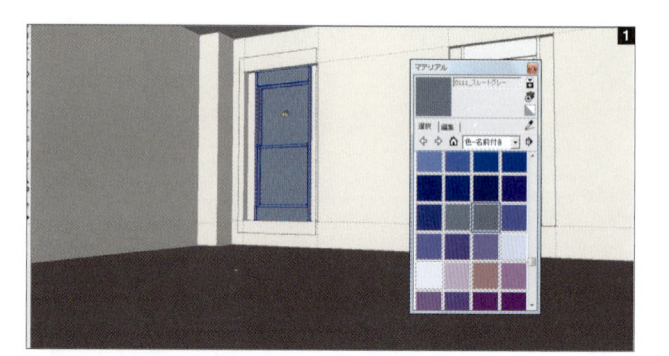

同様に、右側の窓もグループの中に入り、色づけを行いましょう **3**。

FIX

POINT

モデルに色をつけるには2通りの方法があります。

1.グループの外から色をつける方法
グループ化しているモデルにすべて同じ色をつけるときに使います。グループの外から色をつけると一気に同じ色つけを行うことができるので、時間短縮になります。ただし、グループの中にさらにグループがある場合などには適用されないので注意しましょう。

2.グループの中に入り、面を選択して色をつける方法
グループの中でも部分的に異なる色をつけたいときに使います。グループの中に入ることで、モデルを選択できるようになります。
色つけを行う順序は、グループの中で色の面積が大きいものから行うようにします。
グループ内のすべてのモデルを同じ色で塗り、その後、細かな部分を塗り分けるようにすると効率が良いです。

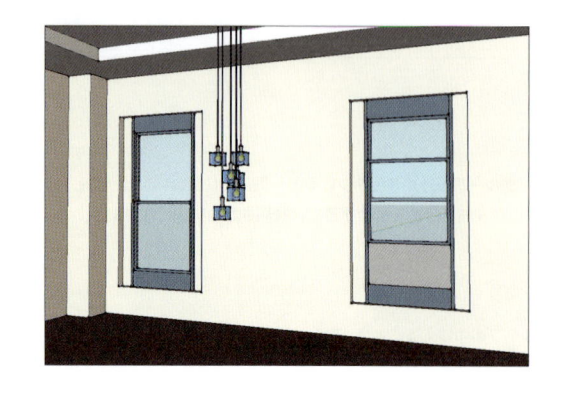

04/22 照明をつくる

電球・シェード・釣り金具をつくって合体させて照明をつくります。電球のモデリングでは、なめらかな曲線が描けるプラグインの使い方を習得しましょう。

電球・シェードをつくる

1 ガイドを描く

モデリングがしやすいようにガイドを描きます。シーンタブで「作業スペース2」をクリックしましょう。

■と✎で120mm×120mm×120mmの立方体を描きます。立方体が描けたら、✥で赤軸に沿って500mm複製移動し、2つにしましょう。左の立方体は電球に、右の立方体はシェードになります **1**。

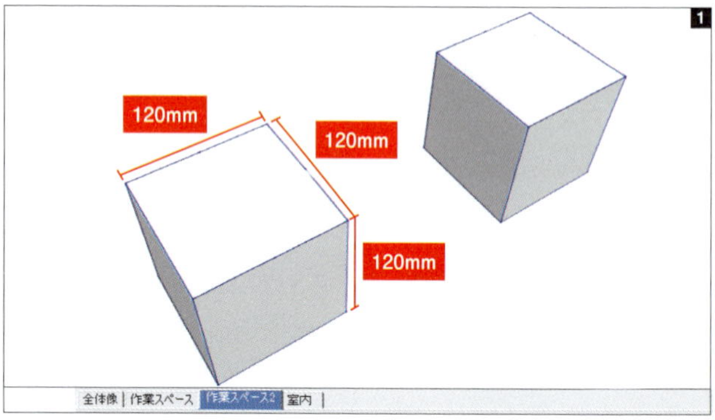

> **MEMO**
> 数値を決めて複製することで、後の手順で出てくる合体がしやすくなります。

✎でそれぞれの立方体の、上面の辺の中点と中点を結びます。シェードはこれで完成です。
左の立方体は、側面にも同様に1本線をひきます。さらに、先ほどひいた上面の線を、✥で9mm距離をとって複製移動しましょう **2**。
最後にそれぞれの立方体をグループ化しましょう。

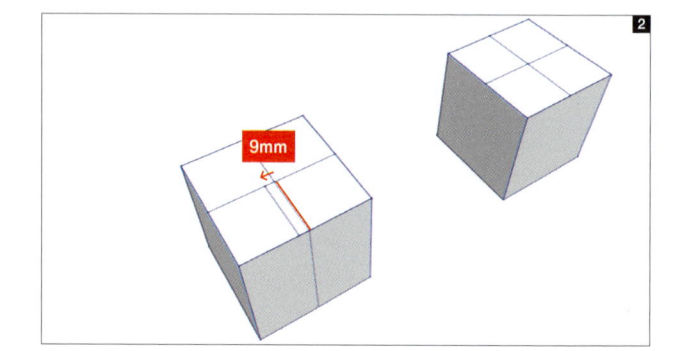

次に、左の立方体の上面に、電球の口となる円を描きます。
立方体のグループの中には入らず、グループの外から、上面の線の交点を中心に、●で半径9mmの円を描きます **3**。この円はまだグループ化せず、次の手順に進みましょう。

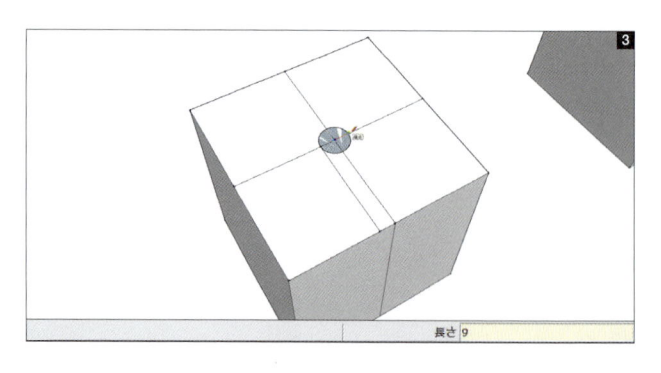

2 参照画像を取り込む

次に電球を作成するためのトレース用として、画像をSketchUp内に参照してみましょう。

▶ で左の立方体をダブルクリックして、グループの中に入ります。

あらかじめインターネットのフリー画像などから電球の画像を入手しておき、メニューバーの[ファイル]→[インポート]から参照しましょう。[テクスチャとして使用する]を選択し、[開く]をクリックします。

元の画面に戻るので、参照したデータを配置する場所を指定します。

手順1で線をひいた側面の左下端点をクリックすると、その点を基準にしてテクスチャの縮尺が変わります。次に、右上の端点をクリックすると配置完了です **1**。配置はデータの大きさに関わらず、1つの面に対して1つです。そのため、今回はテクスチャが半分切れてしまいますが問題ありません。

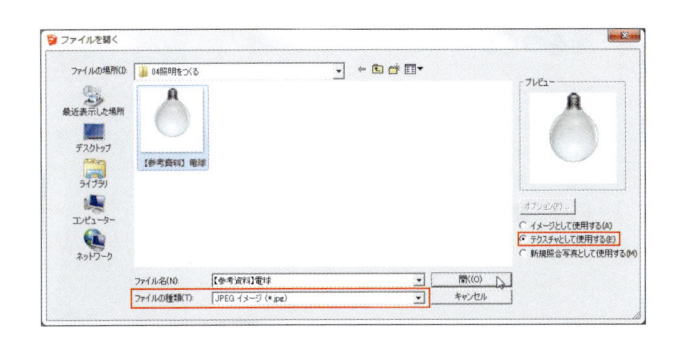

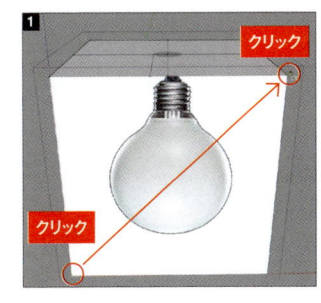

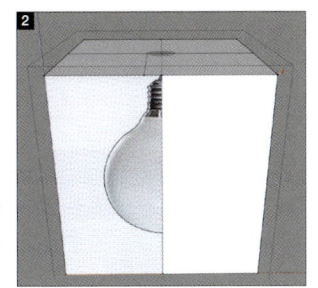

3 参照画像をトレースする

それではプラグインを使って電球の曲線をトレースしましょう。まずメニューバーの[表示]→[ツールバー]→[BZ__Toolbar]をクリックして「ベジェ曲線ツール」を表示します。

グループの中には入らず、グループの外から作業します。⌒ で、手順1で描いたガイドラインの端点をクリックします。ここが曲線のスタートラインとなります。電球の輪郭をなぞるようにクリックしていきます。必ず「面上」という文字がカーソルの周辺に表示されてからクリックするようにします。ガイドラインの上にマウスを置くと「エッジ上」という文字が現れますのでその状態でダブルクリックします。これで曲線を作成できました **1**。

∧ で、きれいな曲線になるように微調整しましょう **2**。

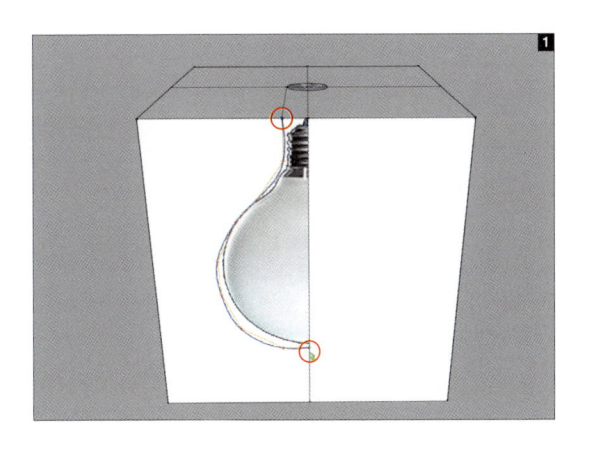

NEXT

4 面をつくる

ベジェツールで曲線を描き終えたら、電球の断面となる部分を作成していきましょう。
次に で作成した曲線をクリックし、そのまま曲線の内側にカーソルを動かし、2mmオフセットします **1**。

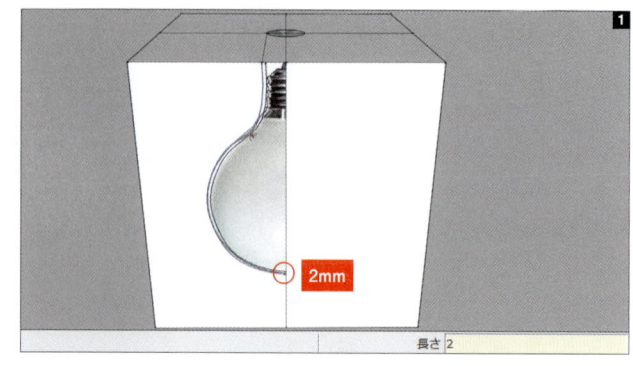

 で曲線と曲線の端点を結ぶと中に面ができます **2**。
これで電球の断面を作成できました。

> **MEMO**
> オフセットすると曲線によっては面からはみ出る場合があります。その場合、はみ出た部分は無視して、曲線とガイドボックスが交わる点を結びます。はみ出た部分は消しゴムツールで消しておくと良いでしょう。

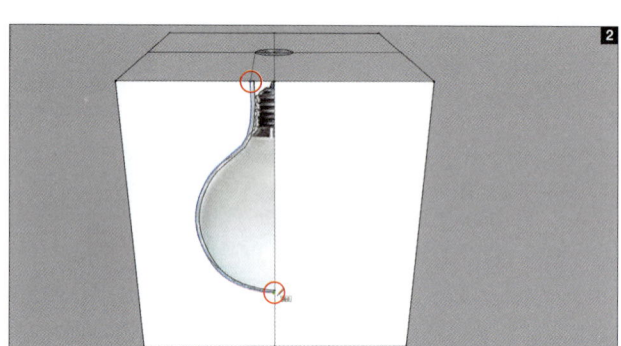

5 面から立体をつくる

 で左の立方体を1回クリックし、青く選択状態になったら [Delete] キーを押して削除します。立方体を削除したら手順4で作成した電球の断面をトリプルクリックして選択します。 で断面の左上の端点をクリックし、緑軸に沿って60mm動かしましょう **1**。手順1で作成した電球の口と接することができました。

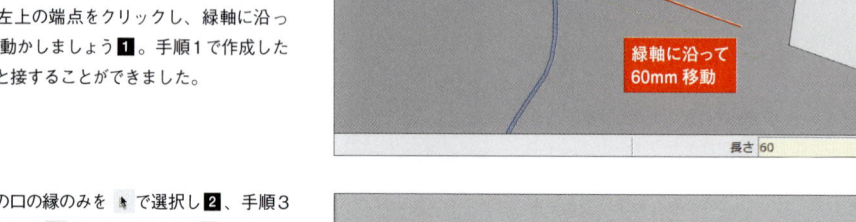

次に電球の口の縁のみを で選択し **2**、手順3で作成した面を でクリックします **3**。すると、電球の口に沿って断面がぐるっとまわり、立体を作成できました **4**。
最後にグループ化しておきましょう **5**。

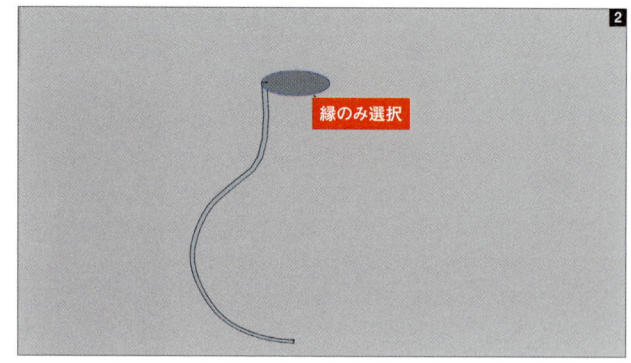

FIX

POINT

🖌 は、指定したラインに沿って図形を動かし、その連続した軌跡を図形として生成するツールです。
現場では室内の幅木の作成や、バルコニーの手すりなどによく使われています。

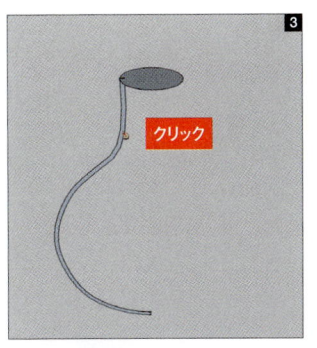

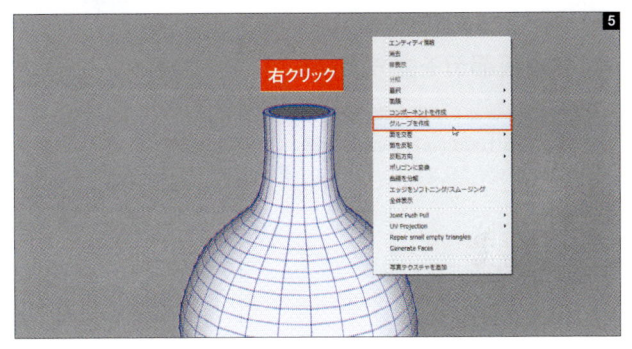

釣り金具をつくる

1 金具の土台となる円を描く

シェードの上に釣り金具を作成しましょう。作成しておいたシェードの立方体のグループの中には入らず、グループの外から、上面の線の交点を中心に ● で半径15mmの円を描きます。

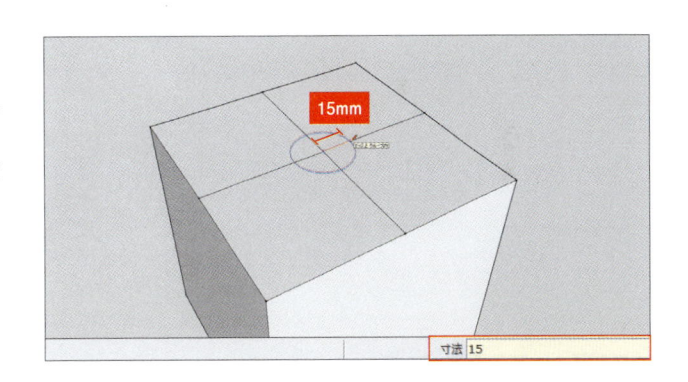

2 金具部分を立ち上げる

描いた面を 🖱 で選択し、🖌 で上へ30mm持ち上げましょう。

NEXT

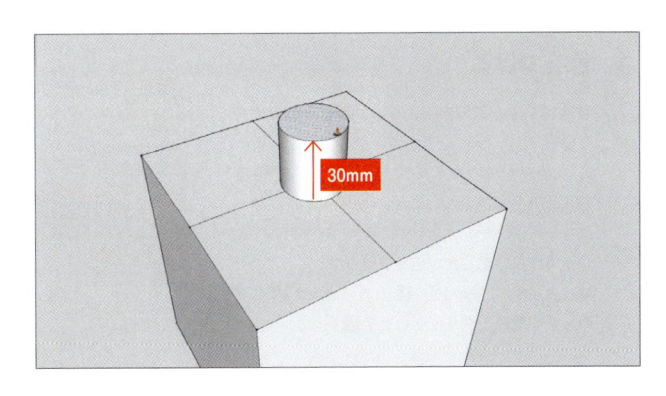

3 釣り紐の土台となる円を描く

持ち上げた上面を ▸ で選択し、🐚 で12mm内側へオフセットします。

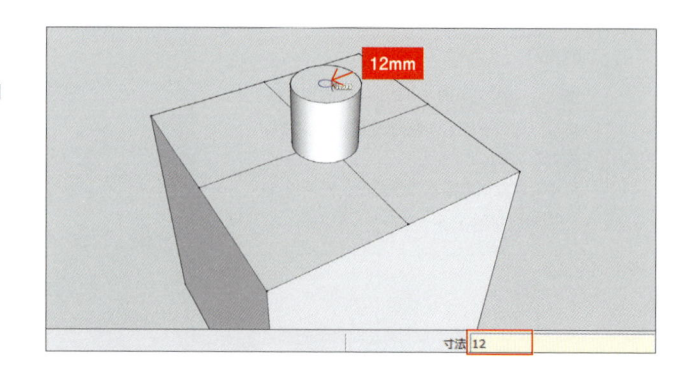

4 釣り紐部分を立ち上げる

オフセットした1番内側の面を ▸ で選択し、🔺 で上へ1000mm持ち上げます **1**。
最後にグループ化をしておきましょう **2**。

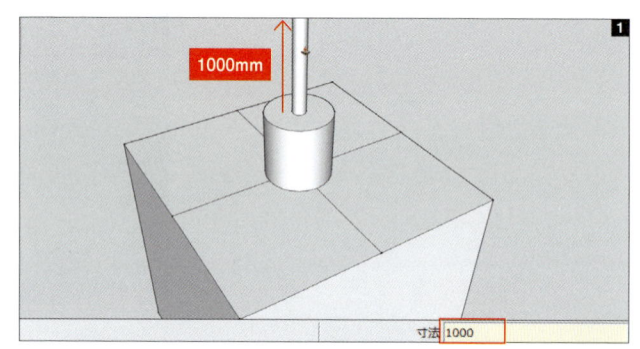

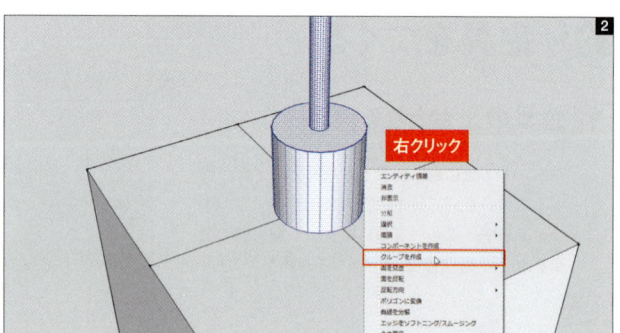

FIX

部屋に配置する

1 色をつける

今回はグループの中に入らず、外から色を塗っていきます。
メニューバーの［ウィンドウ］→［マテリアル］を選ぶとマテリアルウィンドウが開きます。プルダウンボタンから「色-名前付き」を選択し、パレットから指定したい色をクリックして（ここでは「0046_ゴールド」）**1**、カーソルが 🪣 に変わったら電球をクリックします **2**。

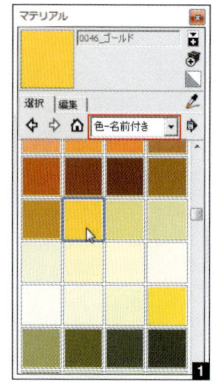

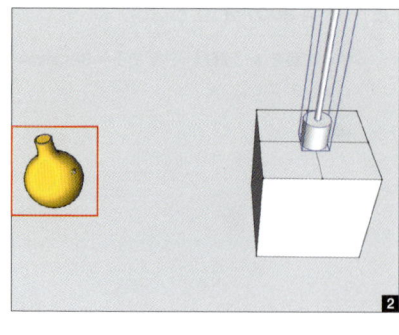

電球同様にシェードと釣り金具も以下のように色をつけましょう 3 4 。

	プルダウンメニュー	パレットで指定する色
シェード	半透明	半透明_ガラス_青
釣り金具	金属	金属_コルゲート_光沢

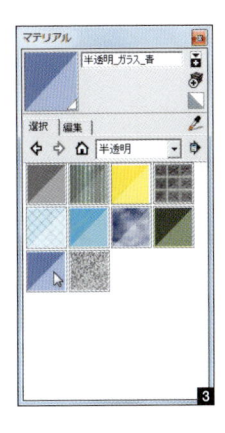

2 合体する

色がついたら電球を で選び、 で電球の左の端点をクリックし、赤軸に沿って500mm動かします。これで合体できました。最後に電球、ガラス、釣り金具のすべてを選び、グループ化しましょう。

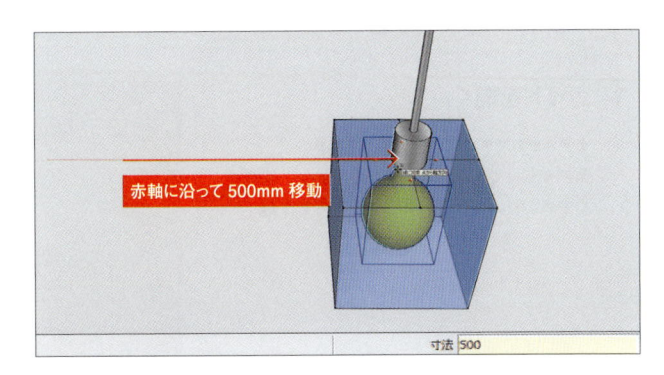

3 配置する

完成したら照明を で選び、シーンタブで「室内」を選択して、室内の任意の場所をクリックして配置します。
 で照明を複製移動させて数を増やし、上下に動かして照明の高さを調節して、バランスよく配置しましょう。

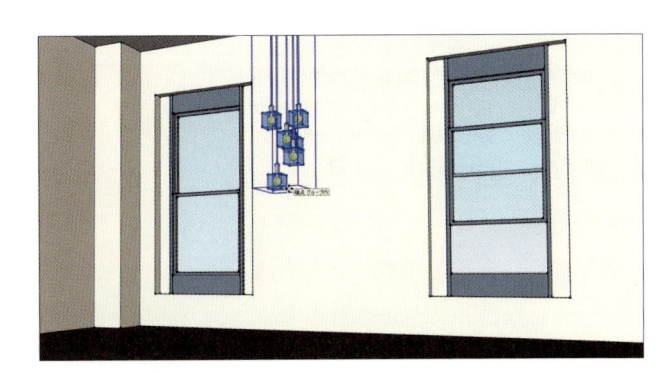

FIX

MEMO
各照明の高さを変更する場合、グループの中に入り、 で釣り紐の長さを長くしたり短くしたりします。
また、複製した照明はグループ化してひとまとめにしておきましょう。

SketchUpでカタチをつくる

05/22
カーテンをつくる

ベジェ曲線ツールを使いこなせば、カーテンのように形が自由に動くものも作成できます。カーテンに動きをつけることで、パースの中に風までも表現することができます。

カーテンをつくる

1 ガイドを描く

モデルがしやすいようにガイドを描きます。室内から見て左側の窓に寄りましょう。端点から中点に向かって ▰ で四角形を描きます **1**。

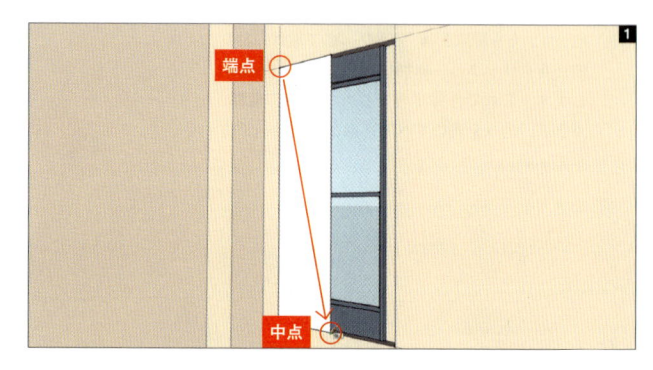

面を ▸ で選んで ◆ で100mm室内側に引き出します **2**。さらに [Ctrl] キーを1回押すと、カーソルが ✦ に変わるので、その状態で引き出した面をさらに100mm引き出します **3**。

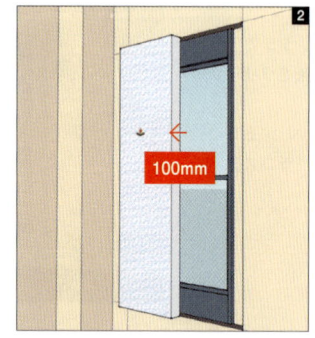

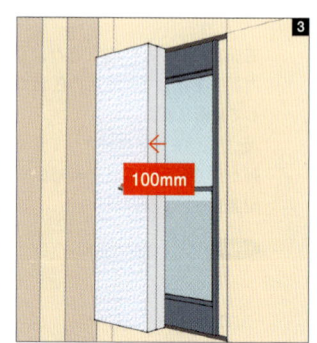

最後にトリプルクリックですべてを選択し、グループ化しておきます **4**。

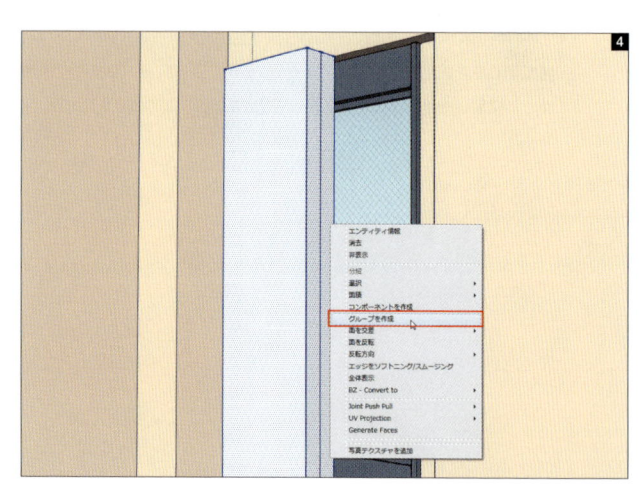

page 088_089

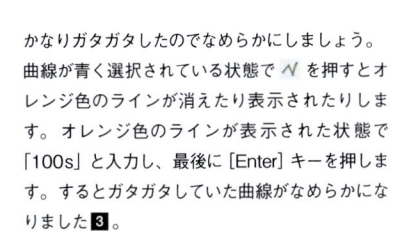

2 カーテン上部の二次曲線を描く

手順1で描いたガイドのグループの中には入らず、外から作業します。
メニューの［表示］→［ツールバー］→［BZ_Toolbar］を選択して、ベジェ曲線ツールを表示します。 でカーテンのなみなみを描いていきましょう。ガイドを上から覗くアングルにして、まずはガイドの端点をクリックします **1**。

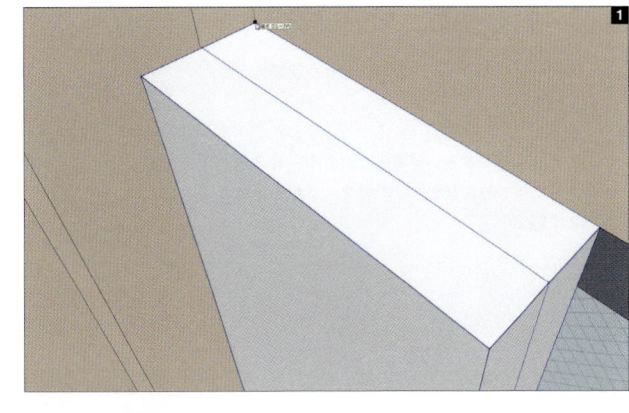

ガイドの中に収まるように、曲線を描いていきます。カーテンの上の部分になるので、ここでは窓側の四角形の中に収めます。少し出てしまっても問題ありませんが、完成して移動したときに壁やサッシにめり込むことがあるので注意します。
曲線を描くのは慣れるまで難しいですが、ポイントは必ず面の上をクリックすることです。カーソルを面の上にしばらく置いておくと「面上」という文字が表示されます。表示されたのを確認したら、クリックをするようにします。
カーテンが波打つようなイメージを持って、クリックしていきます。クリックする回数が増えるほど、曲線がガタガタしてきますが気にせず「面上」をクリックします。ダブルクリックをすると終点となります **2**。

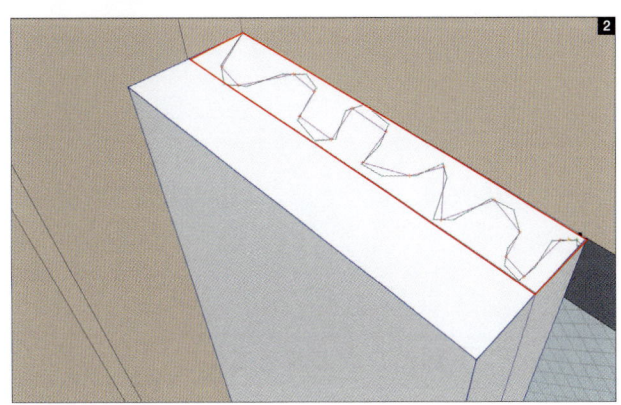

かなりガタガタしたのでなめらかにしましょう。
曲線が青く選択されている状態で を押すとオレンジ色のラインが消えたり表示されたりします。オレンジ色のラインが表示された状態で「100s」と入力し、最後に［Enter］キーを押します。するとガタガタしていた曲線がなめらかになりました **3**。

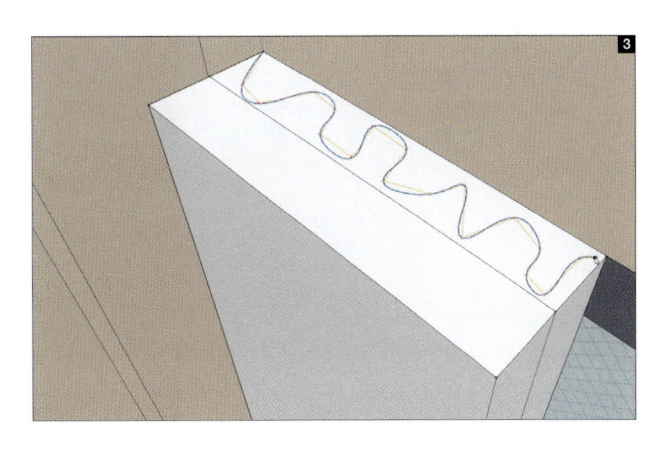

NEXT

3 カーテン上部の二次曲線を縮小する

カーテンをぎゅっと窓の端に寄せた状態にしましょう。
曲線を ▶ で選択し、 をクリックします。すると、曲線が黄色い枠で囲まれます。枠の辺をカーソルで触れると赤の四角マークが表示されます **1**。

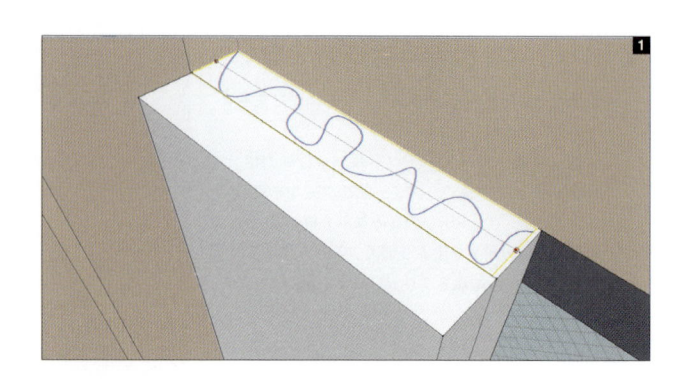

四角マークをクリックし、縮小する方向へカーソルを動かします。「0.3」と入力し、[Enter]キーを押して0.3倍に縮小しましょう **2**。

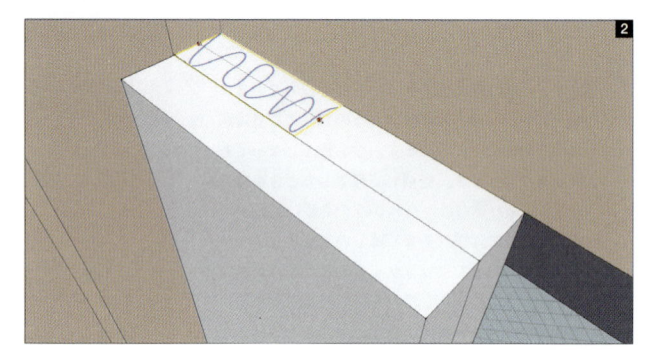

4 カーテン下部の二次曲線を描く

同様に下のなみなみも描きましょう。ガイドを下から見上げる角度にアングルを変えます。下の面も同じく でガイドの端点を始点にします **1**。

カーテンの下の部分になるので、室内にすこし広げてカーテンに動きをつけましょう。こちらではガイドの四角形を2つ使って、枠内をクリックしていきます **2**。すこし枠からはみ出ても問題ありません。

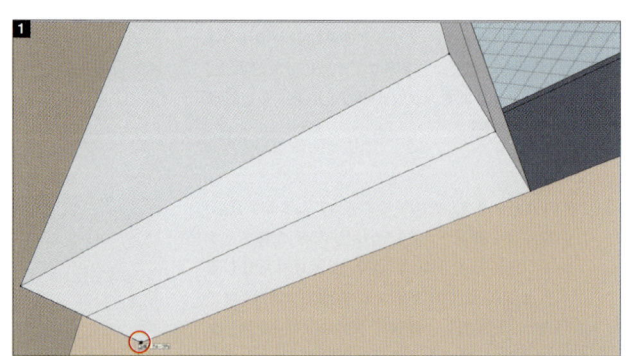

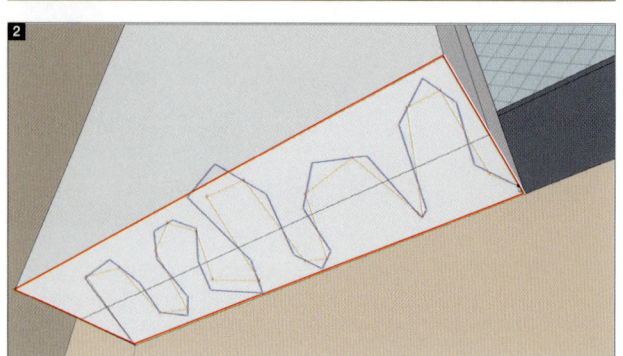

最後に〰で曲線をなめらかにしましょう③。

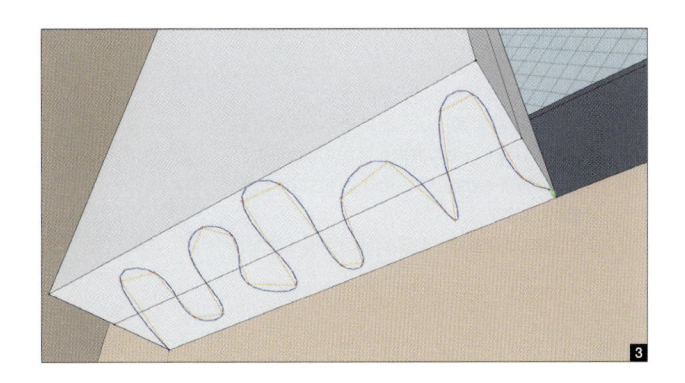

5 カーテン下部の二次曲線を縮小する

手順3同様に🗘で縮小しましょう。
こちらは0.5倍になるように縮小します。そうすれば裾が少し広がったカーテンに仕上がります。このように、上部と下部の形状にすこし違いを出すと、よりリアルなうねりが表現されます。

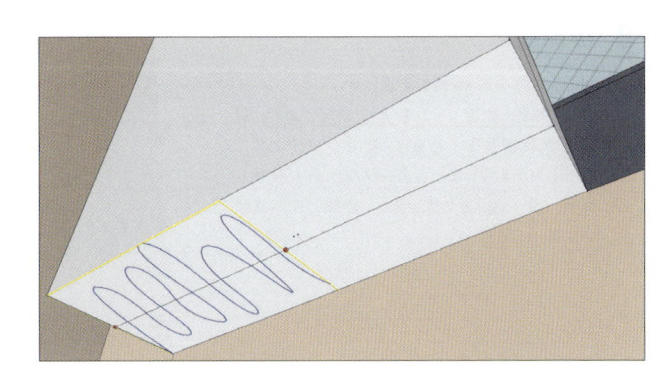

6 三次曲面を描く

プラグインの「カーブロフトツール」を使って、カーテンの上部と下部のなみなみを繋いで三次曲面を描いていきます。
まずはガイドとなるボックスを削除します。
メニューバーの「表示」→「ツールバー」→「Curviloft」でカーブロフトツールを表示します。何も選択していない状態で、🗘をクリックしましょう。次に、上部、下部の曲線を順にクリックし、[Enter] キーを押します❶。すると黒い三次曲面が張られます❷。この段階ではまだ確定していないので、[Enter] キーをもう一度押します❸。これで確定状態となりました。

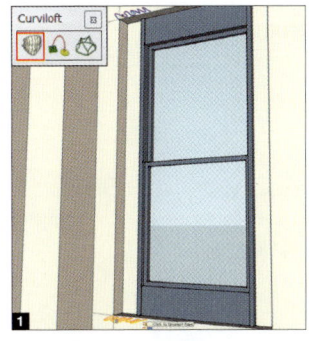

NEXT

7 配置する

作成したカーテンを窓に近づけます。
カーテンを ▶ で選択し、✥ でモデルの端点をクリックします。窓の方向へマウスを動かすと緑の軸が表示されるので、軸に沿って 50mm ほど動かしましょう。
上下に残った曲線は、必要ないので削除します。

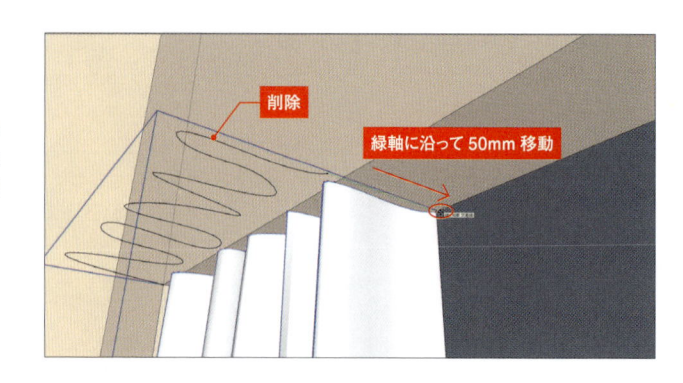

削除
緑軸に沿って 50mm 移動

8 複製配置する

対となるカーテンを複製配置しましょう。
先ほど移動したカーテンを ▶ で選択します。青い選択状態となったら、✥ をクリックして [Ctrl] キーを押します。カーソルが ✥ に変わったら、カーテンをクリックして赤軸方向へ移動します。

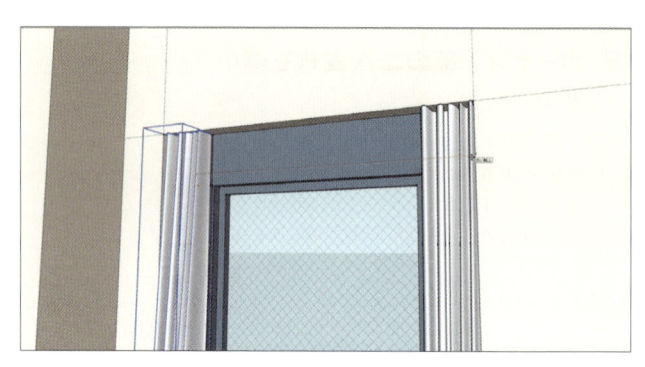

POINT

移動するときにキーボードの [←↑↓→] キーを1回押すと軸に拘束され、その軸方向にしか移動できなくなります。[←↑↓→] キーはそれぞれ赤軸・緑軸・青軸に対応しています。

9 カーテンを広げる

複製できたら、カーテンを少し広げてみましょう。
複製したカーテンを ▶ で選び **1**、◈ で横に拡大しましょう **2**。

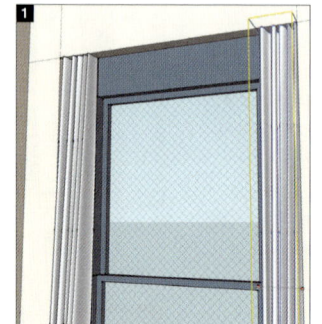

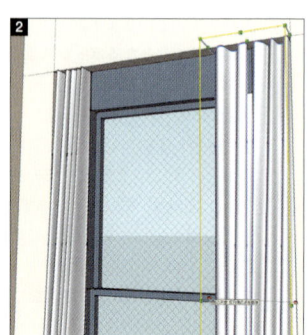

これで一対のカーテンができました **3**。

FIX

風になびくカーテンをつくる

1 ガイドを描く

次は、窓から入る風になびくカーテンを作成しましょう。
まずは先ほどの左の窓のカーテン同様、ガイドとなるボックスを描きます。右側の窓に寄り、端点から中点に向かって ▦ で四角形を描きましょう **1**。

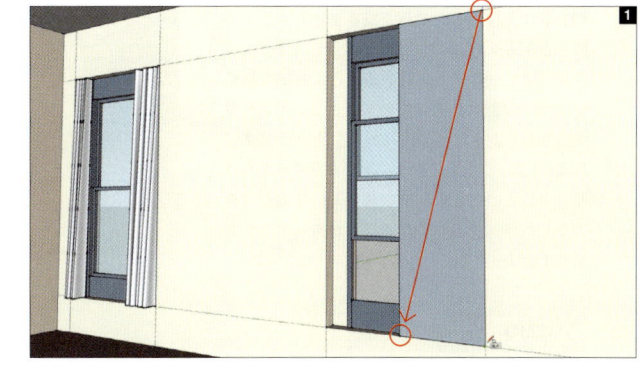

面を ▸ で選んで ♦ で100mm室内側に引き出します **2**。さらに [Ctrl] キーを1回押した状態で、引き出した面をさらに300mm引き出します **3**。
面を引き出した分だけ、カーテンの揺れ幅が大きくなるので、風になびく表情がつくれます。

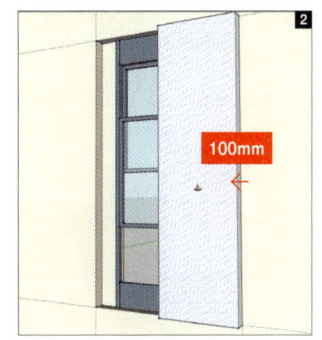

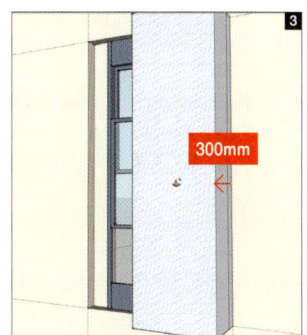

最後にトリプルクリックですべてを選択し、グループ化します **4**。

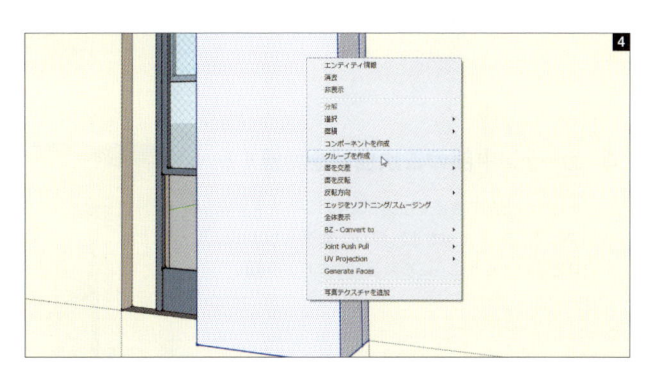

2 カーテン上部の二次曲線を描く

ガイドを作成したら、左の窓のカーテン同様、⌒ で曲線を描きましょう。
最後に ⋏ で曲線をなめらかに修正します。

NEXT

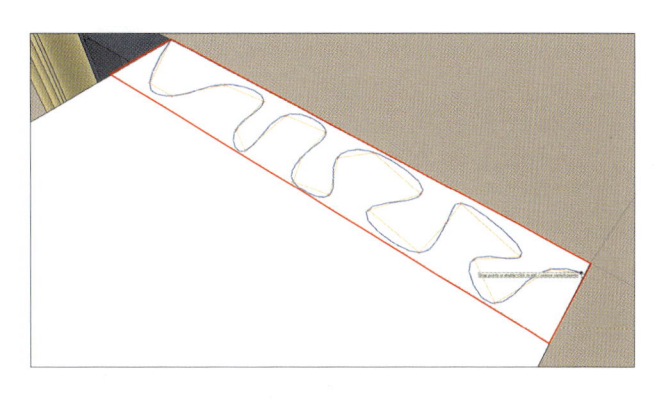

3 カーテン下部の三次曲線を描く

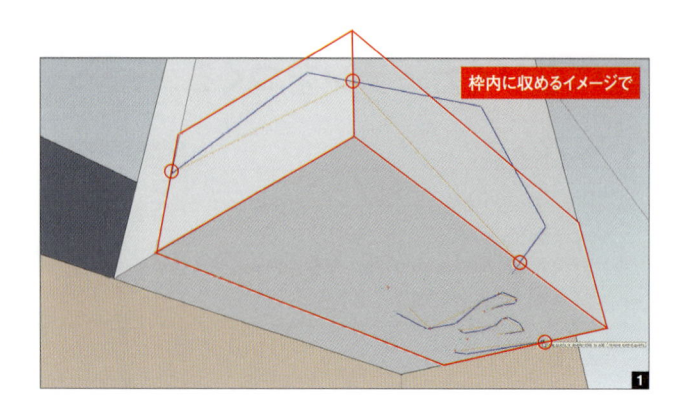

手順2では二次曲線を描きましたが、今回は青軸も取り入れた三次曲線を描きましょう。下の面を覗き込むようにアングルを変更します。
今までは平面の枠内に収まるように曲線を描きました。今回は立方体に収まるようなイメージを持ちましょう。 で、「面上」という文字に加え、「エッジ上」という文字が表示されたらクリックしていきます。途中描いている線がガタガタしたり、見えなくなることがありますが気にせずクリックしていきます **1**。

> **MEMO**
> 描いている線を見やすくしたいときは、ガイドボックスを透明表示にしましょう。ガイドボックスを選択し、メニューバーの「表示」→「面スタイル」→「X線」を選びます。

曲線が描けたら、 で曲線をなめらかに修正します。「100s」と入力して、[Enter]キーを押しましょう **2**。最後にガイドを削除しましょう。

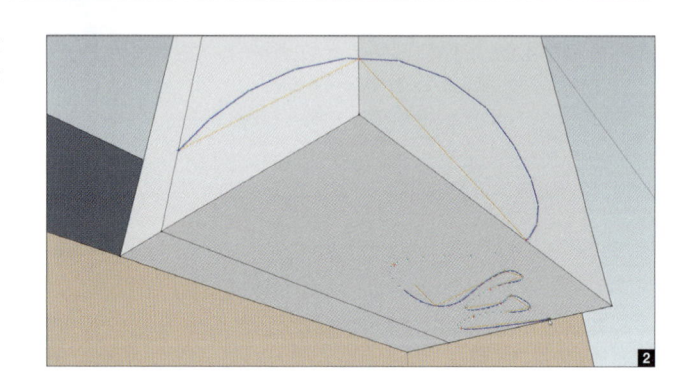

4 カーテン中部の二次曲線を配置する

カーテン上部の曲線を複製します。 をクリックして[Ctrl]キーを1回押し、真下へ500mmほど下がったところに複製配置しましょう **1**。

少し縮小して、絞られた形にしましょう。複製した曲線を で選び、 で曲線をクリックします **2**。[Ctrl]キーを押しながらカーソルを動かすと、曲線の中心に向かって縮小されます。この状態で数値入力はできないので右下の測定値をみながら0.9くらいに縮小します **3**。

5 三次曲面を描く

左の窓のカーテン同様、プラグインの「カーブロフトツール」を使って、三次曲面を描いていきます。
まずはガイドとなるボックスを削除します。
何も選択していない状態で をクリックし、上から順に曲線をクリックして、[Enter] キーを押します。すると黒い三次曲面が張られます **1**。
この段階ではまだ確定していないので、[Enter] キーをもう一度押します **2**。これで確定状態となりました。

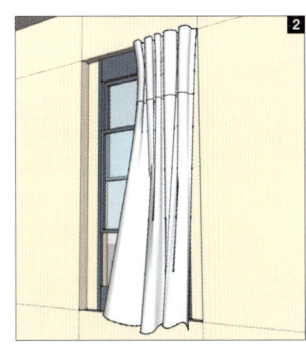

MEMO

カーブロフトツールにはもう1つ手順があります。作成した曲線を ですべて選び、 をクリックすると、一瞬にして曲面を張ることができます。

6 配置する

 で作成したカーテンを窓の方向へ軸に沿って50mmほど動かしましょう **1**。
残った曲線は、必要ないので削除します。

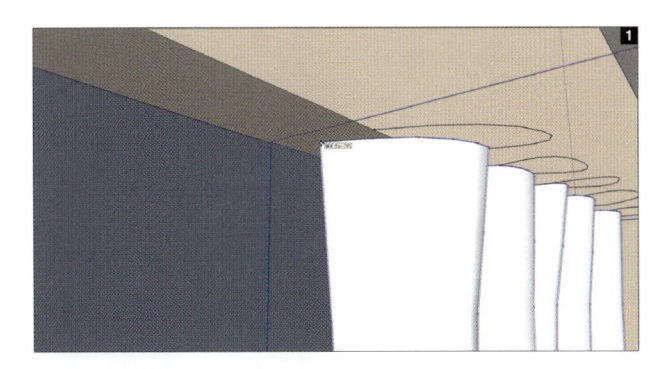

もう一方のカーテンは新たに描いても良いですし、左の窓のカーテンを複製配置してもかまいません **2**。

7 色をつける

最後に色づけをしたらカーテンの完成です。

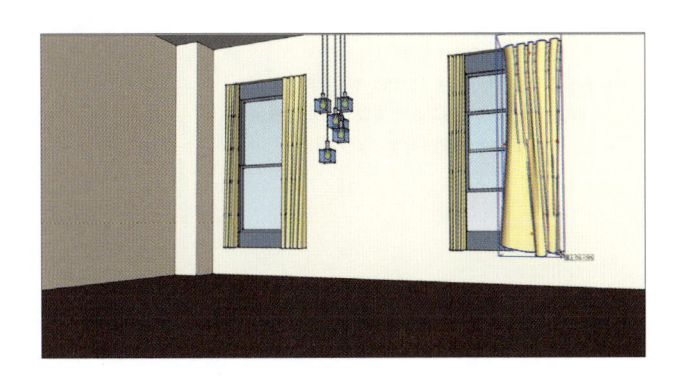

FIX

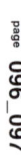

06/22 家具をつくる

デスクや額縁などの基本の家具のつくり方を押さえておくと自分のイメージに合うものがつくれます。リアリティをだすコツをつかみましょう。

デスクをつくる

1 脚をつくる

シーン「作業スペース2」で作業します。
■で50mm×50mmの正方形を描き、▲で300mm持ち上げます **1**。

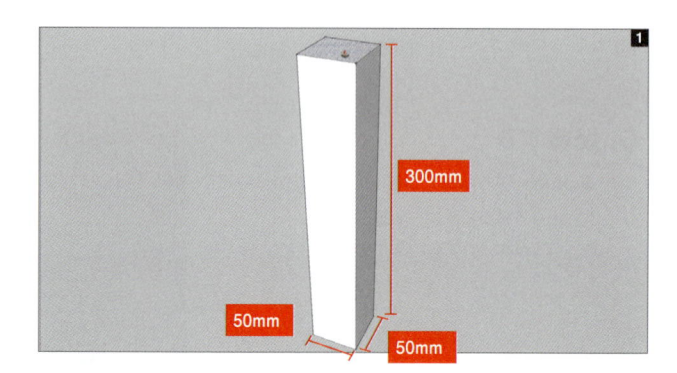

最後にすべてを選択してグループ化を行い、コンポーネントを作成しておきましょう。グループ化したモデルの上で右クリック→「コンポーネントを作成」を選びます **2**。

p034/コンポーネントを作成する

MEMO
複製を行うときコンポーネントを作成しておけば、複数あるうちの1つを編集すれば複製したすべてのモデルに反映されるので時間短縮になります。

次に、複製配置を行います。
モデルの端点を▲でクリックし[Ctrl]キーを1回押すとカーソルが✥に変化します。緑軸に沿って750mm動かします。
さらに2つのモデルを[Shift]キーを押しながら▶で選択し、同様に▲で複製します。赤軸に沿って1450mm移動させましょう **3**。

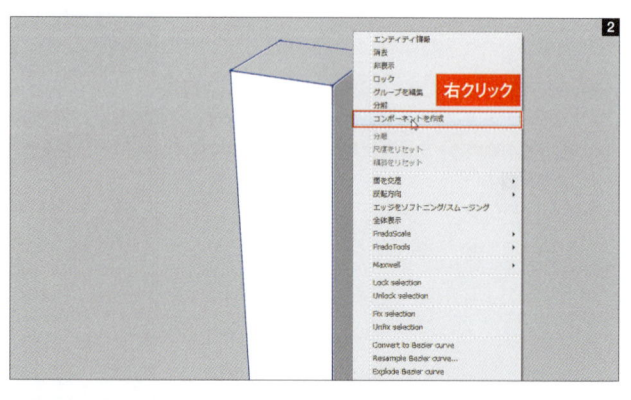

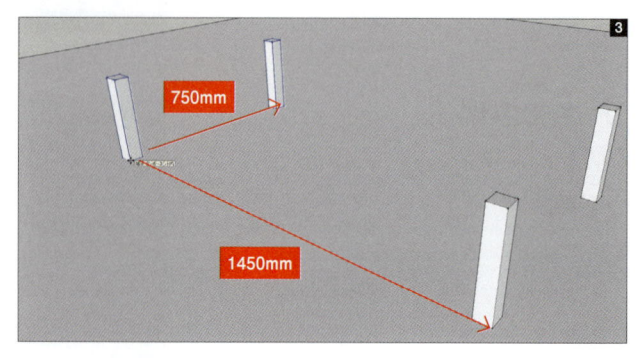

2 天板をつくる

4本の脚の上に天板をつくっていきましょう。
■で天板の端点から端点へと四角形を描きます**1**。

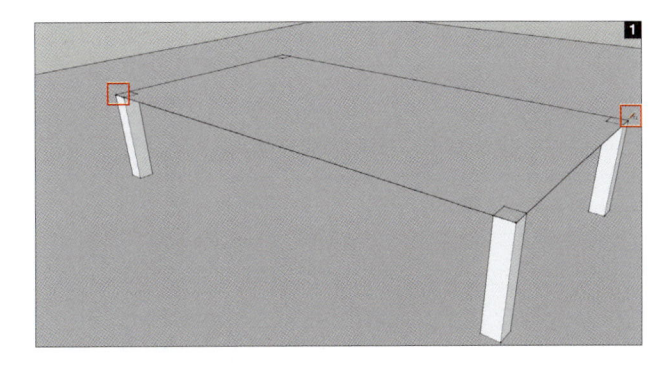

面をつくったら、🔺で20mm持ち上げます**2**。
最後にグループ化をしましょう**3**。

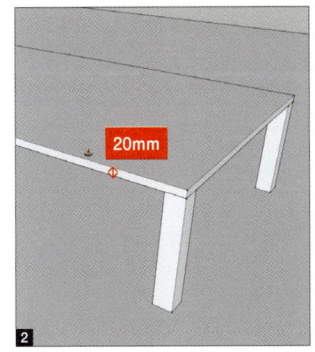

3 膜板をつくる

4本の脚の間に膜板をつけましょう。
長手の膜板は、■で天板と脚の接点から
1400mm×40mmの長方形を、短手の膜板は、
40mm×700mmの長方形を、側面に描きます
1。

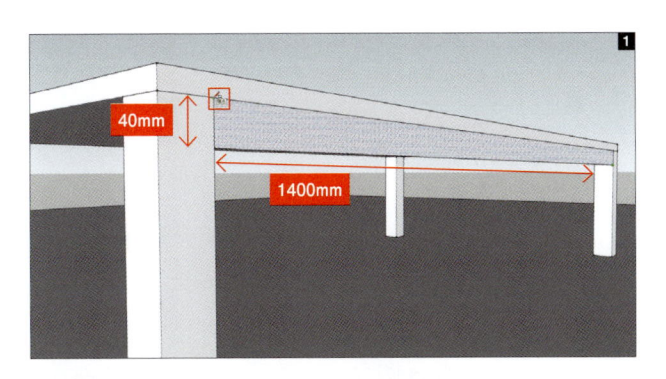

面を🔺でクリックし、机の内側に向かってそれ
ぞれ10mmの厚みをつけます**2**。最後にグルー
プ化をしましょう**3**。そしてコンポーネント化
も行いましょう。

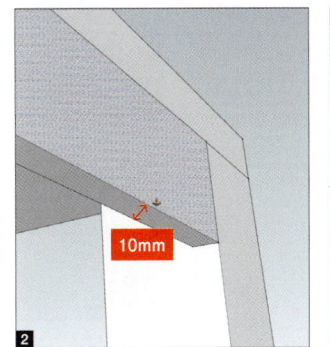

NEXT

4 脚の形状を変更する

床に接している面を縮小し、脚の形状を変えていきます。
見やすくするためにモデルを透明表示にします。
メニューバーの [表示] → [面スタイル] → [X線] を選びます **1**。

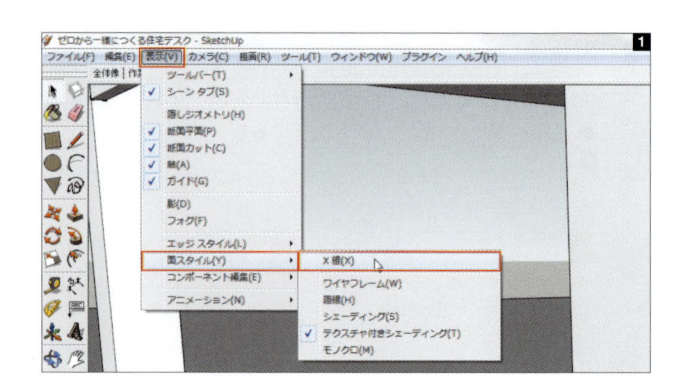

まずは脚のグループの中に入り、床に接している面を選択します。右図のようなアングルで床に接している面がすべて入るように で左から右へと囲みましょう **2**。

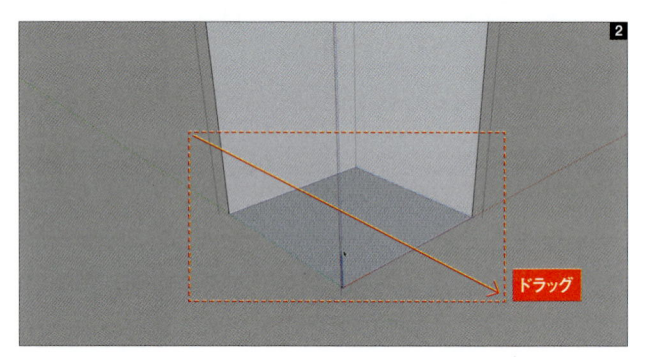

面が選べたら、 で [Ctrl] キーを押しながら縮小します。コンポーネント化がされているので、1つのモデルを修正すると他の脚も変更されます **3**。

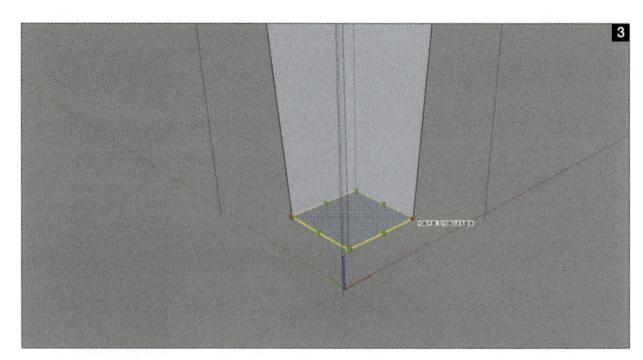

最後に元の表示に戻しましょう。
[表示] → [面スタイル] → [X線] にチェックが入っているのでもう一度クリックをし、チェックを外しましょう **4**。

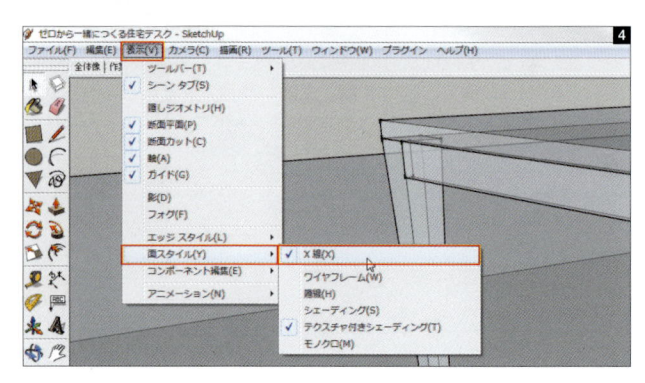

5 膜板の形状を変更する

膜板を 🗙 で複製移動します。まだ膜板が作成されていない部分に移動しておきましょう。膜板の上部の端点から端点へと移動するようにします。

複製移動が終わったら、4つの膜板を、机の内側に向かってそれぞれ10mm移動します **1**。

脚を変形したことで膜板とのあいだに隙間ができてしまいました。膜板の形状を変更して脚に接着させましょう **2**。

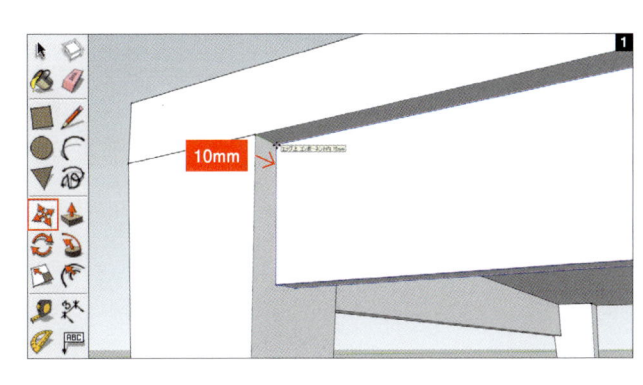

長手の膜板のグループの中に入り下端の短辺を ▶ で選択します。🗙 で辺をクリックし **3**、赤軸に沿って動くようにキーボードの［→］キーで動きを拘束させます。その状態で脚の側面までカーソルを動かします。「交差平面」という文字が表示されたらクリックします **4**。同様に反対側の辺も移動しましょう。長手の膜板はコンポーネント化されているので、もう一辺の膜板も形状変更されています。同様に短手の膜板も隙間がないように変形しましょう。

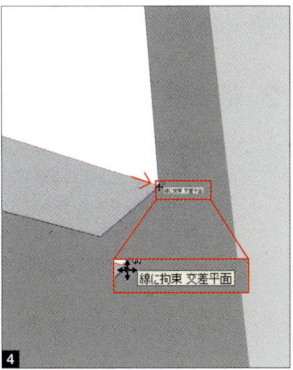

6 色をつけて配置する

最後に天板・脚・膜板を1つのグループ化しておきます。グループの中に入って、それぞれに色をつけましょう。今まで使っていない色で塗るようにしましょう。
最後に 🗙 で室内に配置します。

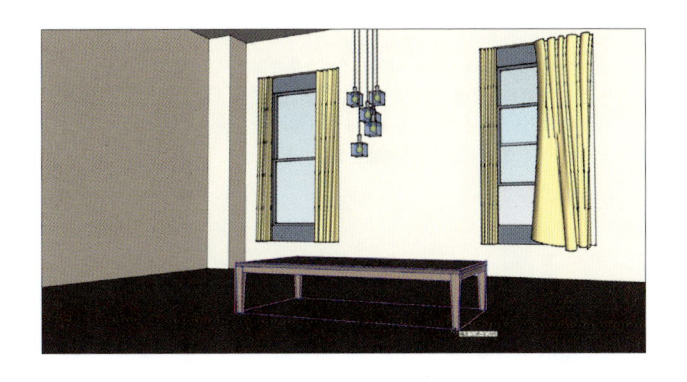

FIX

キャビネットをつくる

1 縦板をつくる

▭ で200mm×20mmの長方形を描き、▲ で2100mm持ち上げます **1**。最後にグループ化をします **2**。

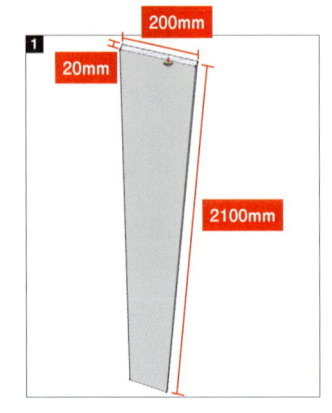

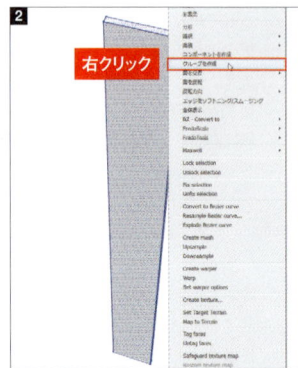

また、もう1本の縦板を複製配置しましょう。モデルの端点を ✥ でクリックし [Ctrl] キーを1回押すとカーソルが ✥ に変化します。軸に沿って400mmの位置に複製します **3**。

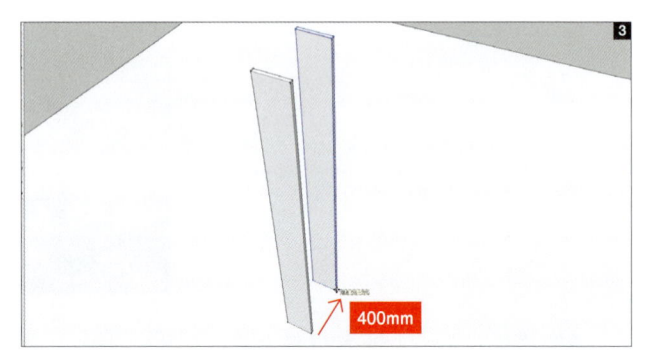

2 板の形状を変更する

今回は、縦の板にすこし起伏をつけましょう。まずはガイドラインをひきます。
モデルをダブルクリックしてグループの中に入り、🔍 で上部の短辺をクリックし、カーソルを下へ動かして「350」を入力して [Enter] キーを押すと、垂線をひくことができました **1**。
これがガイドラインになります。

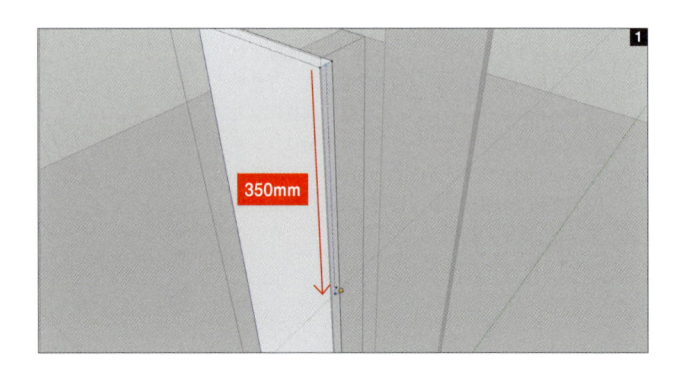

ガイドラインをなぞるように ✏ で線を描きます **2**。ガイドの垂線とモデルのラインが交差する点をクリックするようにしましょう。線を引き終えたら、ガイドラインを削除しましょう。

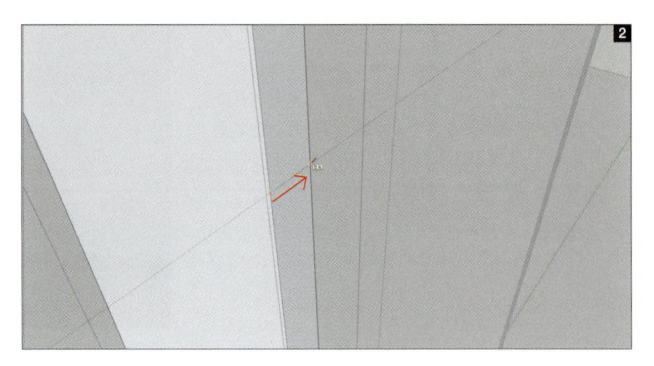

> **MEMO**
> 🧽 でガイドラインをクリックするか、
> ▸ で選択して [Delete] キーで削除します。

✏️で描いた線を▸で選択し③、🔧でクリックして、赤軸に沿って動くようにキーボードの［→］キーで動きを拘束させます。その状態で手前に120mm動かしましょう④。

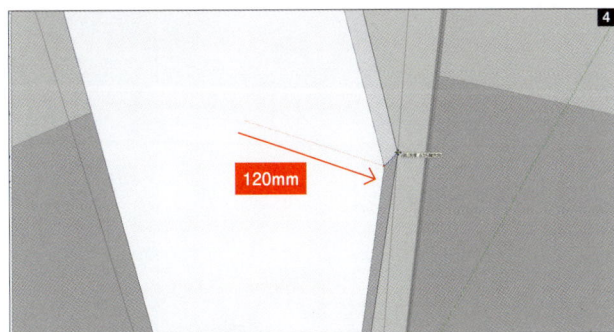

同様にもう一方の縦板も形状を変更してみましょう。今度は下から350mmのところにガイドラインをひき、120mm手前に移動します⑤。

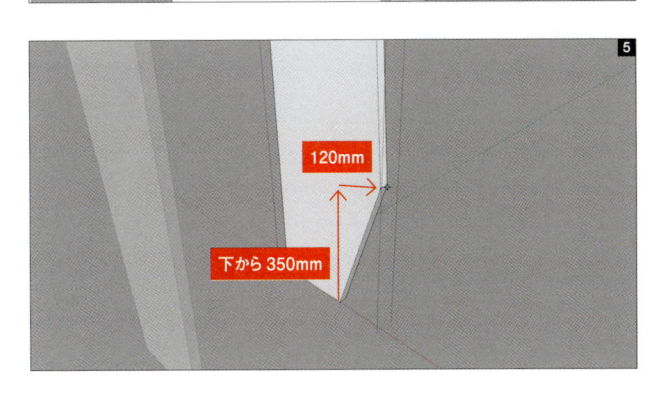

NEXT

3 縦板を複製配置する

作成した2つの縦板を ▸ で [Shift] キーを押しながら選択し、✦ で縦板の端点をクリックして [Ctrl] キーを押したら、軸に沿って800mm移動しましょう。「800」を入力して [Enter] キーを押し **1**、移動が確認できたら引き続き「2x」を入力して [Enter] キーを押します **2**。
すると先ほど複製したものと合わせて4つのモデルが複製されました。「2x」とは選択したモデルを2回複製するという意味です。

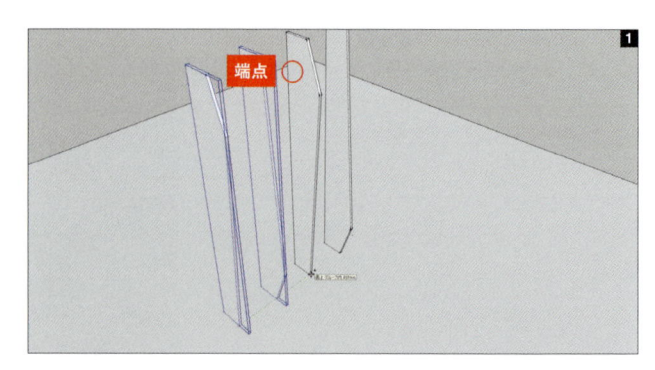

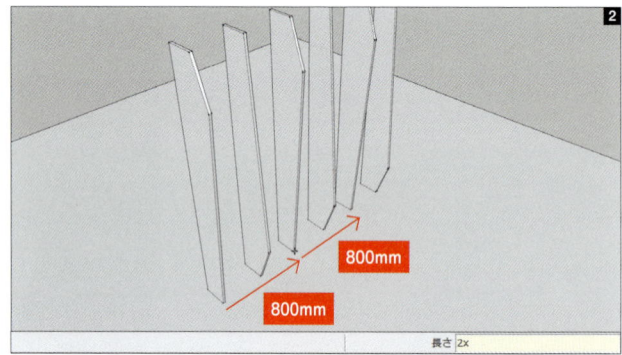

4 横板をつくる

縦板の間に横板をはめ込んでいきます。
▪ で縦板の端点を使って380mm×200mmの長方形を描きます **1**。✦ で面を20mm持ち上げます **2**。最後にグループ化をしておきましょう。

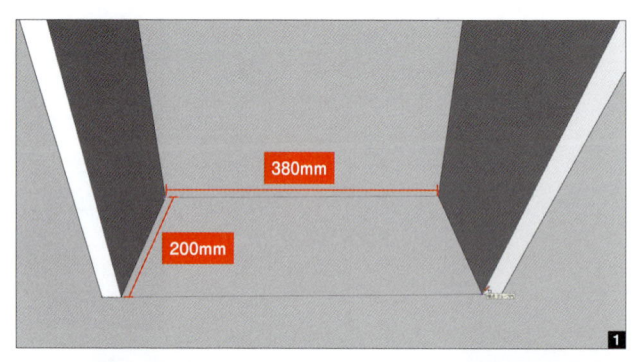

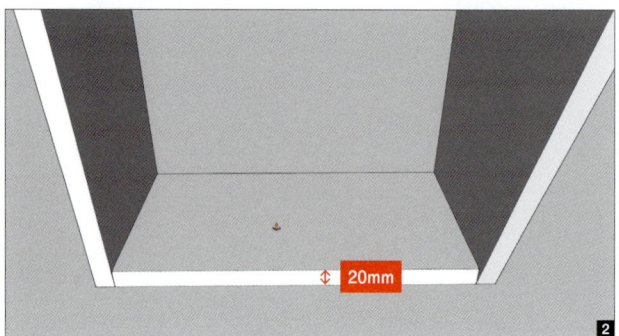

5 横板を縦に複製配置する

次に複製配置をしましょう。
🖱 で横板の上面の端点をクリックして [Ctrl] キーを押したら、縦板の上端まで移動します **1**。移動が確認できたら引き続き「8/」を入力して [Enter] キーを押します。すると等間隔に複製配置できました **2**。これは元のモデルを含めて、その間隔を8つつくるという意味です。

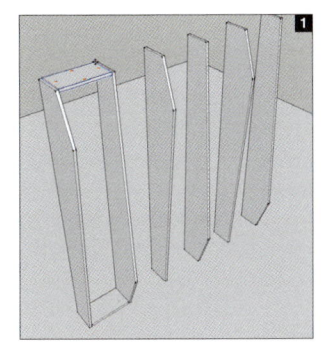

6 横板を横に複製配置する

複製した横板を空いている縦板の間にも複製していきましょう。
横板を9枚すべて 🖱 で選択します。🖱 で縦板の端点をクリックして [Ctrl] キーを押したら、軸に沿って400mm移動させます **1**。移動が確認できたら引き続き「4x」を入力して [Enter] キーを押します **2**。これですべての横板が入りました。

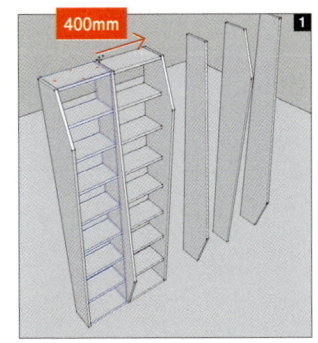

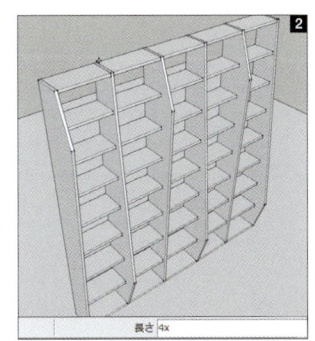

7 横板を数枚削除する

いくつか横板を削除して、いろんな大きさのオブジェや本が入るようにしましょう。🖱 で削除する板を選択し、[Delete] キーを押せば削除できます。

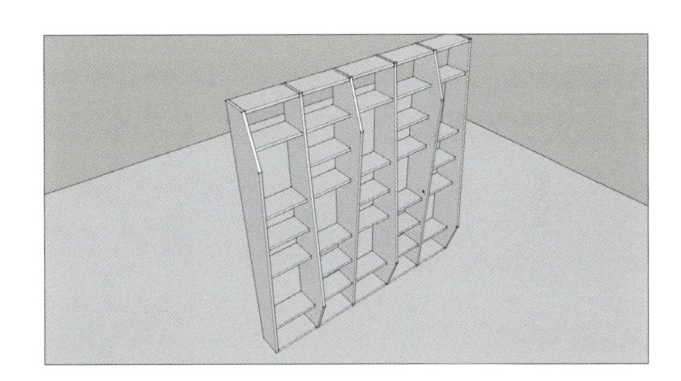

8 色をつけて配置する

最後にキャビネット全体をグループ化し、任意の色をつけたら室内へ配置しましょう。

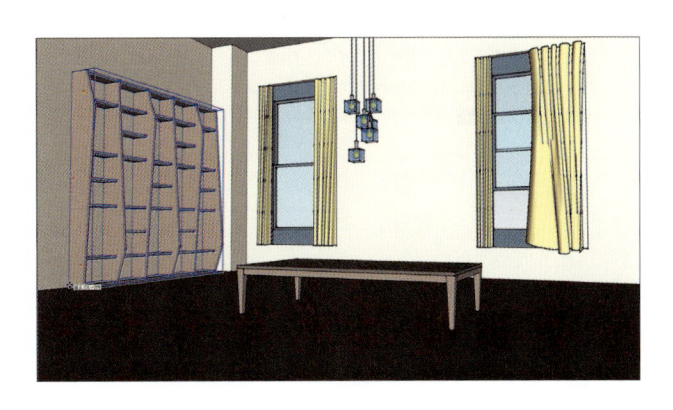

FIX

額縁をつくる

1 ガイドラインを描く

シーン「作業スペース2」で作業をします。
■で1200mm×800mmの長方形を描いてグループ化します**1**。

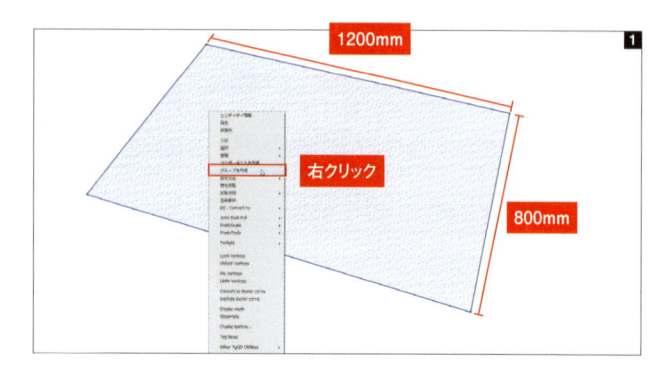

グループの中に入って編集していきましょう。ガイドラインを引いていきます。右の辺を🖱でクリックしカーソルを左へ動かし、「600」を入力して[Enter]キーを押します**2**。辺から600mmの位置にガイドラインをひくことができました。

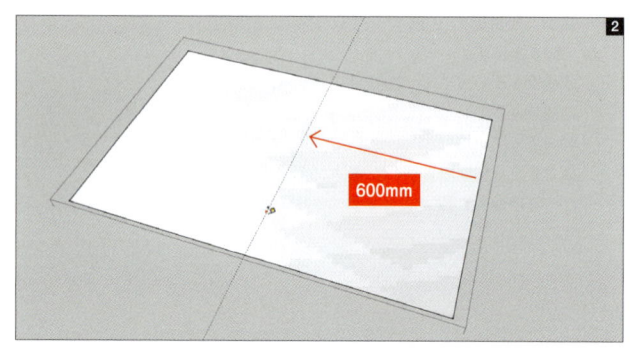

同様に、20mm、280mm、20mmとガイドラインを作成します**3**。

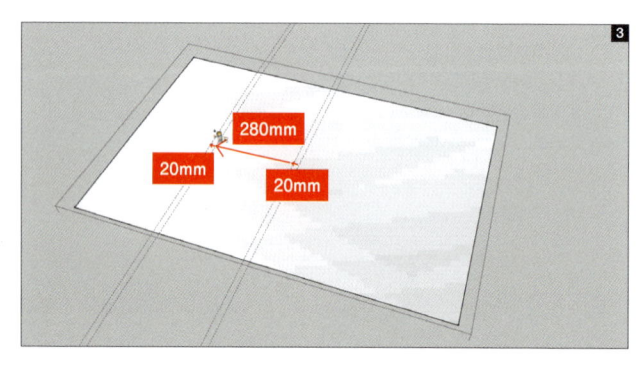

さらに長手の辺からのガイドラインも作成します。辺から400mm、20mmとガイドラインを作成しましょう**4**。

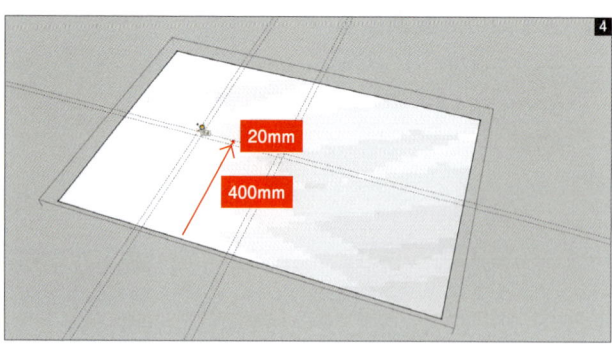

2 外枠を描く

ガイドラインを引き終えたら、額縁の外枠を書いていきます。■で右図のようにガイドラインを目安にして長方形を4つ描きましょう **1**。ガイドラインとガイドラインが交差する点を繋いで外枠を描きます。

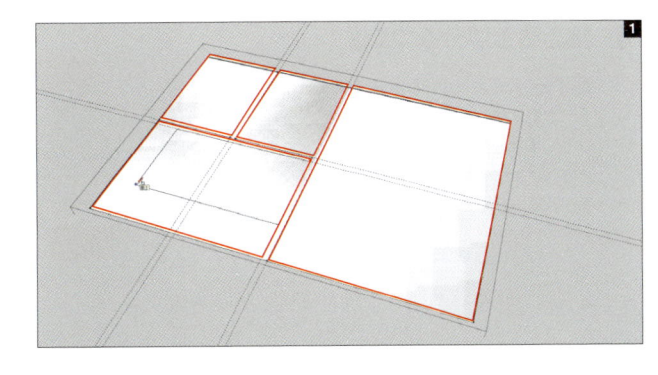

■で右図に示す、必要のない線を削除しましょう。1か所削除すると、はじめに描いた四角形の面も削除されます **2**。
またガイドラインも、■で削除しましょう。

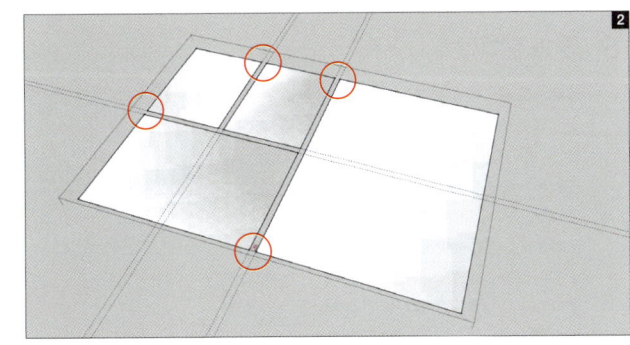

3 内枠を描く

引き続きグループの中に入り、グループの中のモデルが存在しない部分を ■ でクリックして、何も選択しない状態にします。
そして ■ で左下の長方形をクリックし、カーソルを内側へ動かして「30」を入力して［Enter］キーを押します。これで30mm内側に枠をオフセットすることができました **1**。

そのまま、左上の長方形をダブルクリックします。すると直前に入力した30mmという数値で内側にオフセットすることができます。同様に、残りの長方形の面もダブルクリックしましょう **2**。これですべての内枠を描くことができました。

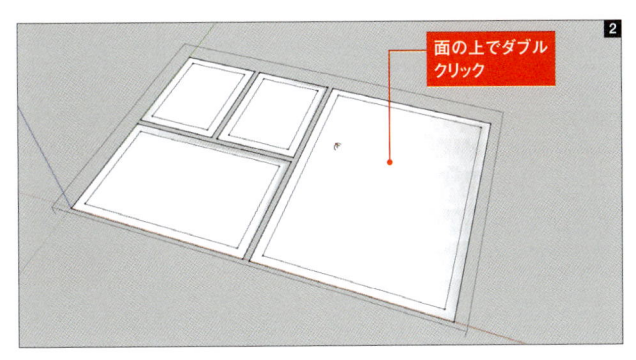

NEXT

4 絵を貼る部分をつくる

で右の枠と左下の枠は内側へ60mmオフセットします。残りの枠は30mmオフセットしましょう。手順3同様、連続でオフセットをするときはダブルクリックを使うと非常に便利なので、活用しましょう。

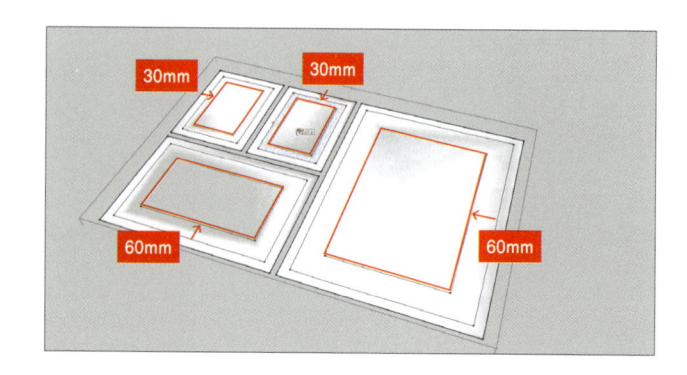

5 厚みをつける

手順3同様、何も選択しない状態にします。
まずは外枠から持ち上げます。外枠の面を選択し、 で上に持ち上げ、「40」を入力して[Enter]キーを押すと、面が40mm持ち上がりました。
そのまま他の外枠の面をダブルクリックしていきます。直前に入力した数値を記憶しているのでダブルクリックをするだけで40mm持ち上がります **1**。

同様に外枠と絵の間の面は20mm **2**、絵の部分は10mm **3**、 で持ち上げていきましょう。

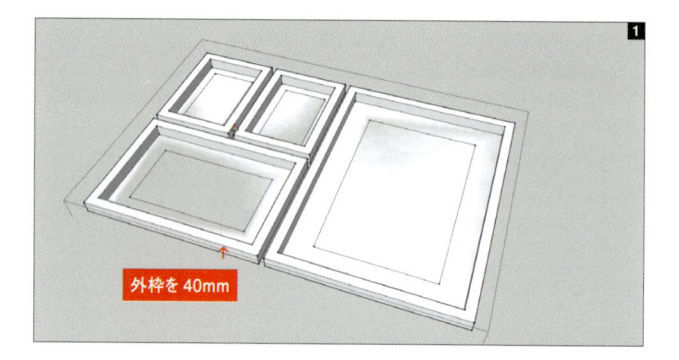

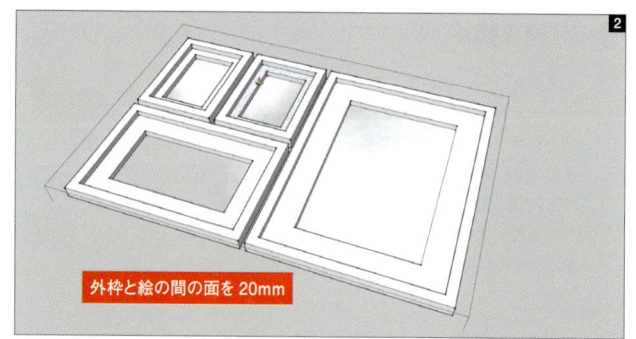

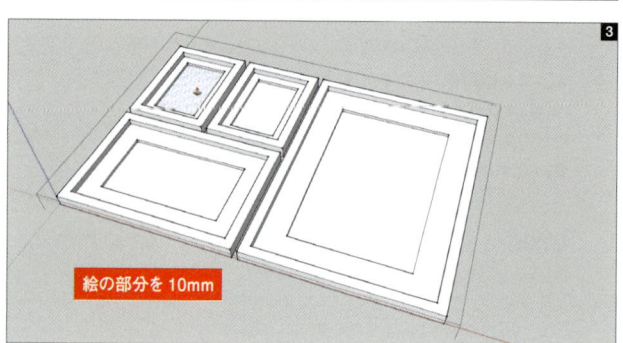

6 色をつけて配置する

外枠、絵、その間の部分の3つの種類ごとに色を塗っていきます。
絵を貼る部分に関してはそれぞれ違う絵を貼るので違う色で色をつけます。これまでと同様に、今まで使っていない色で塗るようにしましょう■。

> **MEMO**
> あとで額縁にそれぞれ異なる絵を設定します。1色に対して1つの絵を設定していくので、必ず異なる4色で色つけしましょう。

次に、作成した額縁をシーン「作業スペース2」から「室内」に移動しましょう。
額縁のグループから外に出ます。 で額縁の端点をクリックし、室内の床の「面上」をクリックします■。

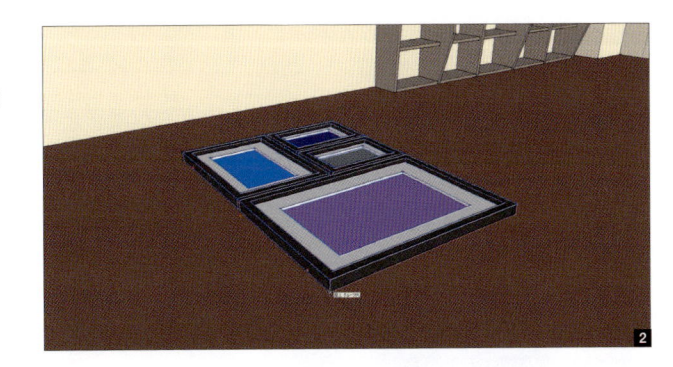

 で壁の面にカーソルを持っていくと赤い分度器マークが出ます。赤い分度器マークが出たら、[Shift] キーを押したまま、額縁の端点をクリックし、同じ辺にあるもう1つの端点をクリックします■。
そのままマウスを動かすと額縁を回転させることができます。額縁を起こすようにマウスを動かし、「90」を入力して [Enter] キーを押します。すると額縁が床と垂直になるように起こすことができました■。

 で額縁の端点を持ち、壁に配置します■。
必ず壁の「面上」という文字を確認してから配置するようにしましょう。

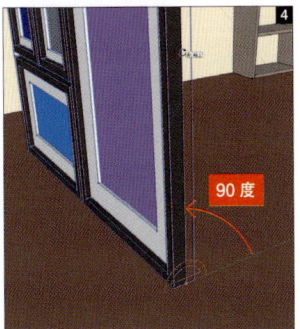

FIX

ソファをつくる

1 肘掛をつくる

シーン「作業スペース2」の作業台で作成していきましょう。

▦ で200mm×900mmの長方形を描き **1**、
▲ で400mm持ち上げます。最後にグループ化を行いましょう **2**。

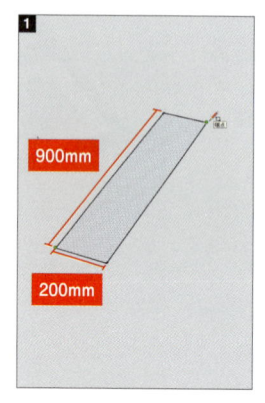

作成したボックスを ▸ で選択し、▸ で赤軸方向に1800mmの位置に複製しましょう **3**。

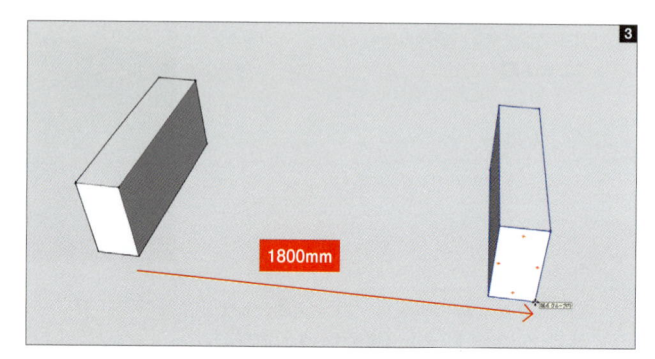

2 底板をつくる

肘掛の間にちょうど収まるように ▦ で1600mm×900mmの長方形を描き、作成した面を ▲ で80mm持ち上げます **1**。

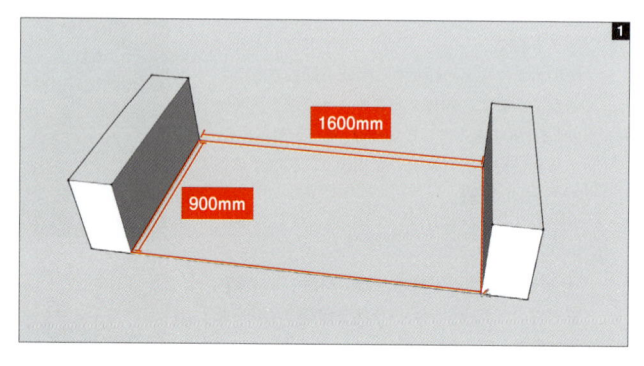

最後にグループ化を行いましょう **2**。

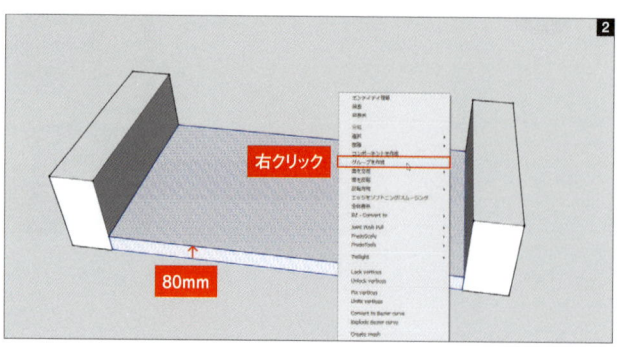

3 背もたれをつくる

底板の上に ▮ で1600mm×250mmの長方形を描き、♣ で500mm持ち上げます **1**。

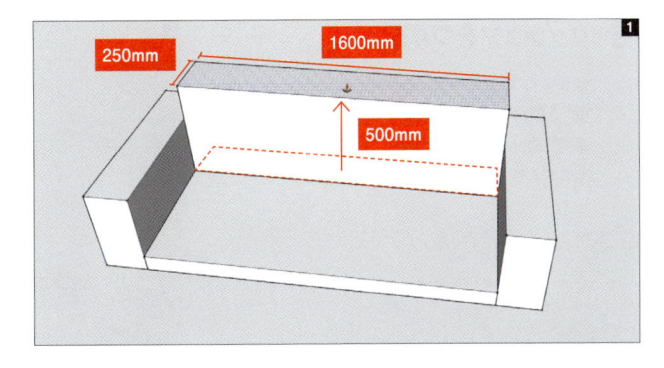

正面の上端の辺を ▸ で選択し、手前の端点を ✦ でクリックし、垂直方向に160mm動かしましょう。これで上部が少し細くなりました。最後に忘れずにグループ化をします **2**。

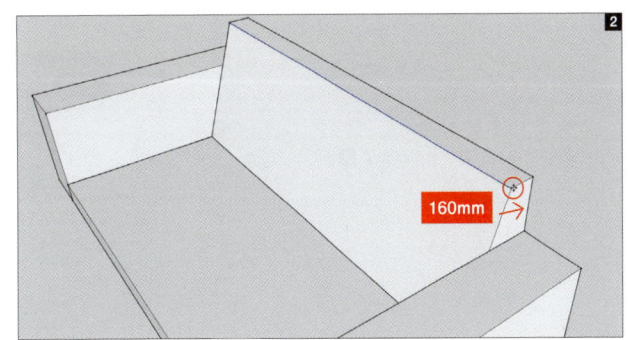

4 座面をつくる

底板の上に ▮ で800mm×650mmの長方形を描き **1**、♣ で180mm持ち上げ、グループ化をします **2**。

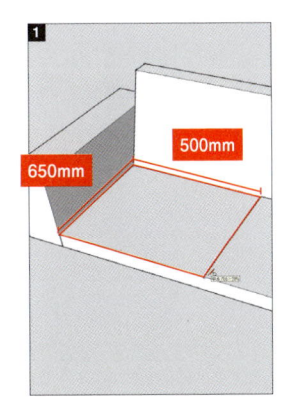

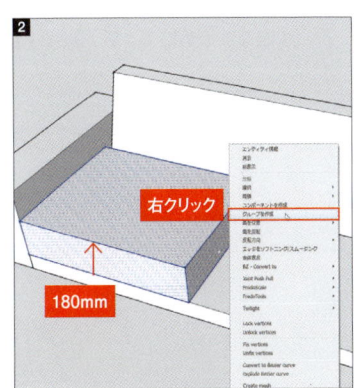

作成した座面を ▸ で選択し、✦ で右に800mmの位置に複製しましょう **3**。

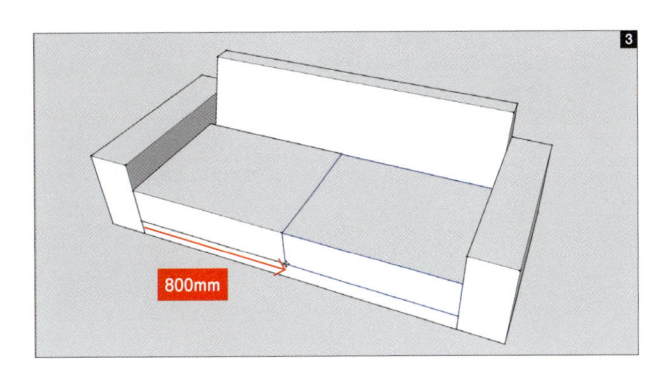

NEXT

5 クッションをつくる

今まで作成してきたモデルとは別のところに
▇ で800mm×400mmの長方形を描き❶、
▲ で80mm持ち上げます。最後にグループ化を
忘れずに行っておきましょう❷。

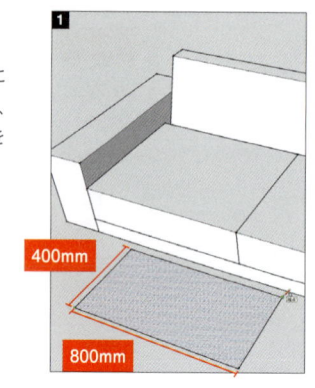

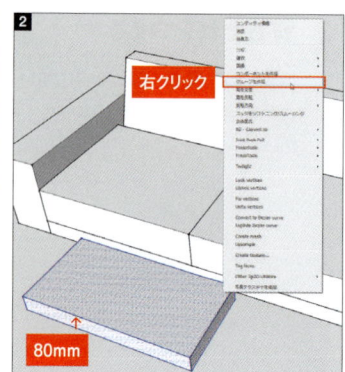

作成したクッションを背もたれに立てかけましょ
う。
▶ でクッションを選択し、✦ でクッションの辺
の「中点」をクリックします❸。

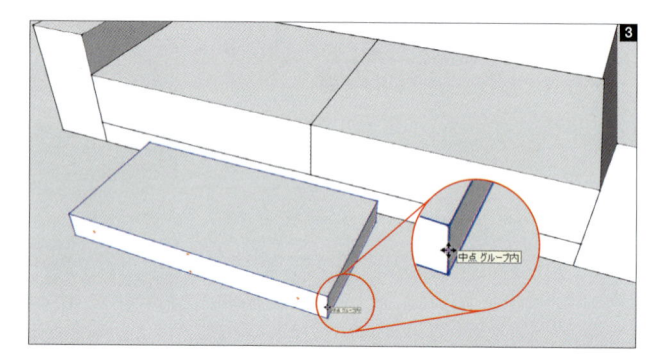

次に座面の「端点」をクリックします❹。

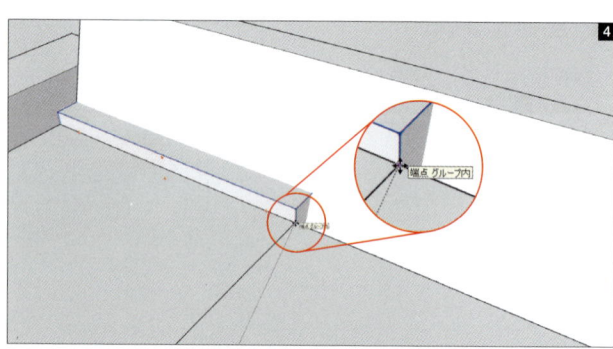

クッションを回転させましょう。
アングルをソファの側面から見えるように変え、
◯ で肘掛の内側の面にカーソルを持っていきま
す。すると赤い分度器マークが表示されます❺。

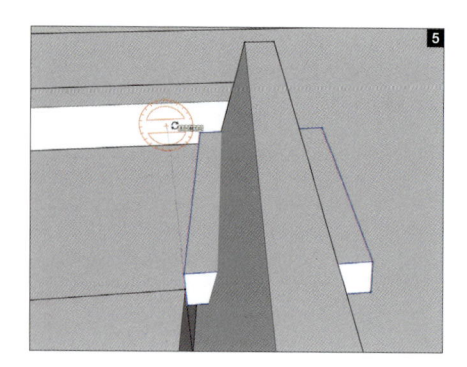

赤い分度器マークが出たら、[Shift] キーを押し続けます。押したまま先ほどクリックしたクッションの中点を再度クリックし、反対側の辺の中点をクリックします 6 。

そのままカーソルを動かすとクッションを回転させることができます。クッションを起こすようにマウスを動かし、「70」と入力して [Enter] キーを入力します 7 。これで、クッションが背もたれと接するように、起こすことができました。

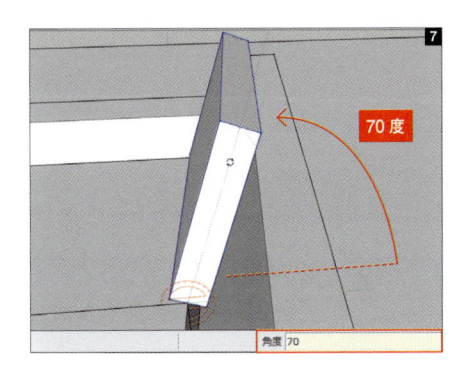

作成したクッションを複製しましょう。クッションを で選択し 8 、 で右に800mmの位置に複製しましょう 9 。

NEXT

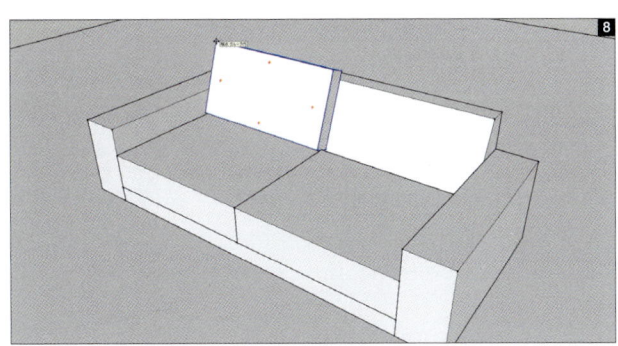

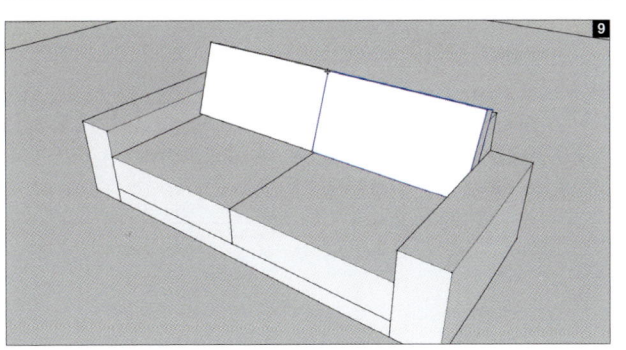

6 脚をつくる

今まで作成してきたモデルとは別のところに■で2000mm×900mmの長方形を描き、さらにその4隅に150mm×150mmの正方形を描きます。それらを▶で囲み、すべてを選択して、最後にグループ化をしましょう■1。

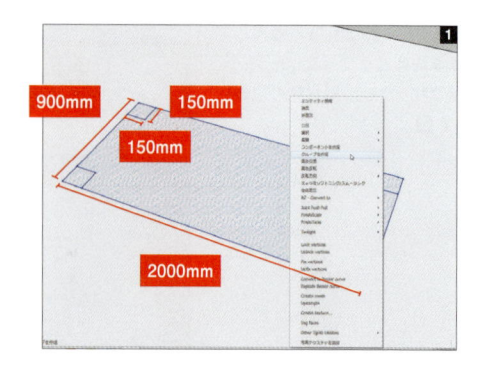

ダブルクリックでグループの中へ入り、4隅に描いた正方形だけを残して他の不要な線を削除します■2。

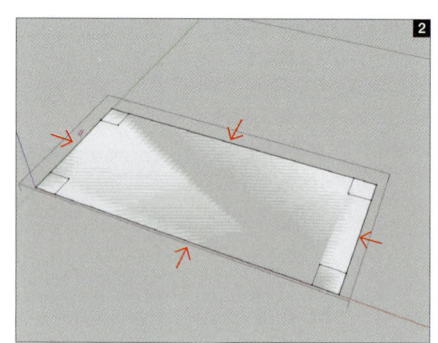

作成した4隅の面を▲で50mm上へ持ち上げます。これで4本の脚ができました■3。

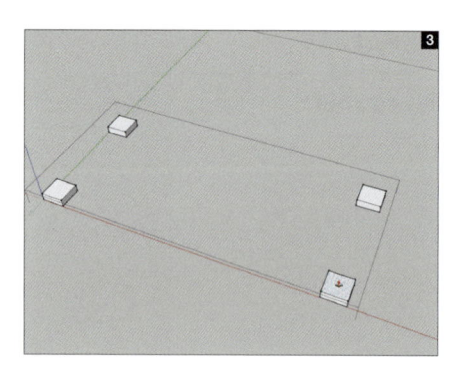

POINT

椅子や机などをモデリングする際に注意することは、「まずは大まかにつくる」ことです。簡単な物体はもちろん、少し複雑な形状をしている物体も大まかにつくることが大切です。だいたいの形状をつくってから、角度を変えたり、凹凸をつけたりして形状を調整していくことで、少しずつ最終形に近づけていきましょう。はじめから忠実に形をつくっていこうとすると、混乱して手が動かなくなり、効率が悪くなります。

7 合体させる

ソファ本体を4本の脚の上に移動しましょう。
まずソファ本体を ▶ で選択し、グループ化をします **1**。

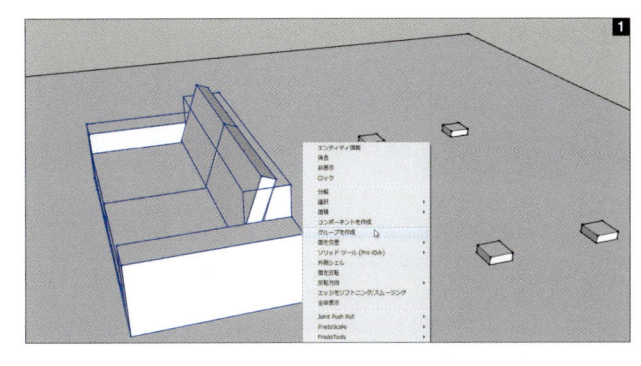

▶ で端点をクリックし、脚の端点へと移動します **2**。

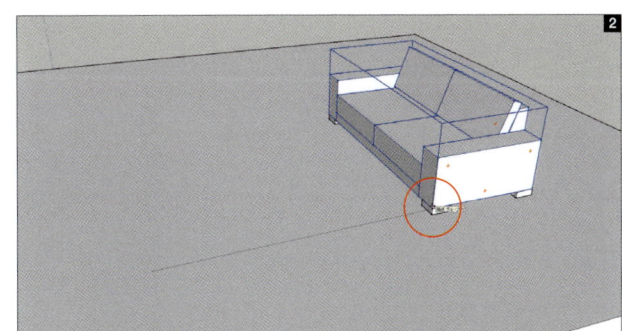

最後にソファ本体と4本の脚を合わせて、さらにグループ化をしましょう **3**。
これで大まかなソファの形状を作成できました。

NEXT

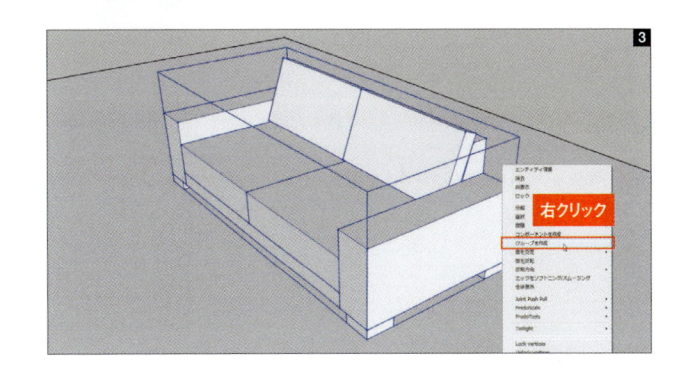

POINT

モデリングを行うとき、パーツごとでグループ化をすることを学びました。グループ化されたパーツをさらに1つのグループにしておくと、移動や複製がしやすくなります。パーツを編集するときは、いくつものグループの中へ順に入っていかなければなりません。そのモデルがいくつのグループで構成されているのかを把握しておきましょう。

8 角を丸くする

メニューバーの[表示]→[ツールバー]→[RoundCorner]をクリックして、[RoundCorner]を表示します。このプラグインを用いて、ソファ特有の丸みを持たせましょう。

まず、左の肘掛を編集していきます。
いくつものグループの中に肘掛グループがあるので、肘掛のモデルの上でダブルクリックを繰り返します。ダブルクリックを繰り返して、肘掛の面を選択できるようになったら、トリプルクリックでグループ内にある肘掛のモデルをすべて選択します **1**。

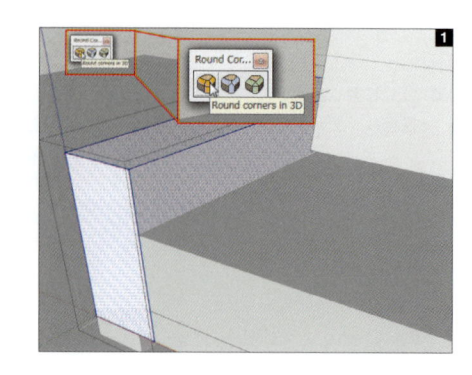

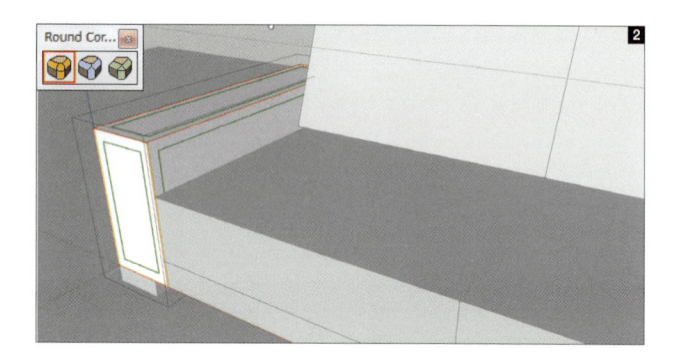

「RoundCorner」の一番左にある🧊をクリックします **2**。すると選択していた肘掛の辺に緑・赤・オレンジの色がつきました。

ここでキーボードの[Tab]キーを押すと設定オプションが表示されます。右図のように設定を変更し「OK」をクリックします **3**。

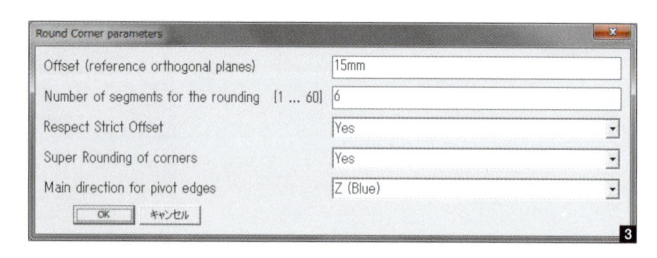

POINT

各設定項目の意味は下記のとおりです。
①モデルの輪郭からいくつオフセットするか(大きいほどより丸みが出る)
②湾曲するために角といくつ分割するか(数が多いほどなめらかになる)
③直角でない角でも均等にオフセットするか
④湾曲するための分割線を均等にオフセットするか
⑤どの軸を優先して分割するか

すると緑色のラインが辺に少し寄りました **4**。
この状態で[Enter]キーを1回押します。すると緑色のラインで囲まれた面を残してなめらかな丸みを帯びた角ができました **5**。
緑色で囲まれた面を小さくすればするほど丸みを帯びた角になり、データも少し重くなります。

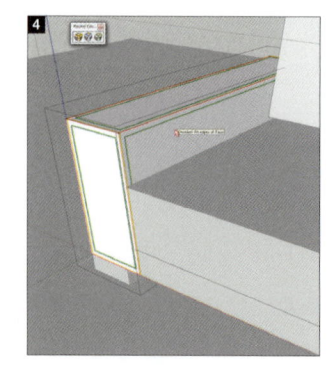

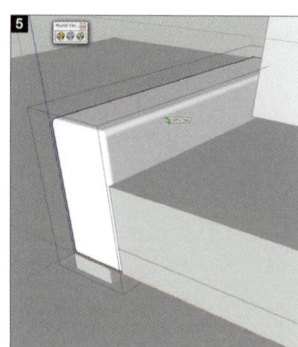

同様に、右側の肘掛6・背もたれ7・底板8・座面9を、🎲で丸みを帯びた角に変形しましょう。

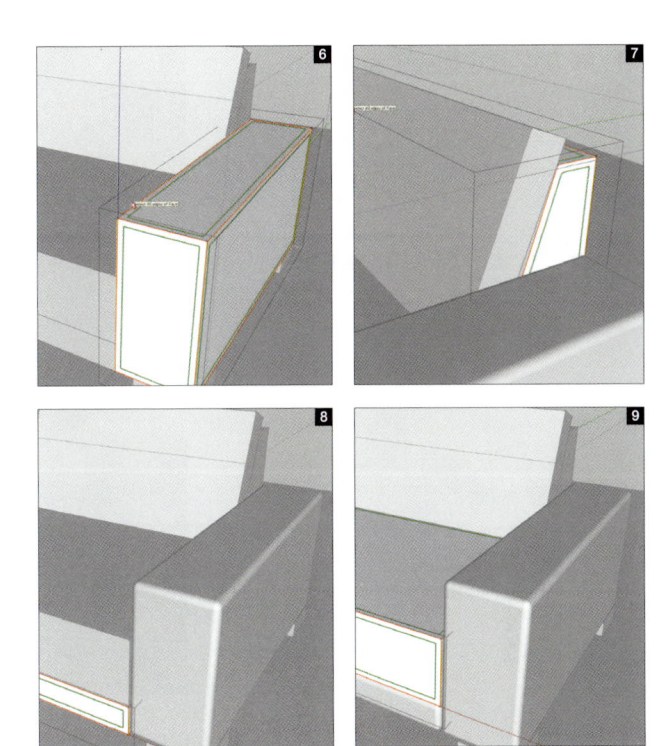

次に、クッションの角も丸みを持たせましょう。他の部位に比べてふかふかとした形状にするために数値を変更します。クッションを選択して🎲をクリックしたら10、[Tab]キーを押して設定オプションを開き、一番上の「Offset」の数値を25に変更して「OK」をクリックします11 12。これは緑色のラインが辺から25mmオフセットされるという意味です。そして[Enter]キーを押すと、他の部位より少し丸みが強くなりました。

> NEXT

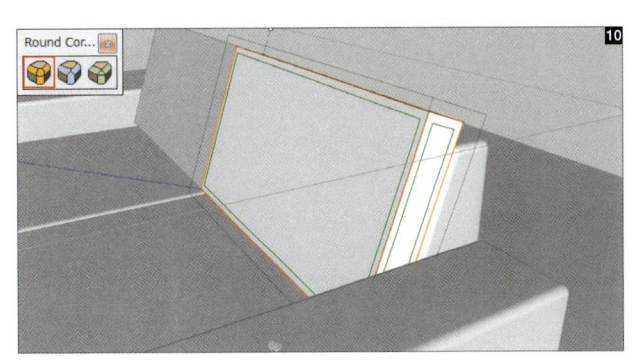

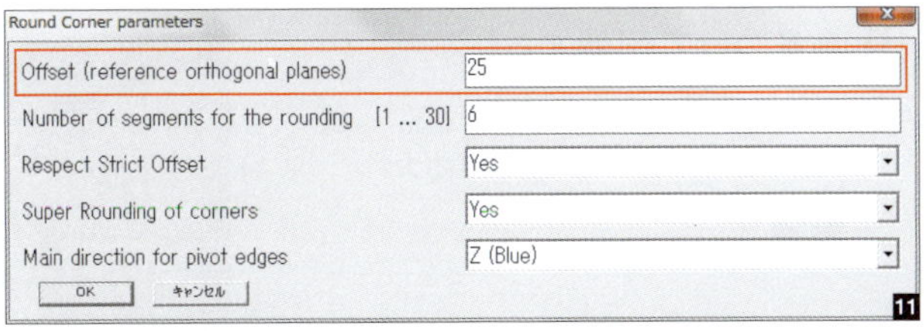

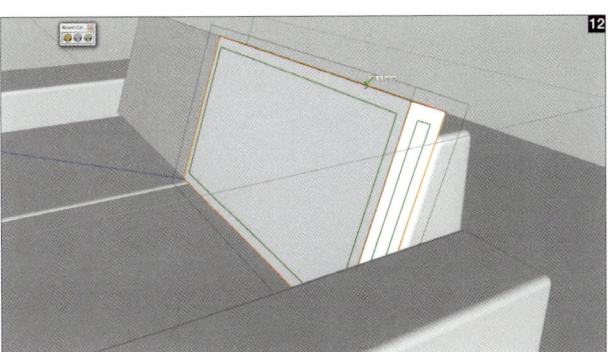

9 脚の位置を調整する

ソファ本体に丸みを帯びさせたことにより、4本の脚が本体から少しはみ出てしまったので、本体の内側に収まるように移動しましょう。
左の2本の足を で選択します■。 で側面から10mm内側に移動します■。次に手前の脚と後ろの脚を10mm内側に移動させましょう。

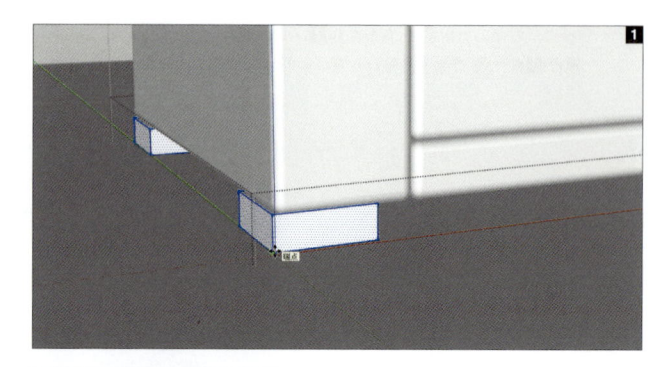

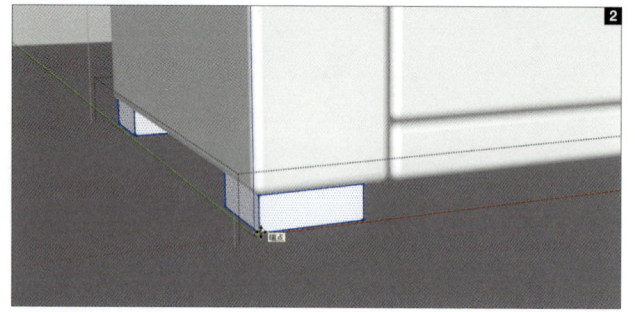

同様に、右の2本の脚もそれぞれ内側に入るように移動させましょう■。これでソファの形成は終了です。

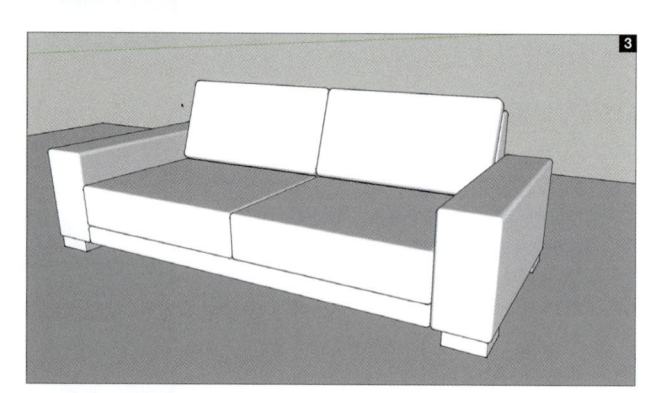

10 色をつけて配置する

色づけを行い、室内に移動させましょう。これまで同様に使用していない色で着色します。

FIX

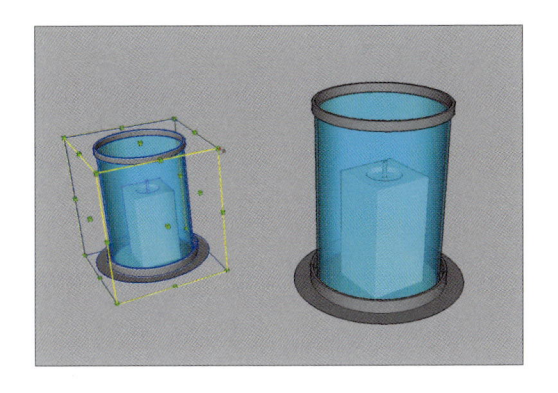

07/22

小物をつくる

家具に続いて、小物のモデリングを行います。

キャンドルをつくる

1 受け皿をつくる

シーン「作業スペース2」の作業台で作成していきましょう。

　◉で半径50mmの円を描きます **1**。次に円の縁のみを▶で選択し、右クリックで「エンティティ情報」を選択します **2**。

「セグメント数」を48に変更します **3**。すると、円を構成する点が増え、なめらかになりました **4**。

円の面を🪣でクリックし、上へ8mm持ち上げましょう。さらに[Ctrl]キーを押しながら持ち上げた面をクリックし **5**、さらに10mm上へ持ち上げます **6**。

持ち上げた最上面を▶で選択をします。🔲で面をクリックし、表示された黄緑色の角の点をクリックします **7**。[Ctrl]キーを押しながらカーソルを動かすと、中心に向かって拡大縮小が行えます。拡大するようにカーソルを動かして「2」と入力して[Enter]キーを押します。これで最上面を2倍の大きさにすることができました **8**。

NEXT

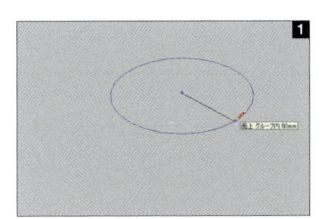

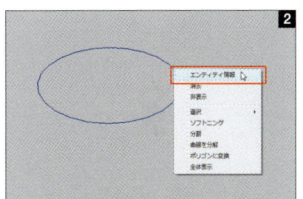

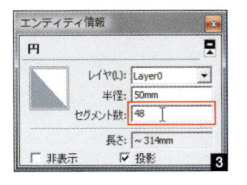

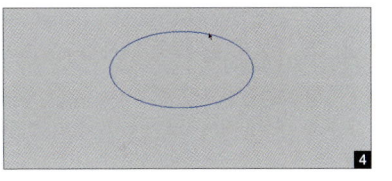

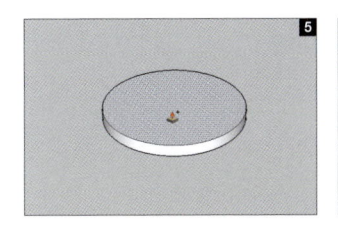

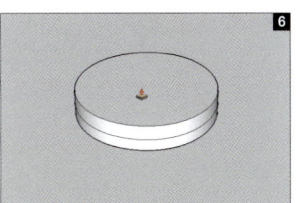

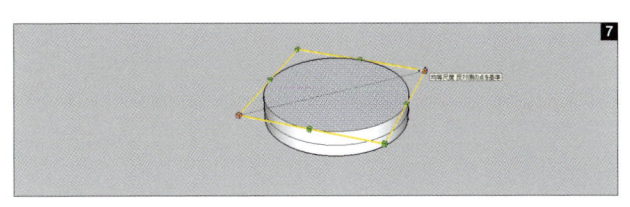

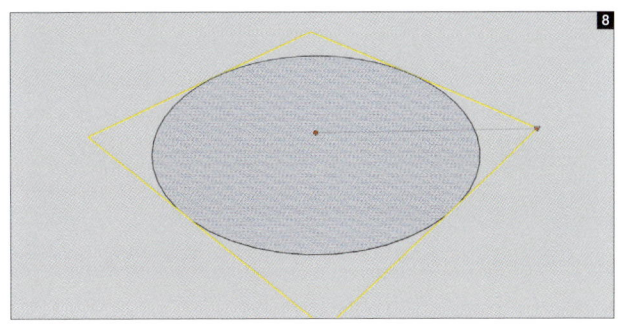

次にすべての選択を外し、🖱 で拡大した最上面をクリックします。内側へ「15」と入力して[Enter]キーを押し、円の縁より15mm内側へ、さらに3mm内側へオフセットします**1**。

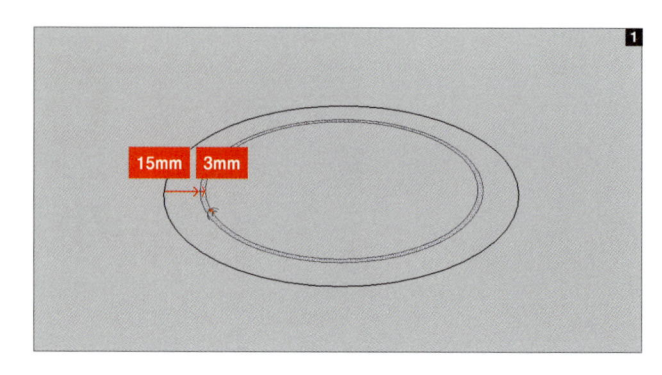

右図のように面を🖱 で選択し、🔺 で15mm上へ持ち上げます**2**。これで受け皿ができました。

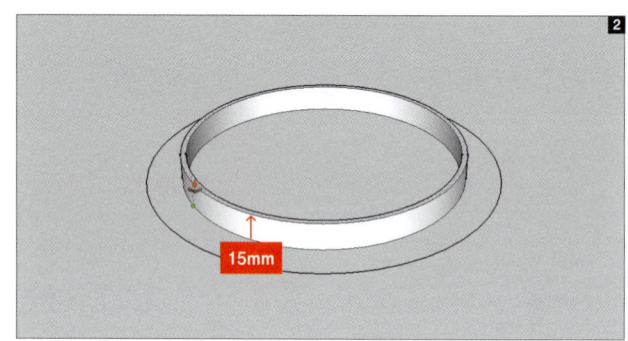

2 ガラスの容器をつくる

受け皿の内側の面を🖱 でクリックし、5mm内側へ、さらに3mm内側へオフセットします**1**。

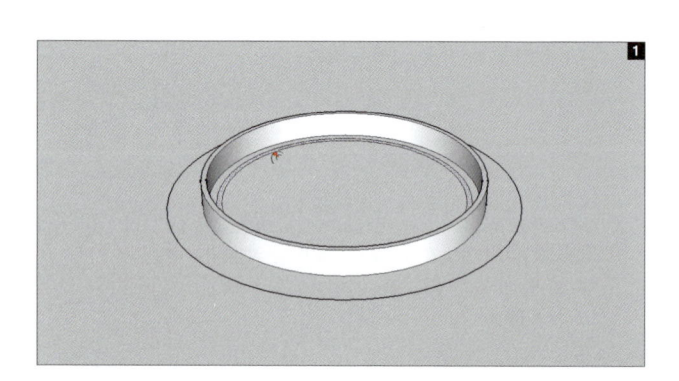

右図のように面を🖱 で選択し、🔺 で200mm上へ持ち上げます**2**。この部分がガラスになります。

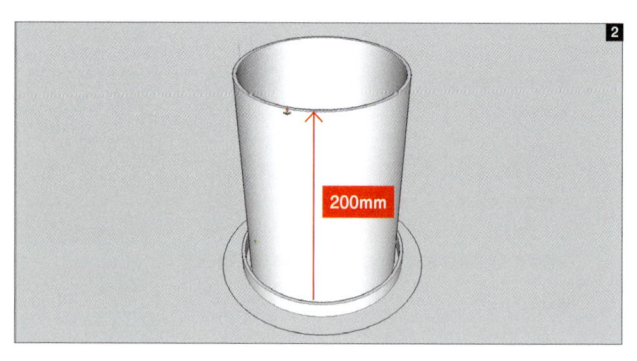

3 ガラスの押さえ縁をつくる

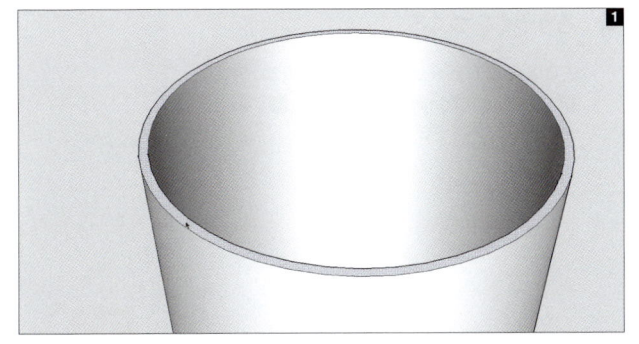

すべてのモデルから選択を外します。
ガラス上部の面を ▶ で選択し **1**、 🖝 で外側へ
3mmオフセットします **2**。

オフセットしてできた面を ▶ で選択し、🔺 で
10mm上へ持ち上げます **3**。これでガラスの押
さえ淵ができました。

最後にグループ化をしましょう **4**。

NEXT

> **MEMO**
>
> 基本的にはパーツごとにグループ化を行いますが、つくりやすさを優先して、今回のようにパーツごとではなく一気に全て立ち上げて、最後に製品1つをグループ化することもあります。

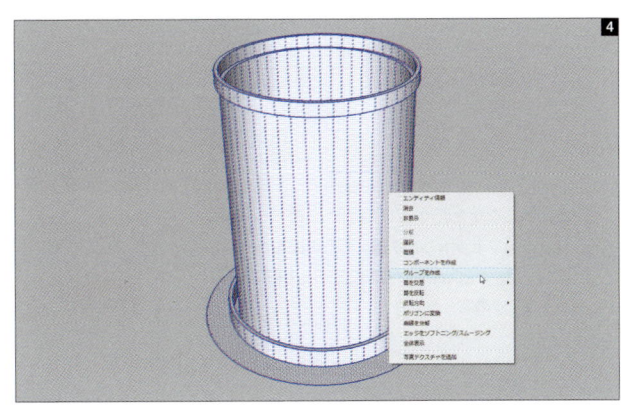

4 ろうそくをつくる

先ほど作成したガラスの器とは別の場所に、■で70mm×70mmの正方形を描き**1**、▲で130mm上へ持ち上げます**2**。

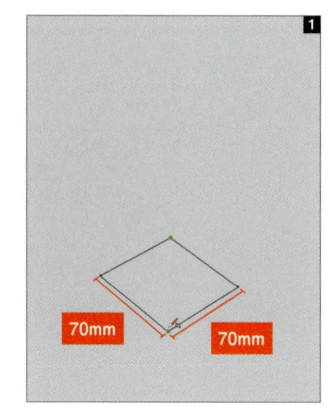

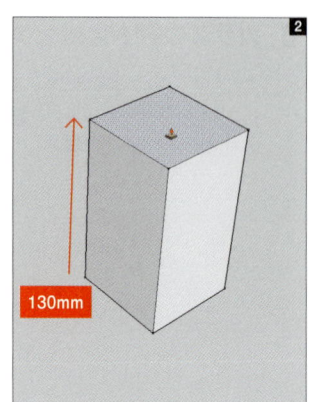

上面に✎で対角線をひき**3**、●で対角線の交点を中心に、半径20mmの円を描きます**4**。

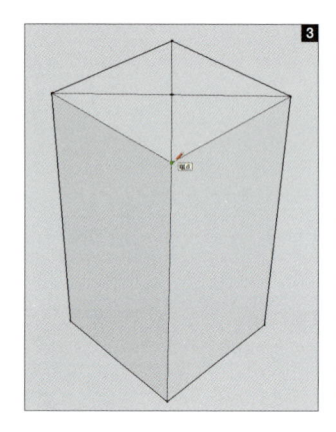

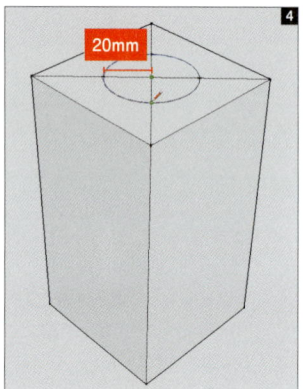

上面の円だけを残し、他のラインは✐で削除し**5**、残った円を▸で選択し、▲で5mm下へへこませます**6**。これでろうの部分が作成できました。

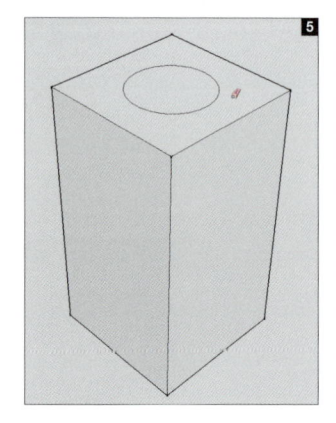

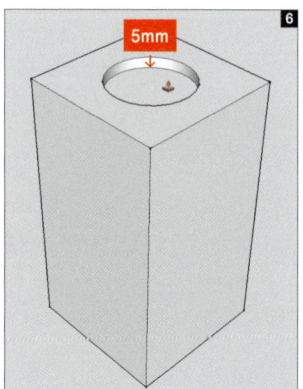

次にへこませた面を▸で選択し、🔲で内側へ18mmオフセットします**7**。中心の面を▸で選択し、▲で20mm上へ持ち上げます**8**。これがろうそくの芯となります。

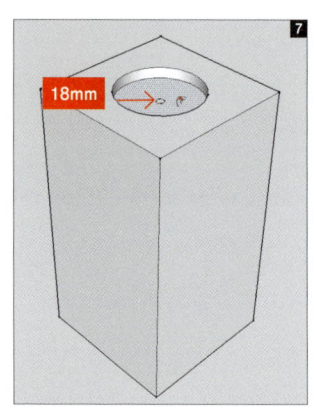

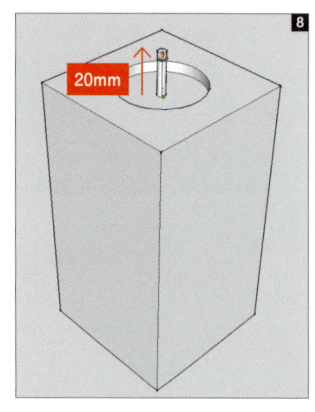

5 丸みをつける

メニューバーの「表示」→「ツールバー」→「RoundCorner」をクリックして、「RoundCorner」を表示します。

すべての選択を外し、「RoundCorner」の 🎲 をクリックします。ここでキーボードの[Tab]キーを押すと設定オプションが表示されます。設定を右図のように変更し「OK」をクリックします**1**。

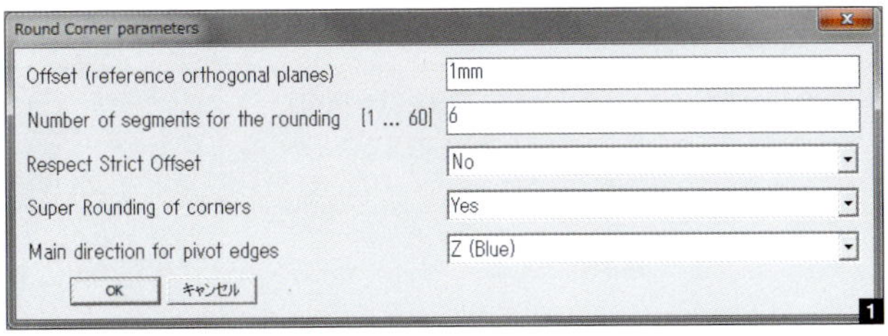

次にろうの部分を構成している線をクリックしていきます。すると辺が緑・赤・オレンジの色で選択されます**2**。すべての辺を選択し終わったら、[Enter]キーを1回押します**3**。

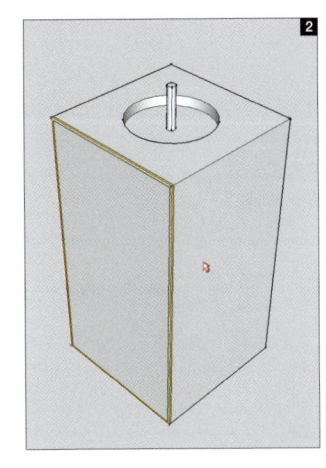

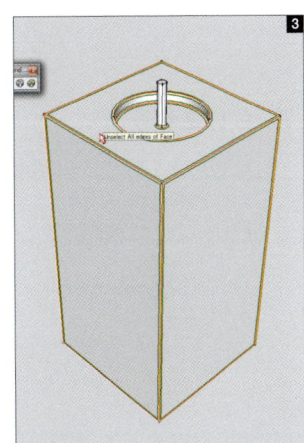

なめらかな丸みを帯びた角ができました**4**。同時に上面の穴がふさがってしまったので、ふさいでいる面を 🖱 で選択し**5**、[Delete]キーで削除しましょう**6**。最後にグループ化をします**7**。

NEXT

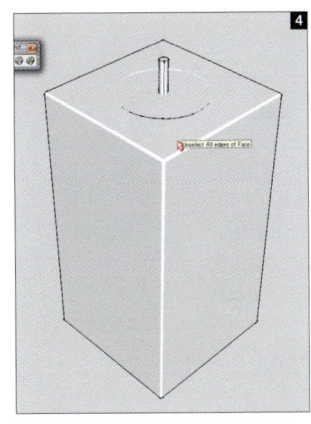

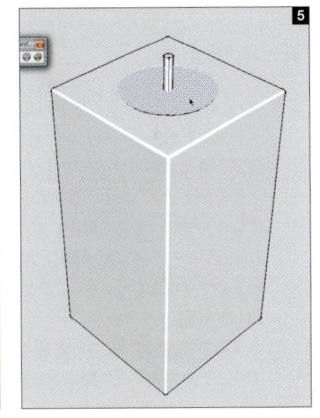

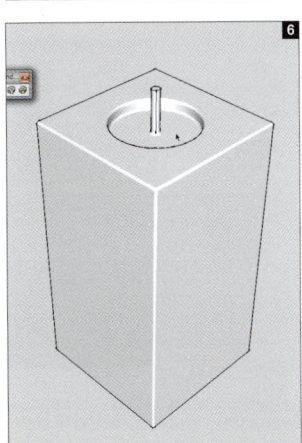

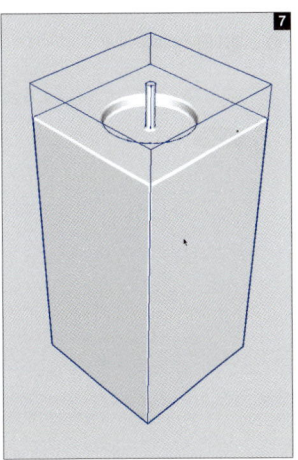

6 色をつける

色づけを行いましょう。ガラス部分を「半透明」のカテゴリから選ぶと内部を透かして見ることができるので、作業がしやすいです。

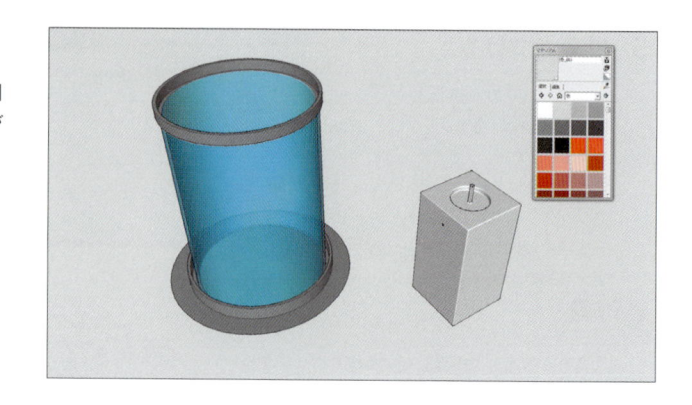

7 合体させる

でろうそくをガラスの器の中に移動させましょう。移動が行えたらろうそくとガラスの器を選択し、グループ化をします。

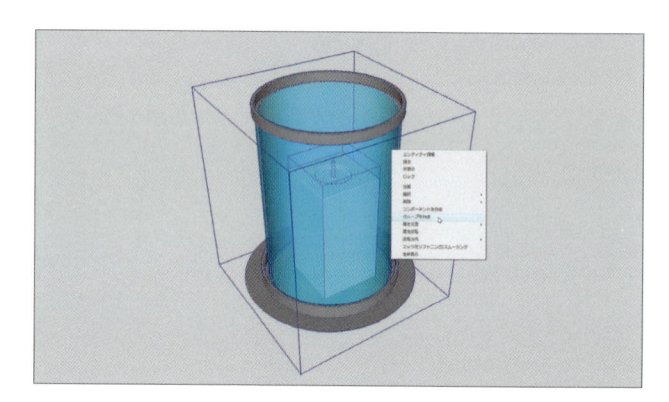

8 複製する

でキャンドルを2つ複製します。複製したキャンドルを縮小しましょう。
片方のキャンドルを で選択し、 でキャンドルをクリックします。立方体の角をクリックして縮小方向にマウスを動かして「0.7」と入力し、[Enter] キーを押します**1**。さらに立方体上部中央のマークをクリックし、Z軸方向に1.5倍伸縮します**2**。
もう片方も同様に で均等縮小しましょう。こちらはZ軸方向への伸縮はしません。

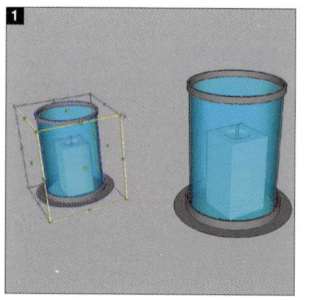

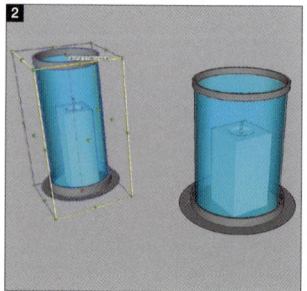

9 配置する

最後に でテーブルの上に配置しましょう。

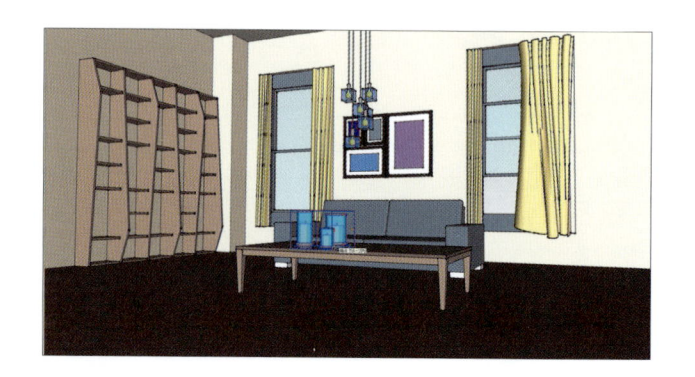

FIX

スタンドライトをつくる

1　スタンドと支柱をつくる

ジョイントが多いスタンドをつくることで、きちんと正しい位置で接続する技を習得しましょう。シーン「作業スペース2」の作業台で作成していきましょう。

●で半径150mmの円を描きます。作成した円の縁のみを▲で選択し、右クリックの「エンティティ情報」をクリックします❶。セグメント数を「48」に変更し、ラインをなめらかにします❷。

作成した面を▲で選択し、▲で上へ10mm持ち上げます❸。すべての選択を外し、持ち上げた面を●でクリックし、内側に140mmオフセットします❹。

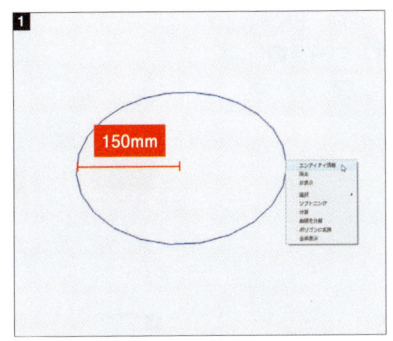

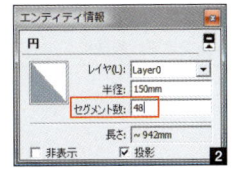

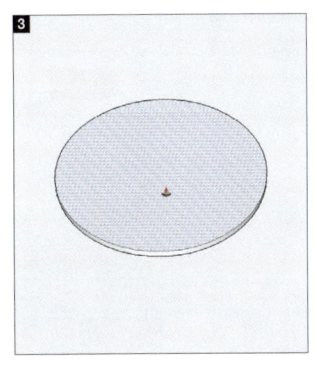

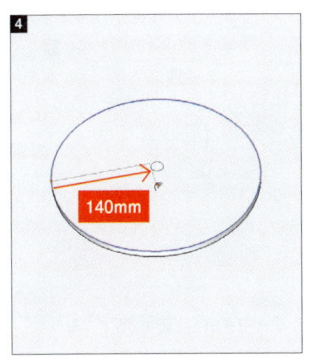

中心にできた面を▲で上へ220mm持ち上げます❺。持ち上げた面を先ほどと同様に、●で内側に5mmオフセットしましょう❻。

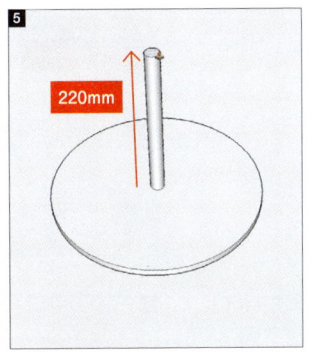

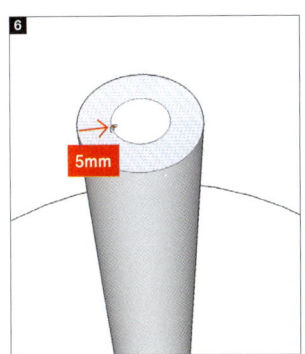

中心にある面を▲で上へ1150mm持ち上げます❼。最後にグループ化をします❽。

NEXT

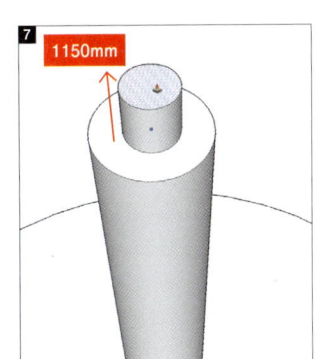

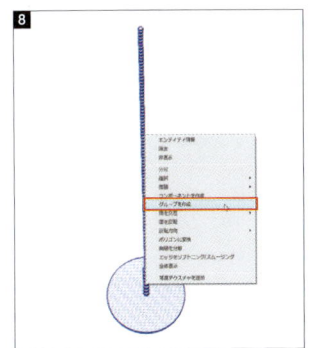

2 ガイドボックスをつくる

スタンドとは別の場所で ▨ で50mm×50mmの正方形を描き **1**、▲ で50mm上へ持ち上げます。最後にグループ化をしましょう **2**。

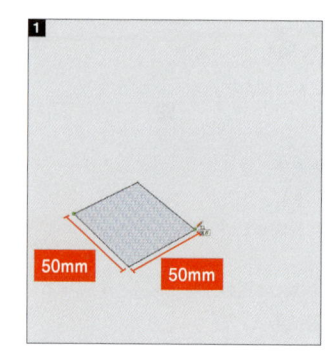

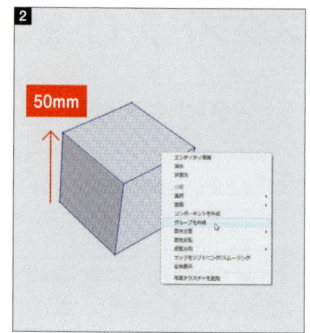

3 ジョイントをつくる

グループの外から、ガイドボックスの側面に ● で半径17mmの円を描き **1**、▲ で35mm引き出します **2**。

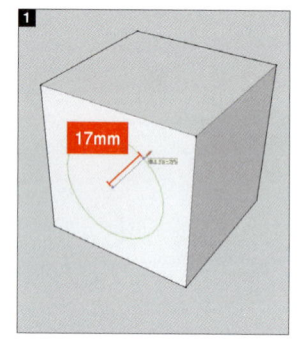

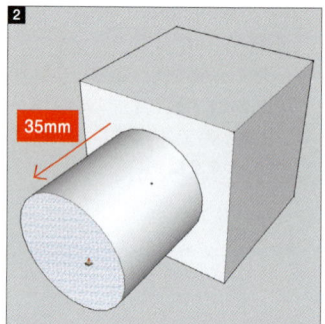

引き出した面を ▼ でクリックし、5mm内側にオフセットします **3**。さらに5mm内側へオフセットします **4**。

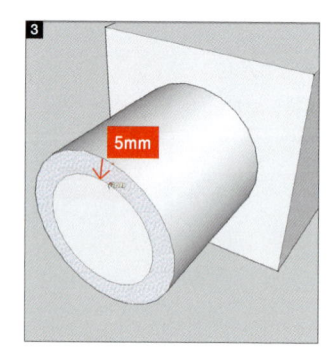

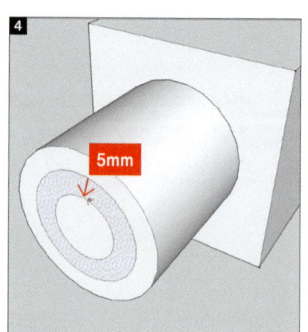

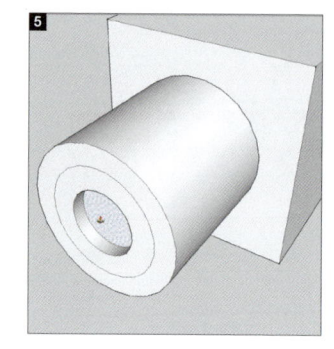

オフセットしたラインで区切られた面をそれぞれへこませていきます。何も選択しない状態にし、▲ で真ん中の円をクリックし、3mmへこませます **5**。次に真ん中から2番目の面を1mmへこませましょう **6**。

ガイドボックスとジョイント部分を切り離しましょう。ボックスを 🔲 で選択し、ボックスの端点を 🔀 でクリックし、作業台の他の場所に移動させます **7**。

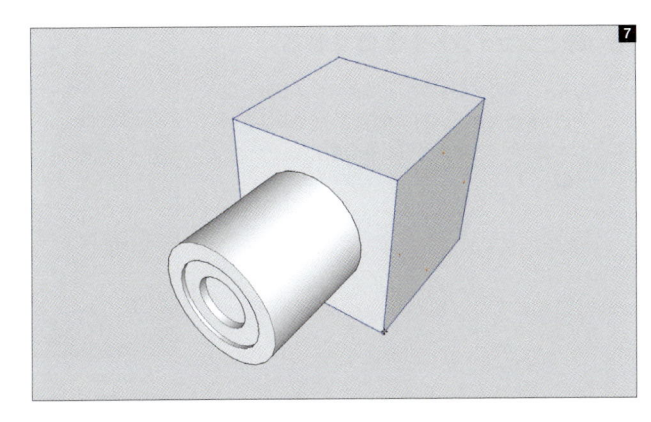

ジョイント部分の裏側も、表側と同様に、🖌 と 🔨 で形を整えていきます **8** **9**。表面と裏面の形状は統一しましょう。最後にグループ化をします。

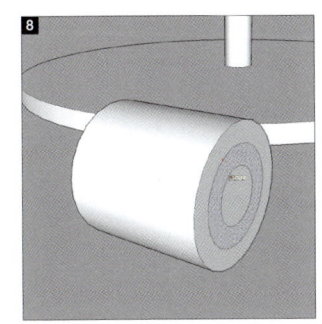

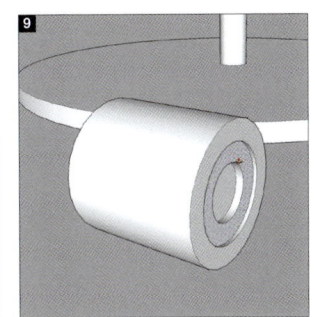

4 支柱とシェードを繋ぐ棒をつくる

先ほど使ったガイドボックスの面の、隣の面を使用していきます。まずは面にガイドラインをひきましょう。ガイドボックスのグループの中に入り、✏ で中点同士を結び、グループから出ます **1**。
作成したガイドラインの交点を中心に、⬤ で半径5mmの円を描きます **2**。

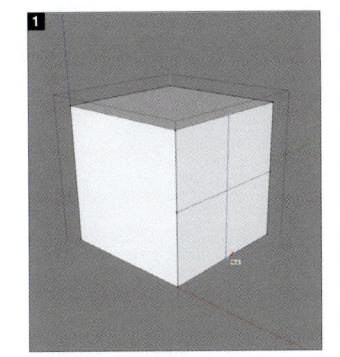

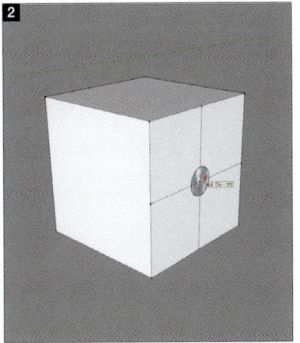

作成した円の面を 🔨 で1000mm引き伸ばします。でき上がった棒はグループ化しておきましょう **3**。

NEXT

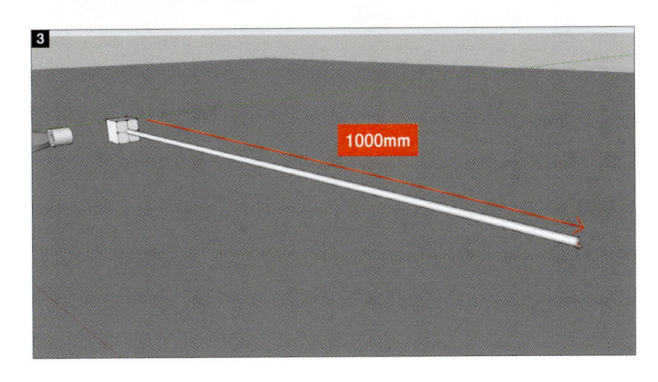

5 棒とジョイントを合体させる

ジョイントのグループを で選択し、ジョイントの1番膨れている部分の端点を でクリックし、ガイドボックスの辺の中点をクリックします1。

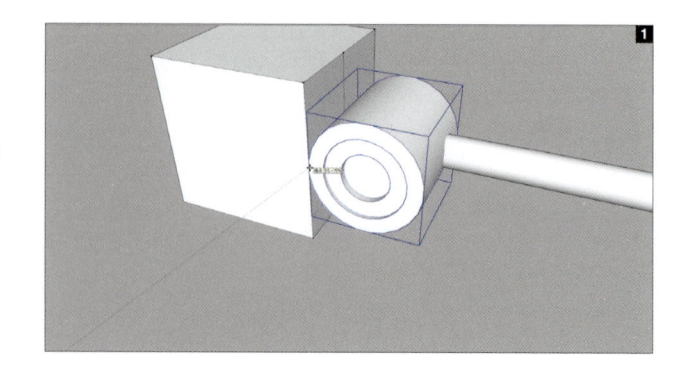

ジョイントの先ほどの端点を でクリックし、キーボードの [←] キーを1回押します。すると緑軸にのみ移動できるようになります。緑軸に沿って15mm移動します2。

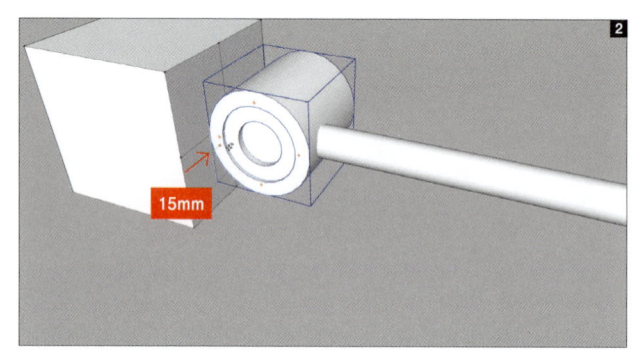

さらに、キーボードの [→] キーを1回押して、赤軸に沿って40mm移動しましょう3。

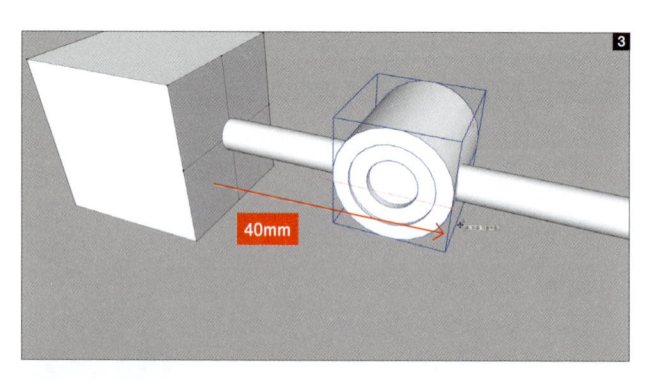

移動したジョイントを で、もう一端の方へ900mm複製配置しましょう4。最後に2つのジョイントと棒をまとめてグループ化します。

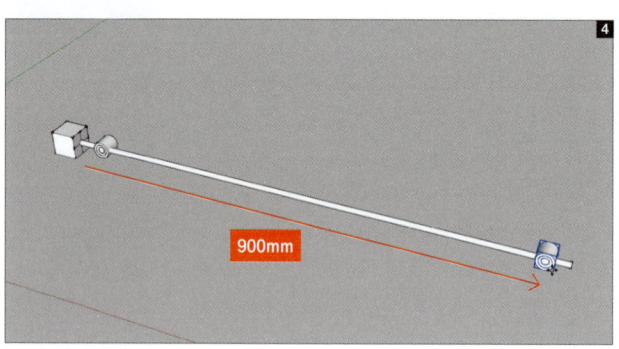

6　棒と支柱を合体させる

ジョイントの側面の中点を🎯でクリックし**1**、支柱の上端の面に接するように移動させましょう**2**。

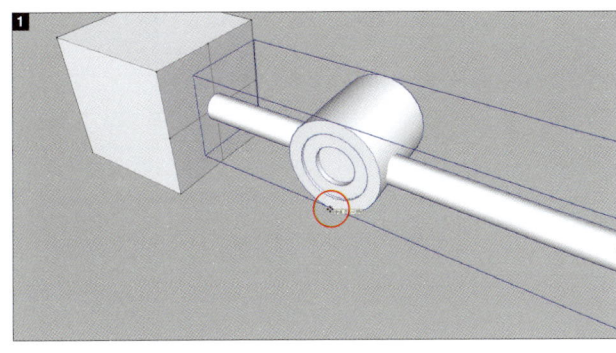

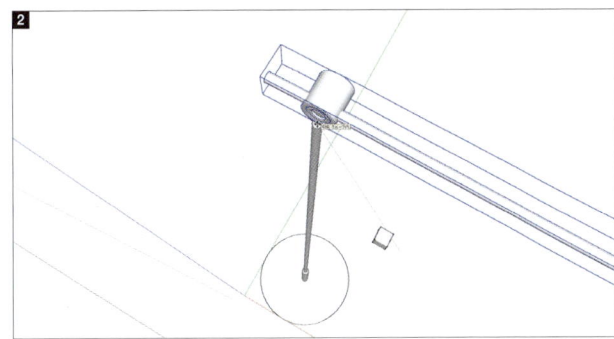

キーボードの［←］キーで動きを拘束し、緑軸上に25mm移動します**3**。同じように、［↓］キーで動きを拘束し、青軸上を80mm下へ移動します**4**。

POINT

このように、キーボードの［←↑→↓］キーを使って、軸に拘束して移動させることが、たくさんの部品があるモデルを、きっちり正しい位置で合体させるポイントです。

次に角度を変えてみましょう。ジョイントの側面にある中心を🔄でクリックします。そのとき緑色の回転マークが表示されていることを確認しましょう。中心をクリックしたら、作業台と平行にマウスを動かし、ジョイントの「エッジ上」をクリックします**5**。

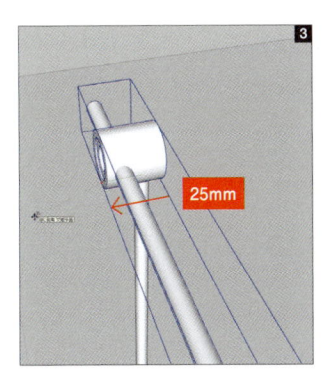

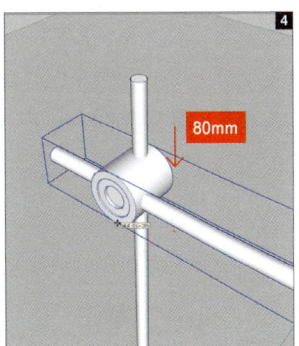

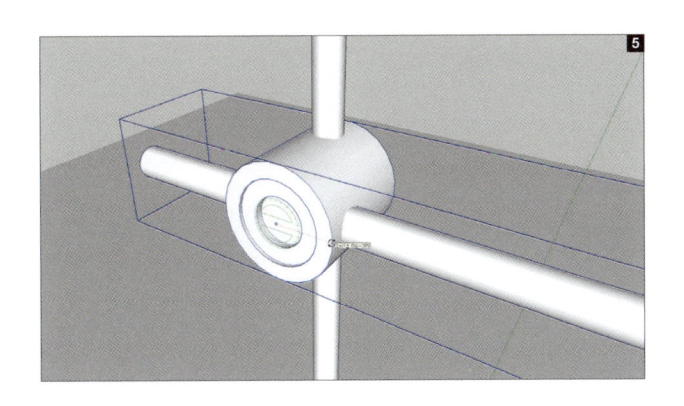

NEXT

カーソルを反時計回りに動かし、「25」と入力して [Enter] キーを押します。これでジョイント部分を中心にして、25度傾けることができました 6 。

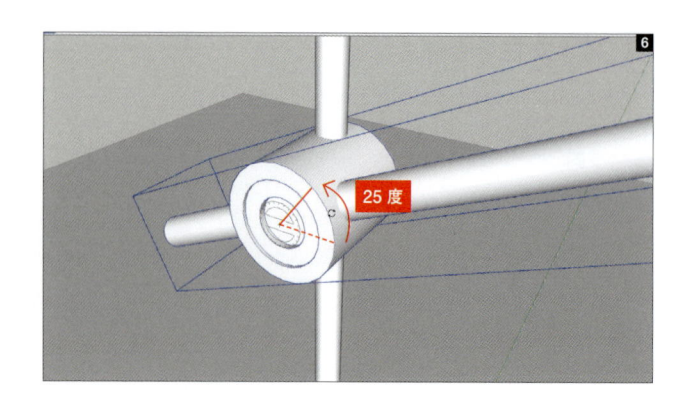

7 シェードと直結する棒をつくる

さらにもう一本シェードと直結する棒を新たに作成します。ガイドボックスの上面に、●で半径5mmの円を描き 1 、♣で250mm上へ持ち上げましょう 2 。最後にグループ化をしましょう。

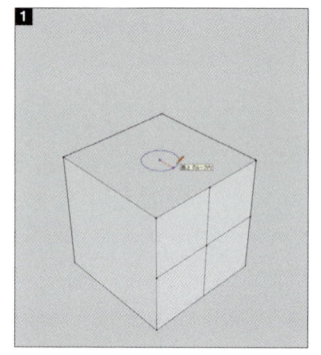

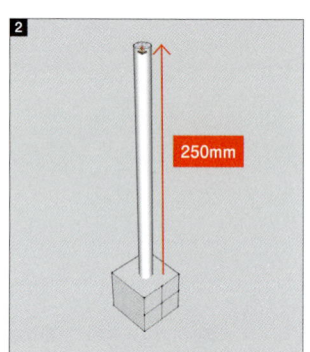

8 棒と棒を合体させる

手順6で支柱と接続したジョイントとは違う、もう一方のジョイントと接続させていきましょう。✦で上面の中央をクリックします 1 。

> **MEMO**
> ✦で上面の縁に1度触れ、面の中央あたりにカーソルをのせると、自然と「中央」という文字が表示されます。

次に、ジョイント側面の縁の端点をクリックします。ジョイントと接続できました 2 。

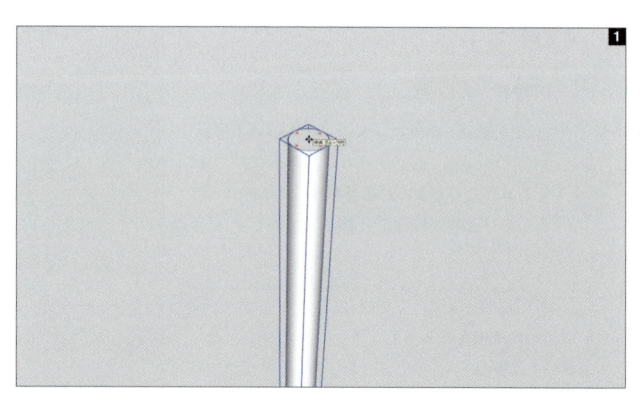

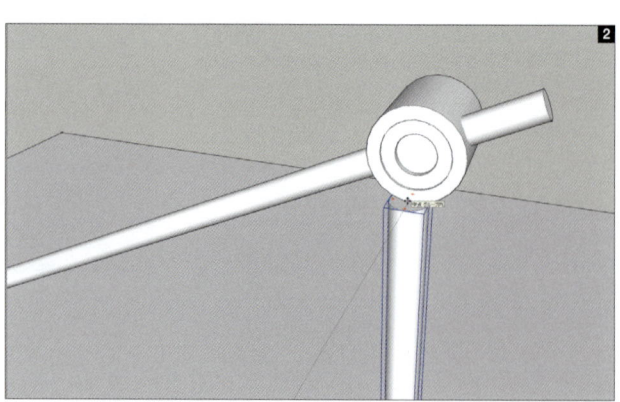

ジョイントと接続できたら、キーボードの
[←↑→↓]キーで動きを拘束し、上へ90mm移
動させます **3**。同じように、[←]キーで動きを
拘束し、緑軸上に25mm移動します **4**。

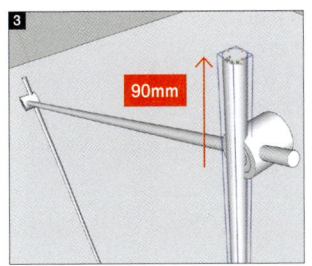

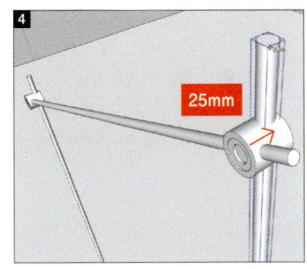

9 シェードをつくる

作業台の上に半径150mmの円を●で描き、
▲で300mm持ち上げます **1**。▲で上面を選
択し、▲で選択した面をクリックします。[Ctrl]
キーを押しながら、黄緑色のマークの隅をクリ
ックして、内側に動かしたらもう1度クリック
します。続いて「0.75」と入力し、[Enter]
キーを押します **2**。これで上面を少し絞ること
ができました。

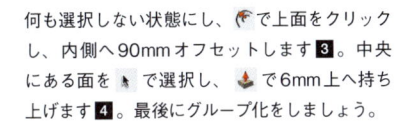

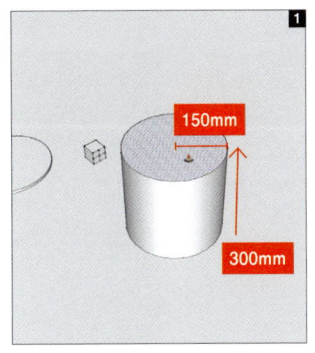

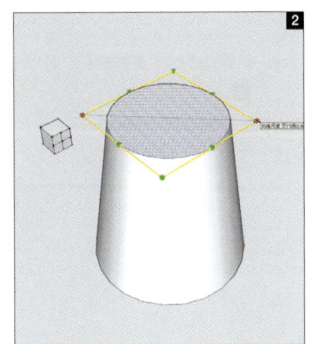

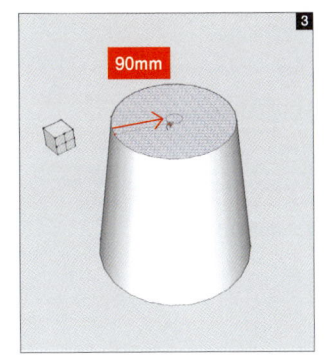

何も選択しない状態にし、▲で上面をクリック
し、内側へ90mmオフセットします **3**。中央
にある面を▲で選択し、▲で6mm上へ持ち
上げます **4**。最後にグループ化をしましょう。

10 棒とシェードを合体させる

▲でシェードを選択し、▲で先ほど持ち上げた
上面の縁を触り **1**、中央あたりにカーソルを持
っていきます。すると「中央」が表示されるの
でクリックします **2**。

NEXT

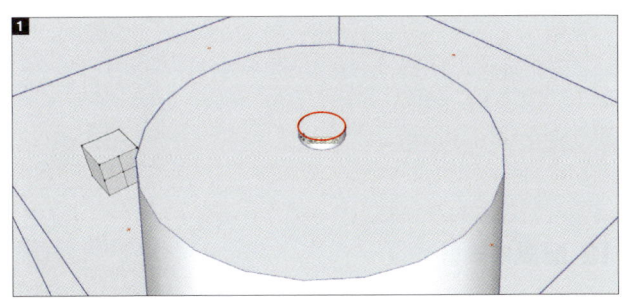

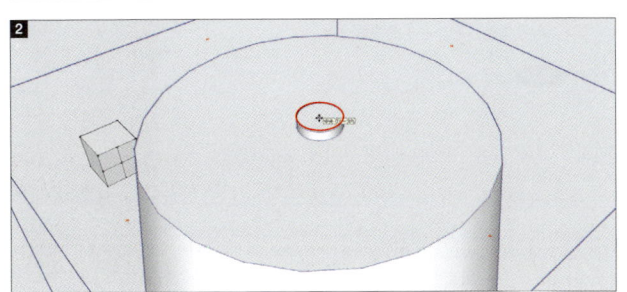

次に、手順8の最後につくった棒の下面の縁を
クリックします。棒とシェードが接続できまし
た❸。棒の中央にシェードが接合するように、
キーボードの[←↑→↓]キーで動きを拘束し、
水平方向へ90mm移動させます❹。

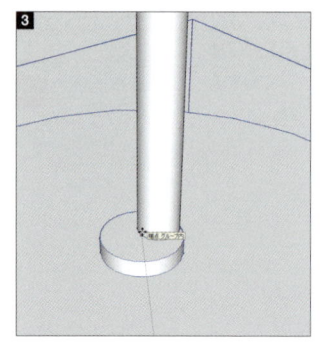

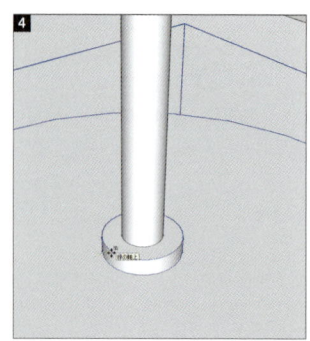

最後にすべてを選択し、グループ化しましょう
❺。

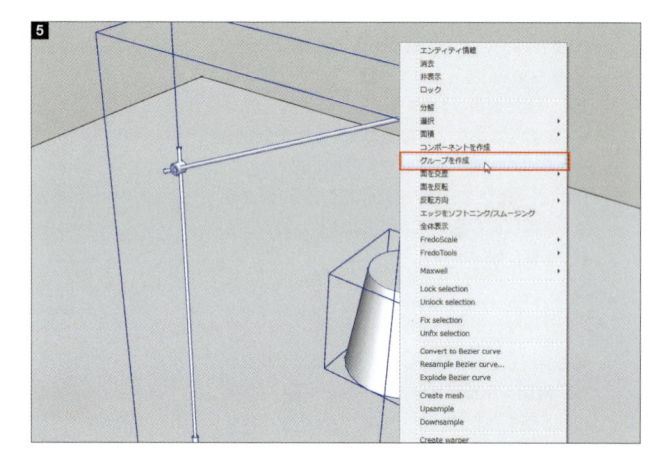

11 色をつける

部位ごとに色をつけましょう。必ず未使用の色
を選びましょう。

12 配置する

色づけが行えたら、室内に配置をしましょう。
これでスタンドライトの完成です。

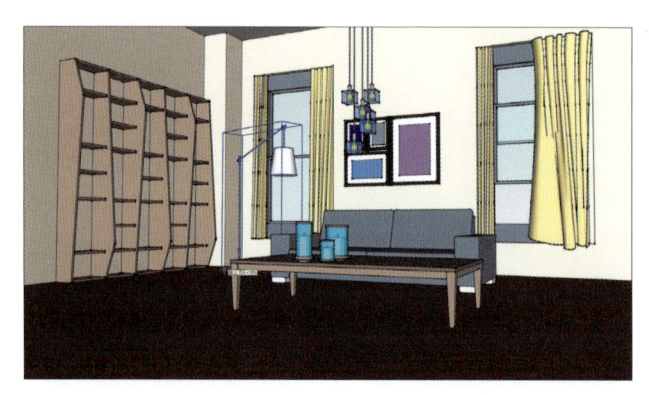

FIX

コップ・スツールをつくる

1 断面図を用意する

手前3つはコップの断面図、奥3つはオブジェの断面図です。まずこのように、物体の断面図を描いておきます。この断面図を回転させることで3Dの物体を立ち上げていきます。電球をつくったときと同じ方法で、コップ・オブジェをつくりましょう。

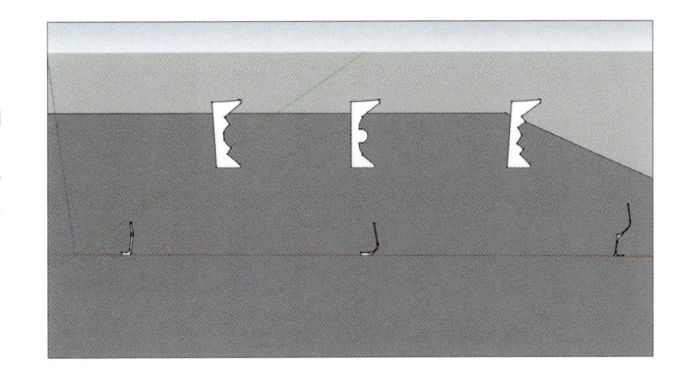

2 回転の基準となる円を描く

まず、3色の軸が交わる原点を●でクリックし、半径60mmの円を描きます。この円が、断面図の回転の基準となります。

POINT

断面を円の中心に配置する場合、回転の基準となる円の半径はどんな長さでも構いません。ただし、断面が円からはみ出さないように作成しましょう。円が小さいと断面と円のラインが交差してしまい、作業しづらくなってしまいます。

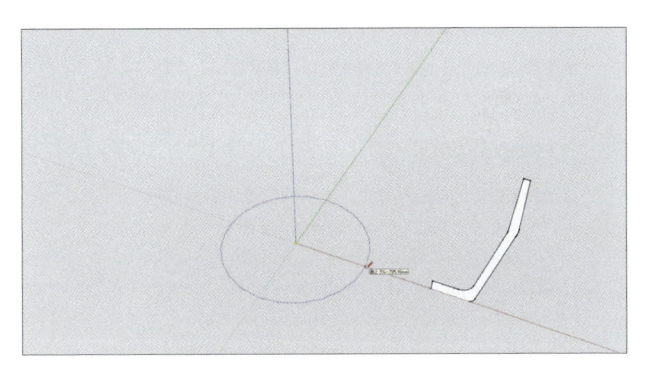

3 断面図を基準円の上に移動する

ここでは左手前の断面図を移動させてみましょう。　でダブルクリックして全選択します。　でモデルの左下の端点をクリックし**1**、原点をクリックします**2**。

POINT

通常全選択をするにはトリプルクリックですが、面状のモデルはダブルクリックをすることで全選択できます。

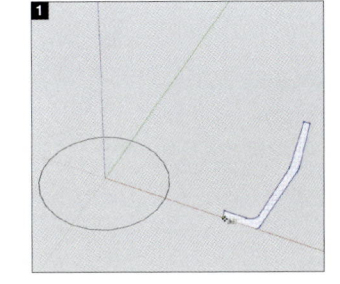

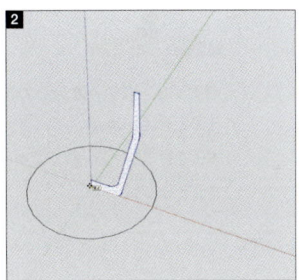

原点に移動したら、キーボードの[↑]キーを押して青軸方向に拘束し、20mm上に移動して円と断面図を離します**3**。これで回転させる準備が整いました。

NEXT

MEMO

ここで円と断面図を離していないと、回転させたあと、モデルに円が合体してしまいます。

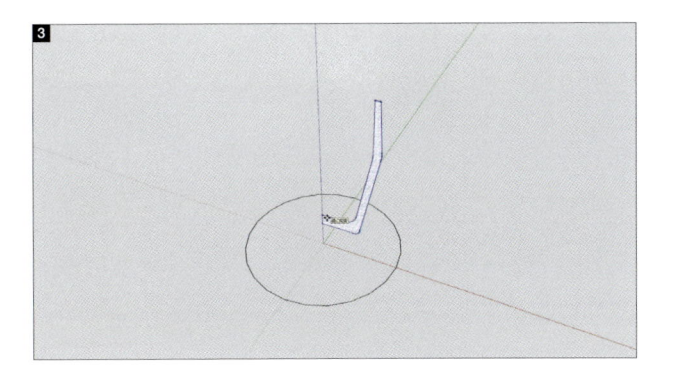

4 断面図を回転させる

円の面を 🖱 でクリックし **1**、次に断面図の面を 🖱 でクリックします **2**。

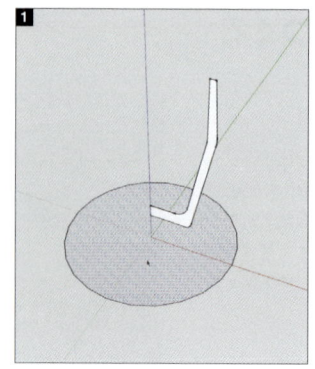

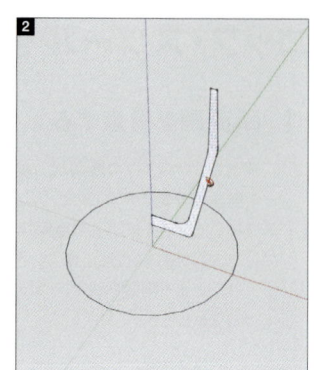

すると一瞬で3Dのモデルが形成されます **3**。作成されたモデルの色が白色でない場合、裏面表示になっている可能性があります。まず、🖱 で裏返っているモデルをトリプルクリックして全選択し、右クリックで「面を反転」を選択しましょう **4**。

> **MEMO**
> 面を表面にしておかないと、色づけがうまく行えなかったり、Thea Renderで操作しても反応しない場合があります。必ず表面にしておきましょう。

クリック後、色が明るくなれば表面になっています **5**。最後に3Dモデルをグループ化します **6**。

> **MEMO**
> モデルの一部のみ裏返ることがあります。そのときは、裏返っている部分を[Shift]キーを押しながら 🖱 で選択し、面を反転させましょう。

同様に残り2つの手前の断面図も、3Dモデルにしましょう。コップが3つ、できました **7**。

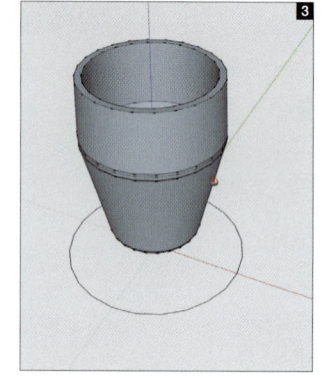

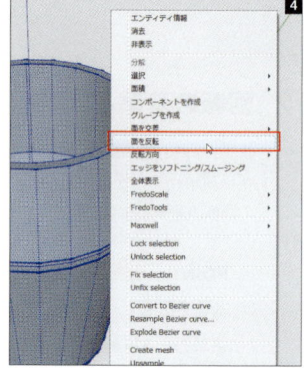

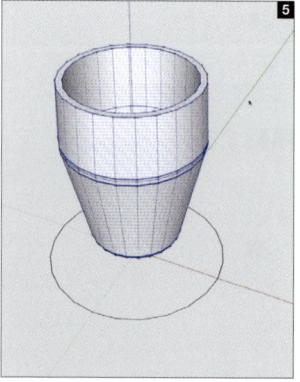

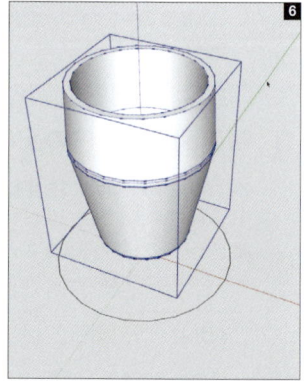

MEMO

同様の方法でスツールも作成しましょう。先ほどのコップと異なるのは、「基準円の大きさ」と「基準円のなめらかさ」です。

《基準円の大きさ》
オブジェはコップより大きなモデルとなるため、円を大きくしましょう。ここでは半径165mmの円を描きます**1**。

《基準円のなめらかさ》
大きなモデルのときは、基準円のセグメント数を増やしてなめらかな円にしましょう。この基準円のなめらかさが、3Dにしたときの表面のなめらかさとなります。ここでは48に設定します**2**。

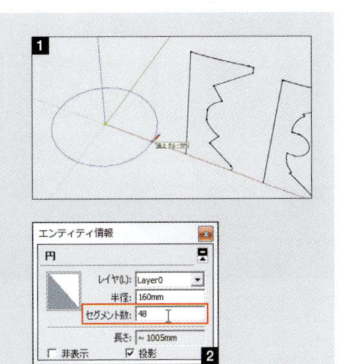

5　色をつける

形成し終えたら、色づけをします。それぞれ今までに使ったことのない色で色を塗りましょう。そのモデルのイメージにあった色合いにしておくと、認識しやすくなり、物体の存在を把握しやすくなります**1** **2**。

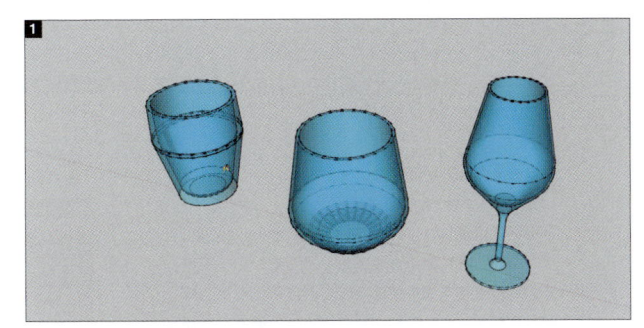

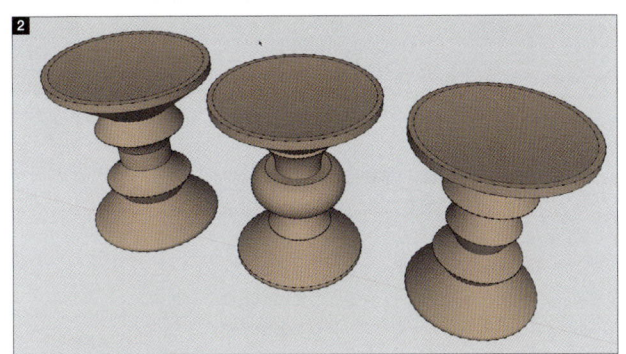

6　配置する

作成したモデルを室内に配置しましょう。これでコップ・スツールを作成できました。

FIX

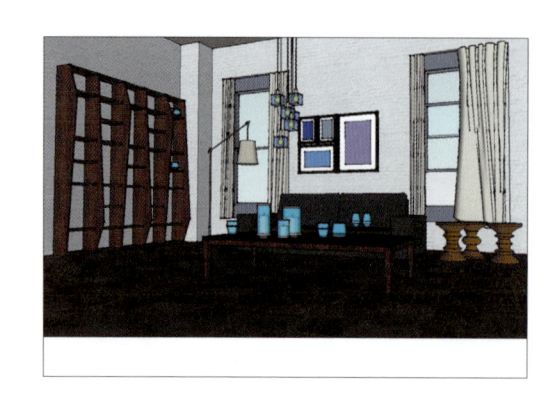

08/22 テクスチャを配置する

テクスチャの配置は、「連続する」か「連続しない」かで2つの方法を使い分けます。この使い分けを習得しましょう。

POINT

テクスチャとは？

フローリングやレースといった素材のことを「テクスチャ」といいます。CGでは、これらの素材を表現するために、モデリングにこの素材の画像データを貼りつけます。この作業を「テクスチャの配置」といいます。素材の画像データは以下のようなサイトで入手することができます。

フリーテクスチャ素材館
http://free-texture.net/
初心者には優しいサイトでとても扱いやすいです。カテゴリー別に表示されており、ダウンロードの手順も少なくスムーズに行うことができます。保存されたデータは圧縮されているので解凍して使用します。

「連続する」配置、「連続しない」配置とは？

「テクスチャの配置」には以下の2つの方法があります。

❶「連続する」配置
フローリングやカーテンなどの素材の画像データは、その素材の一部をアップした画像です。この画像をモデルの上に連続して配置すると、床一面にフローリングが貼られたように、カーテンが1枚の布のように、表現できます。

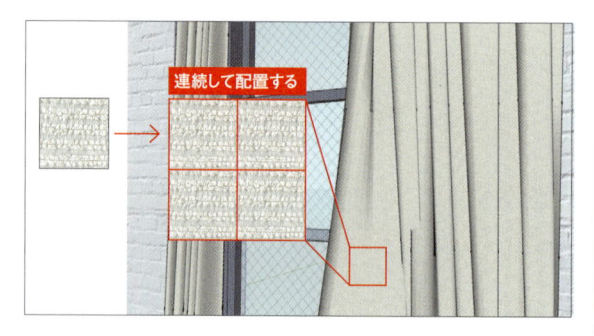

❷「連続しない」配置
額縁に飾る絵などの1枚で表現できる画像は、選択した範囲いっぱいに1枚の画像を配置する方法をとりましょう。

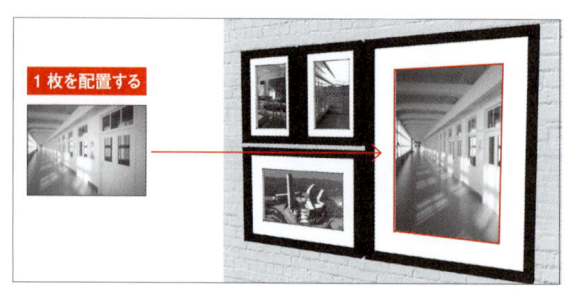

「連続する」配置

1 色を選択する

メニューバーの「ウィンドウ」→「マテリアル」でマテリアルウィドウを開きます **1**。

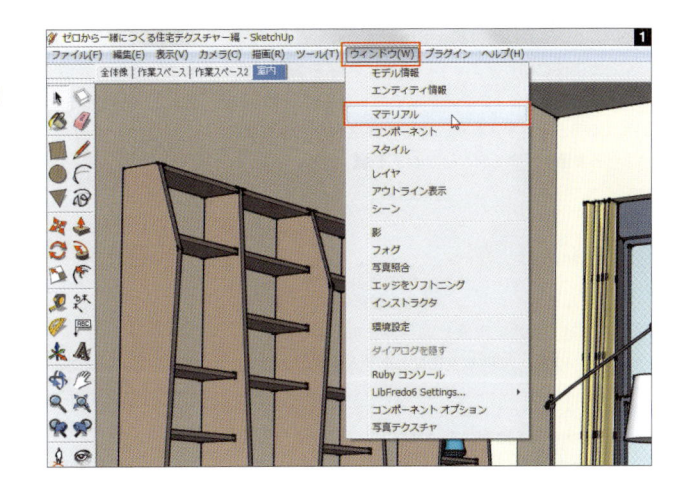

「連続する」配置の例として、ここでは床にフローリングのテクスチャを配置していきましょう。まずは床に設定していた色を選択します。
マテリアルウィンドウの「選択」タブで、右側の🖍をクリックします **2**。作業エリアにカーソルを移すと、カーソルが🖍に変化しています。その状態で床をクリックします **3**。するとマテリアルウィンドウに表示されるマテリアルが、床に設定していた色に変更されました **4**。これで床の色を選択することができました。

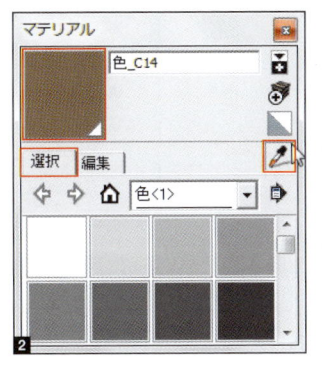

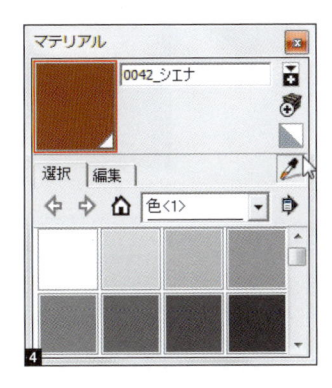

POINT

実際の現場では、写真を配置することが多々あります。新築戸建内観パースを作成する際、パース内に写真立てを置き、クライアントの家族写真をさりげなく飾ると非常に喜ばれます。パースを見て夢が広がったり、会話が楽しくなったりすると、つくり手もうれしくなりますよね。

2 テクスチャを配置する

次に選択した色を編集していきます。マテリアルウィンドウの「編集」タブをクリックし、編集画面に切り替えます。今回は画像を参照してみましょう。「テクスチャイメージを使用する」にチェックを入れる、もしくは空欄の右隣にある参照マークをクリックします **1**。

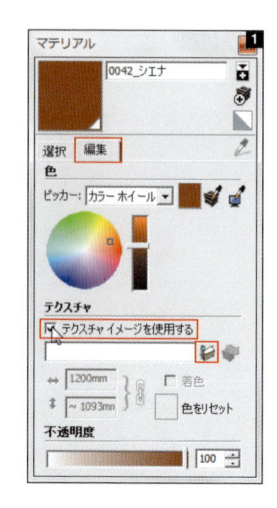

> **MEMO**
>
> マテリアルウィンドウの編集画面では、色味変更や、画像参照、テクスチャのサイズ変更、透明度変更などができます。

「イメージを選択」というウィンドウが新たに開きます。ここで付属のDVDから『素材』→『フローリング』→『flooring』を選択し、「開く」をクリックします **2**。

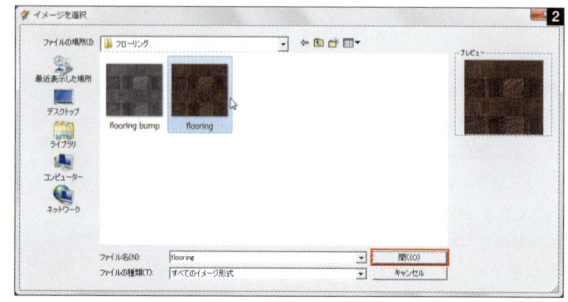

床に設定した色に画像が貼られました **3**。

3 テクスチャの大きさを調整する

画像サイズを編集画面で適度なサイズに調整しましょう。参照したファイル名の下にサイズを入力できる欄があります。上の段が横方向、下の段が縦方向にサイズを伸縮することができます。今回は上の段に1200mmと入力します。これで適度なサイズに変更できました **1 2**。

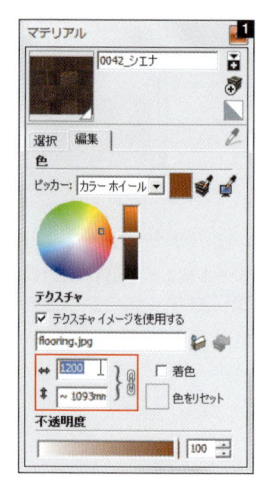

> **MEMO**
>
> 今回利用したフローリングの画像は4×4のパネルになっています。フローリングのパネル大きさはだいたい1パネル300mmなので、今回は1200mmと入力しました。このように、テクスチャ画像と実際の素材の大きさを見比べながら設定していくと、よりリアルに表現できます。

4 テクスチャの色味を変更する

また、編集画面で、カラーピッカーを操作することでテクスチャの色味を変更することができます。左のピッカーは色相・彩度を変更でき、右では明度を変更することができます。自分好みの色味に変更してみましょう。

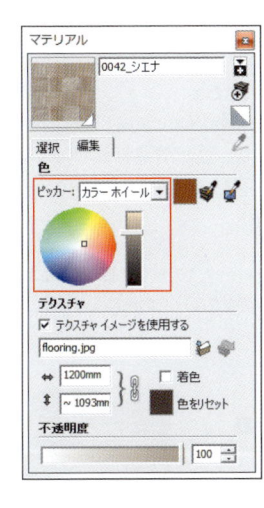

5 テクスチャの位置を変更する

で床をダブルクリックして床のグループの中へ入り、床を編集できる状態にします。キャビネットと接する床に近づいてみましょう。テクスチャを貼った床の面を右クリックをします。「テクスチャ」→「配置」をクリックすると❶、作業画面内でカーソルが に変化します❷。この状態でテクスチャをクリック＆ドラッグをすると、テクスチャを自由に移動させることができます。パネルの角をクリックし、キャビネットの角に移動しましょう❸。

FIX

MEMO

モデリングの上で右クリックをしても「テクスチャ」という項目がない場合があります。そのときはもう一度テクスチャを貼り直しましょう。グループの中に入ってからテクスチャを貼ると設定できる場合もあります。

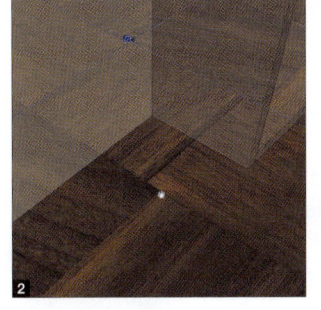

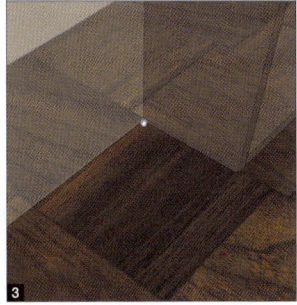

POINT

パネルの角を でクリック＆ドラッグでも問題はありませんが、「ピン」を扱うとより正確な位置に移動することができます。画面を少しひくと、テクスチャに4色のピンが表示されているこがわかります。ピンは画像の4角に配置されています。赤いピンをクリック＆ドラッグしてキャビネットと床と壁が接する点に移動します。接する点に近づくと磁石のように点に引き寄せられるのでクリックしましょう。

POINT

1つの家具に複数のテクスチャを配置したいとき

p099で、デスクはモデリングの際に、最後の色づけで脚と天板、それぞれ異なる色をつけました。これは脚と天板に異なるテクスチャを配置するためです。このように、1つの家具の中で部品ごとに異なる配置をしたいときは、モデリングの際に、同じテクスチャを配置する部品ごとにグループ化し、それぞれ色をつけます。

→p096 / デスクをつくる

それでは、デスクの脚と天板、それぞれにテクスチャを配置してみましょう。
まずデスクをダブルクリックして、デスクのグループの中に入ります。このあとの操作は床の配置の手順と同様です。
まずは脚にテクスチャを配置してみましょう。

❶ 色を選択する
マテリアルウィンドウで、脚の色を選択 **1**
❷ テクスチャを配置する
編集画面で、『素材』→『木材』→『desk leg』を選択 **2**
❸ テクスチャの大きさを調整する
サイズ入力欄の上段に400mmと入力 **3**

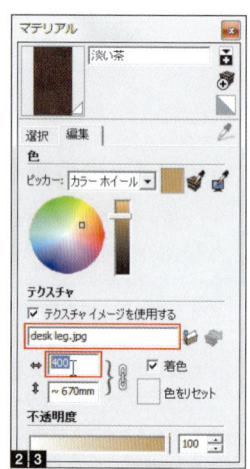

同様に天板にもテクスチャを配置します。
❶ 色を選択する
マテリアルウィンドウで、天板の色を選択 **1**
❷ テクスチャを配置する
編集画面で、『素材』→『木材』→『blackwood』を選択 **2**
❸ テクスチャの大きさを調整する
サイズ入力欄の上段に400mmと入力 **3**

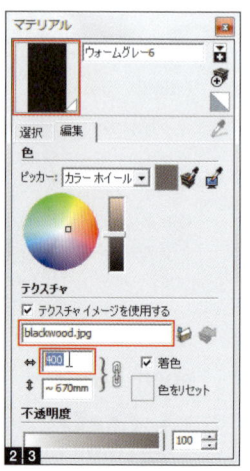

このように、グループの中に入ってそれぞれの部品にテクスチャを配置すれば、1つの家具に複数のテクスチャを配置できます。

MEMO

「連続する」配置の手順で、以下のテクスチャもそれぞれ配置しましょう。

※ソファとスタンドライトはグループに入ってテクスチャを配置します。

素材	家具	ファイル名	画像サイズ	完成図
石材	壁	『素材』→『壁』→『wall』	上段：1000mm	a
木材	キャビネット	『素材』→『木材』→『cabinet』	上段：400mm	b
	スツール	『素材』→『木材』→『chair』	上段：400mm	c
	ソファ（脚）	『素材』→『木材』→『black wood』	上段：400mm	d
布	ソファ（本体）	『素材』→『ソファ』→『sofa』	上段：10mm	e
	カーテン	『素材』→『カーテン』→『curtain』	上段：50mm	f
	スタンドライト（シェード）	『素材』→『スタンドライト』→『standlight』	上段：50mm	g

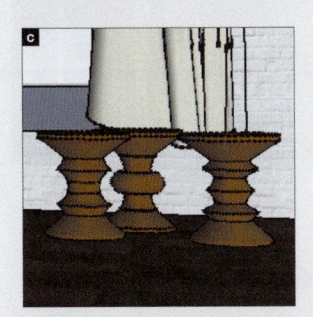

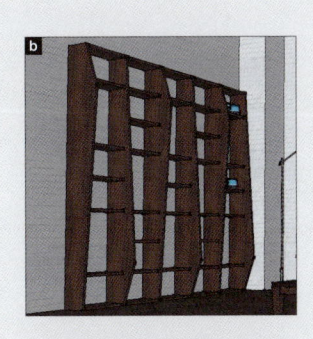

「連続しない」配置

1 配置する場所を選択する

「連続しない」配置の例として、ここでは額縁に飾る絵を配置していきましょう。
額縁のグループの中に入り、絵を飾る場所を で選択します。

2 テクスチャを配置する

配置する場所を選択したら、メニューバーの「ファイル」→「インポート」をクリックします **1**。

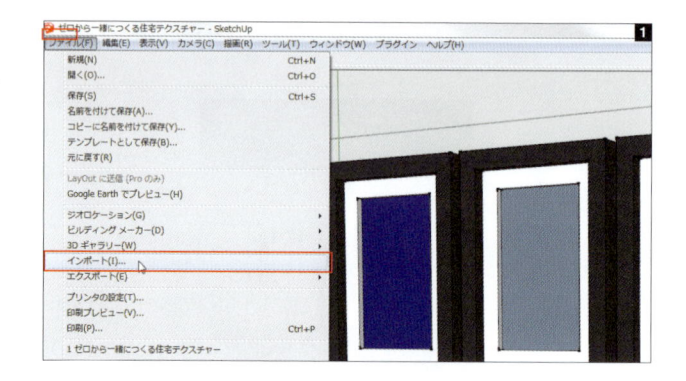

「ファイルを開く」というウィンドウが表示されました。ここで額縁に飾りたい画像を選択し、「テクスチャとして使用する」にチェックを入れて「開く」をクリックします **2**。

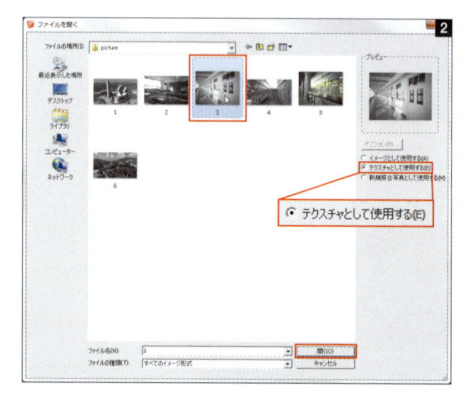

作業エリアに画像が表示されます **3**。

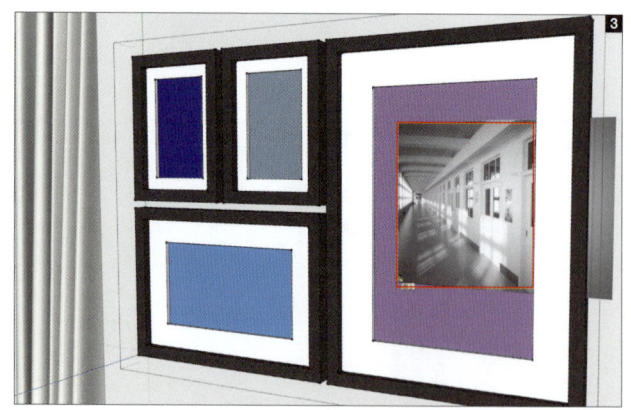

画像の角にある✏️で、絵を飾る場所の左下の隅をクリックし４、次に右上の隅をクリックします５。

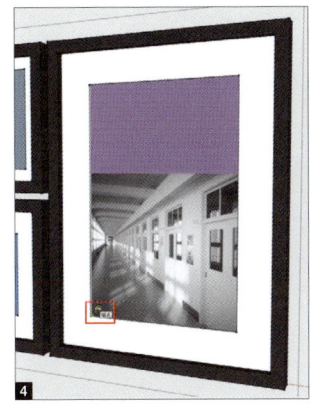

すると、はじめに選択していた色の範囲で画像が切り取られます６。

同様に他の３つの額縁にもお気に入りの絵を飾りましょう７。

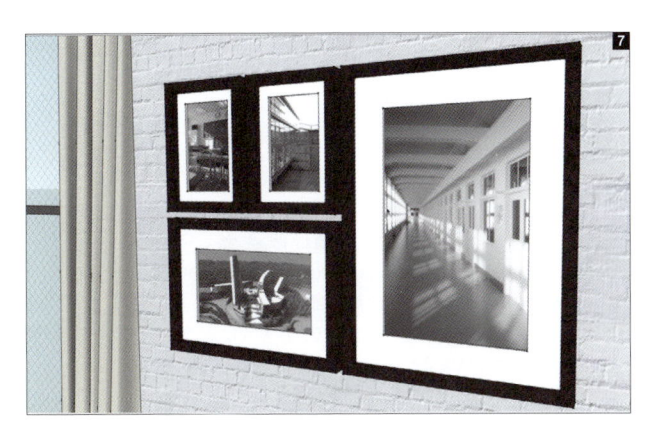

これですべてのテクスチャが配置されました８。

FIX

09/22

コンポーネントを配置する

モデル数を増やしたいけれど自作するには時間が足りないときは、「コンポーネント」と呼ばれる世界中のSketchUpユーザーが作成したモデルが便利です。

椅子を配置する

1 3Dギャラリーを開く

デザイナーズチェアなどもパースに配置することができます。ここではイームズの椅子を2脚配置していきましょう。
メニューバーの[ファイル]→[3Dギャラリー]→[モデルを取得]をクリックします **1**。Trimbleの3Dギャラリーというウィンドウが開きますので、検索欄に「eames」と入力し、「検索」をクリックします **2**。

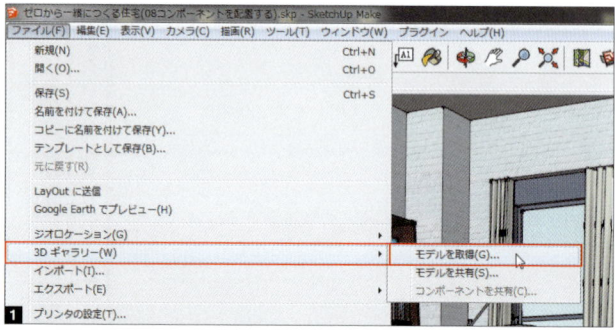

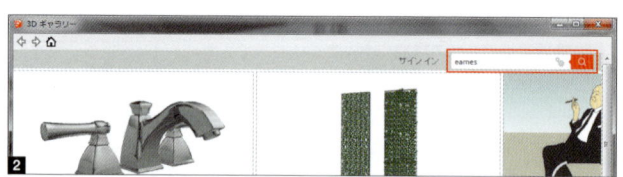

タイトルに「eames」が含まれるモデルを検索することができました。今回は作成者「generate-d」の「Eames Molded Plastic Rocker」を使用します。ページ下部の「検索結果ページ」をクリックして右図のモデルを探しましょう **3**。検索できたら、『モデルをダウンロード』をクリックし **4**、表示されたウィンドウの内容を読み、「はい」を選択しましょう **5**。

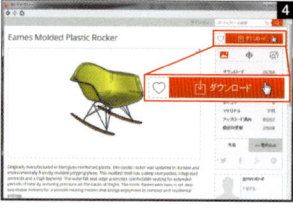

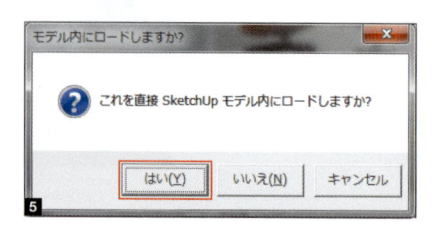

2 配置する

「はい」を選択すると、ダウンロードが始まり、作業画面に自動的に戻ります。 でモデルを動かせる状態になっているので、床の上をクリックしてモデルを配置しましょう。このとき、必ずカーソルの横に「面上」と表示されたのを確認してからクリックします **1**。

次に、ダウンロードしたモデルを で選択し、 で回転させます **2** **3**。部屋の中央に椅子が向くようにしましょう。

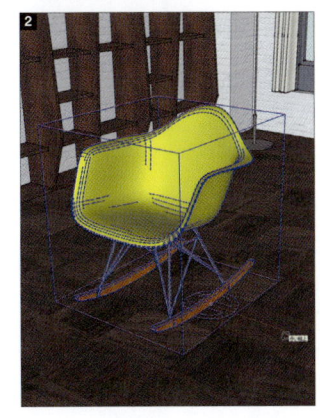

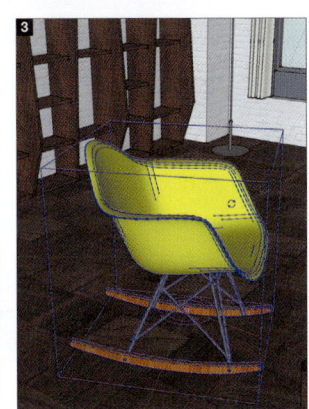

同様に、作成者「SmartFurniture.com」の「EamesR Plywood Lounge Chair,...」をダウンロードし **4**、正面から見て部屋の右側に配置しましょう。モデルを配置できたら、部屋の中央にモデルが向くように回転し、さらに複製配置を行いましょう **5**。

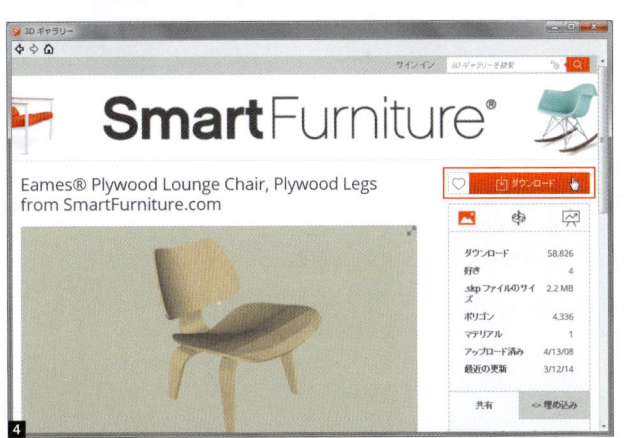

FIX

本を配置する

1 3Dギャラリーを開く

本はパースをより魅力的に見せるための大事なアイテムです。ここでは、作成者「Ueniversum」の「Architecture and design book」を使用して、本の配置方法を習得しましょう。まずは先ほどの椅子の手順同様に、3Dギャラリーを開き、モデルをダウンロードします。

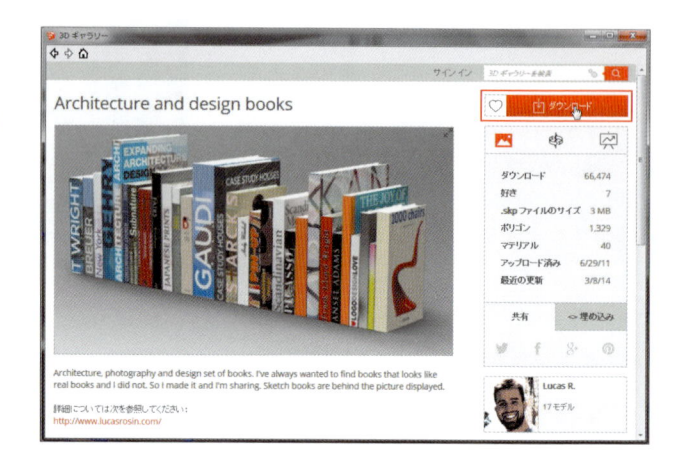

2 配置する

ダウンロードが完了したら、床の上に配置しましょう**1**。

このモデル内には画像が貼られている長方形のモデルが存在します。これは不要なので、グループの中に入り削除しましょう**2 3**。

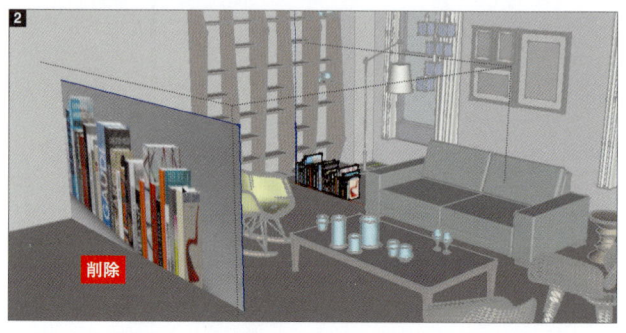

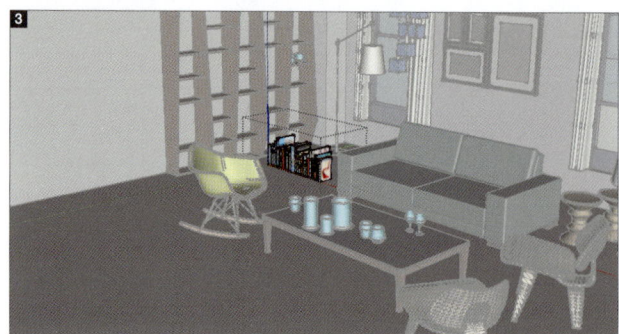

モデルを 🖱 で選択し、🔄 でキャビネットに立てかけられるように向きを変更しましょう 4 5 。

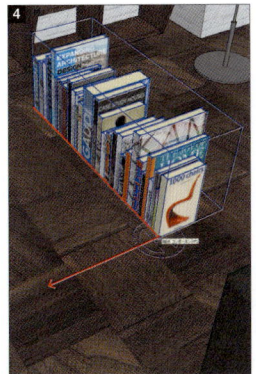

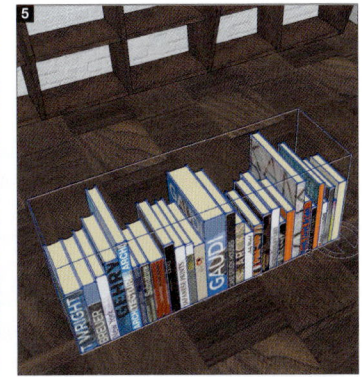

グループの中に入ると、数冊を選ぶことができます。数冊を 🖱 で右上から囲んで選択し、✥ でキャビネットの棚にのせましょう 6 7 。

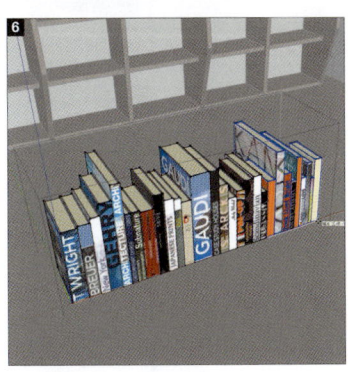

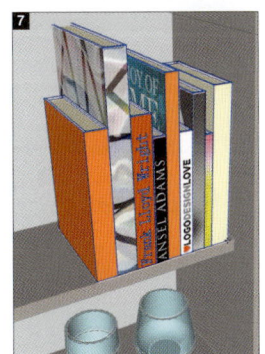

のせる位置によっては本がはみ出してしまうので 🔲 で縮小するなどして、サイズを合わせましょう 8 9 。

すべての本をキャビネットに配置できたら、完了です 10 。

FIX

小物を配置する

1 3Dギャラリーを開く

小物を配置していきましょう。ここでは作成者からモデルを検索していきます。たくさんのモデルが存在する3Dギャラリーですが、「Tiago Crisostomo」という作成者がつくったモデルシリーズは丁寧につくられておりオススメです。
検索欄に「tiago」と入力し、検索します。
すると「tiago」という文字を含むモデルが羅列されるので作成者欄の「Tiago Crisostomo」をクリックします。

すると、「Tiago Crisostomo」さんが作成したモデルが表示されます **2**。気にいったモデルをダウンロードしましょう。

2 配置する

まずはキャビネットに飾るオブジェが欲しいので「Estatueta decorativa」をダウンロードして配置します **1** **2**。

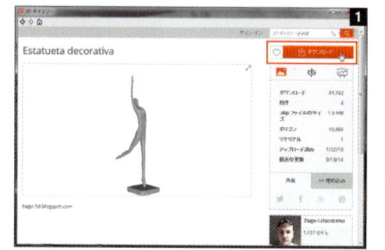

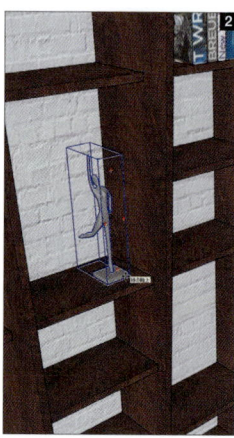

同様に、ソファの脇に置くキャンドルや❸ ❹、デスクの上に置く木の皿❺ ❻、ソファに添えるクッションをダウンロードして配置しましょう❼ ❽。

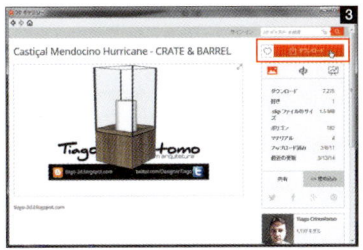

MEMO

それぞれのモデル名は以下の通りです。

キャンドル：
Castiçal Mendocino Hurricane - CRATE & BARREL

木の皿：
Decoração de mesa

クッション：
Almofada

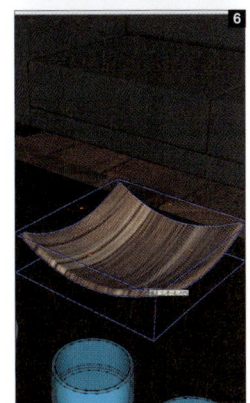

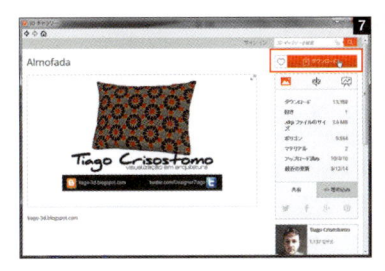

目指す空間のテーマを考えながら、モデルを配置していきましょう❾。

FIX

色づけをする

1 椅子の色をつける

左の椅子のグループの中に入ります。マテリアルウィンドウの「選択」タブの🖊で座面をクリックします **1**。

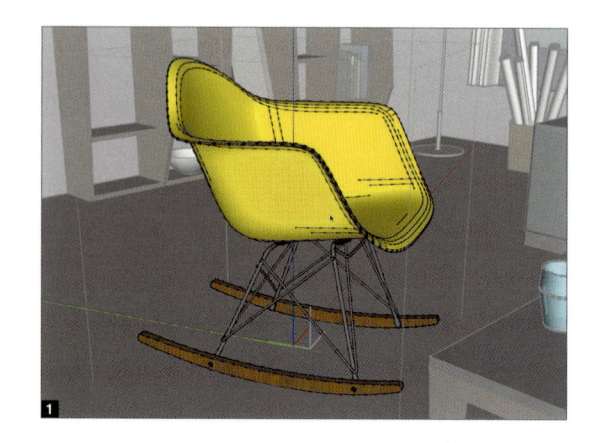

マテリアルウィンドウの「編集」タブをクリックし、編集画面に切り替えます。今回はカラーピッカーを調整して、座面の色を黄色から白色に変更しましょう **2 3**。

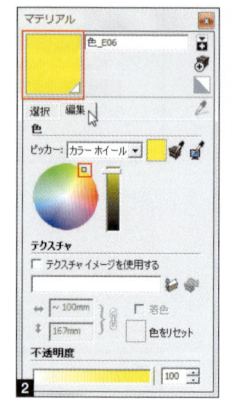

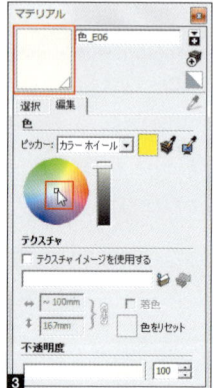

脚部分には木材のテクスチャを設定します。「イメージを選択」ウィンドウを開き、付属DVDの『素材』→『木材』→『chair』を参照しましょう。「開く」をクリックすると、脚に設定した色に画像が貼られました **4**。サイズ入力欄の上段に400mmと入力します **5**。これで左の椅子の色づけができました。

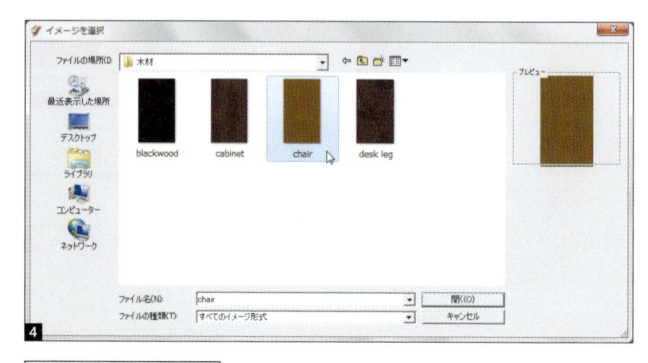

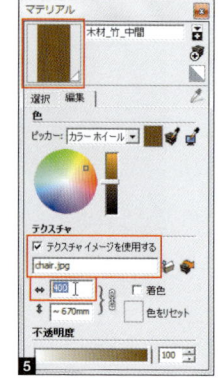

右の椅子もグループの中に入り❻、同様にテクスチャを配置しましょう。『素材』→『木材』→『chair』を配置し、サイズ入力欄の上段に15mmと入力します❼。これで右の椅子の色づけができました。

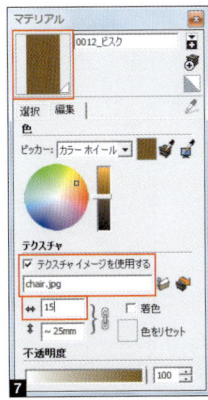

2 キャンドルの台座の色をつける

キャンドルのグループの中に入り❶、同様にテクスチャを配置しましょう。『素材』→『木材』→『cabinet』を配置し、サイズ入力欄の上段に100mmと入力します❷。これでキャンドルの色づけができました。

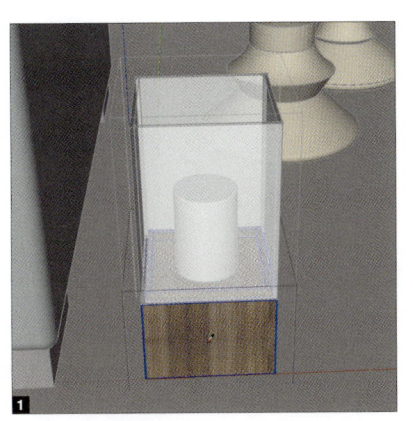

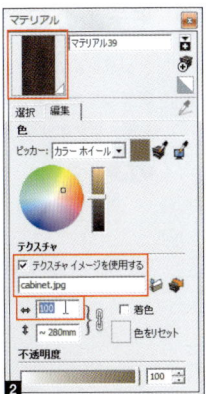

他にも、ダウンロードしたモデルがある場合は忘れずにテクスチャを配置しましょう❸。

FIX

10/22

調整作業

いよいよモデリングの最終段階です。アングルの決定、表面のテクスチャの追加、壁の追加、裏表の確認の4つを忘れずに行いましょう。

アングルを決定する

1 シーンを保存する

最終調整ではレンダリングするシーンを決定しましょう。
マウスや、👁 ❂ 👣を上手に使って、室内から見た最適なアングルを探し出します。アングルが見つかったらメニューバーの「ウィンドウ」→「シーン」でウィンドウを開きます。⊕をクリックすると「シーン5」が保存されます **1**。わかりやすくするために名前を変更しておきましょう **2**。

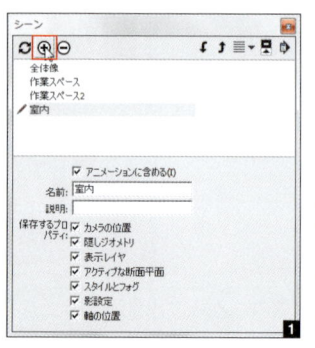

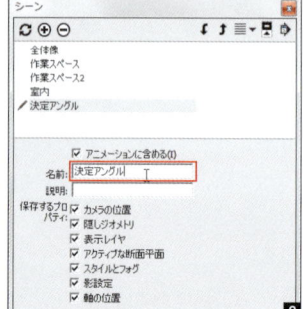

2 モデルの配置を調整する

アングルを調整するにあたってモデルの配置も調整しておきましょう。微調整をするだけで、見栄えがかなり違いますね。

FIX

調整前

調整後

額縁にガラス面を追加する

1 ガラスを追加する

額縁の絵が、現段階では表面に出ているので、ガラスの面を追加で作成しましょう。まず額縁のグループの中に入ります❶。■で枠の表面の内側に、面を作成します❷。

2 色をつける

マテリアルウィンドウを開き、「半透明」のカテゴリーからこれまでに使用したことのない色を使いましょう❸ ❹。

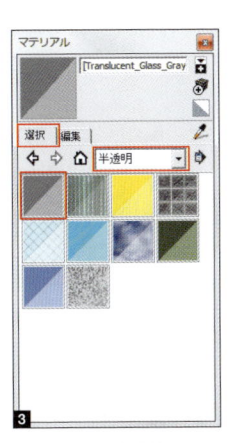

FIX

壁を追加する

一部の壁をなくすと室内が見やすく作業がしやすいので、壁は2面しか作成していませんでした。モデリング作業が終わったので、残りの壁を作成しましょう。ただし、すべてを閉じてしまうと、環境光が入りづらくなり室内が非常に暗くなってしまうので、今回は右の壁だけを追加で作成します。
壁が作成しやすいようにアングルを引き **1**、 で天井の端点と床の端点を結んで、右の壁を描きます **2**。

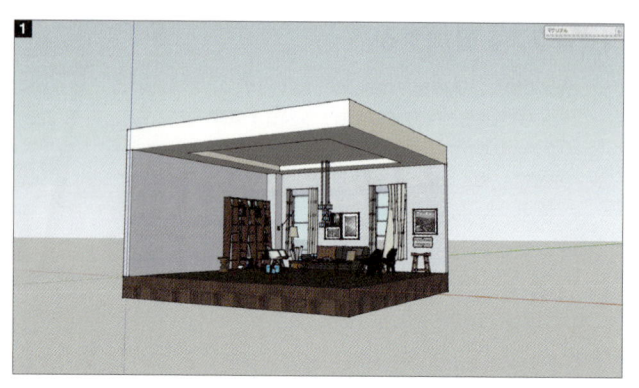

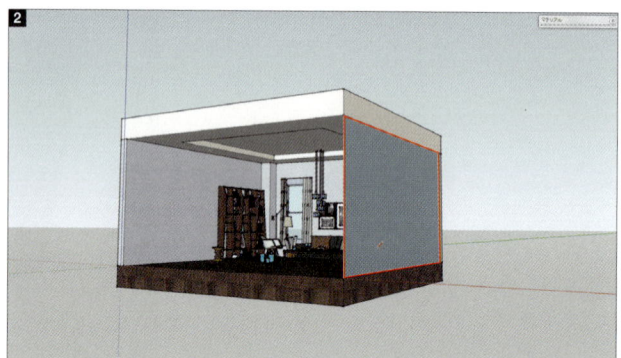

FIX

裏表の確認をする

最後に、モデルに裏面がないかチェックしましょう。メニューバーの「表示」→「面スタイル」→「モノクロ」を選択します。すると、テクスチャが消えモノクロ表示になりました **1**。表面は白い部分、裏面はグレーの部分で表示されるので、色を区別し、裏面がないか確認をしましょう。裏面がある場合は面の上で右クリック→「面を反転」をクリックし、表面にしましょう **2** **3**。確認が終わったら、「表示」→「面スタイル」→「テクスチャ付きシェーティング」を選択して元の表示に戻しましょう。

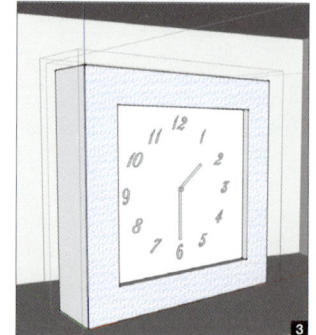

FIX

これでモデリングの完成です。

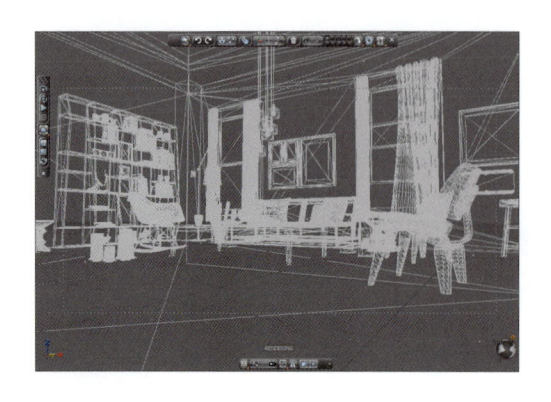

Thea Renderへインポートする

いよいよThea Renderへの変換作業です。

SketchUpからThea Renderに変換する

1 レンダリング範囲を決定する

メニューバーの［プラグイン］→［Thea Render］→［TheaTool］をクリックします。

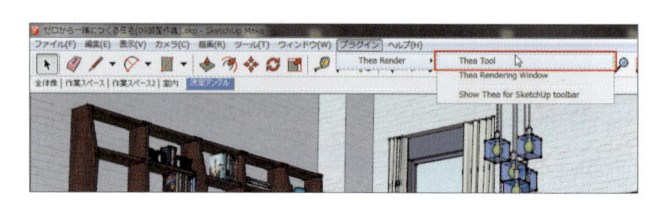

表示されたTheaToolウィンドウの［Camera］タブをクリックし、［Aspect ratio］のプルダウンメニューから［SU Window］を選択します❶。選択をすると、作業エリアが赤い線で囲まれます❷。この範囲でレンダリングが作成されます。

POINT

TheaToolウィンドウではカメラの設定（解像度・フォーカス等）やマテリアル設定、照明の設定を行うことができます。「W×H」では解像度を変更できます。PCの動きが遅くなってしまったときは数値を小さくしましょう。

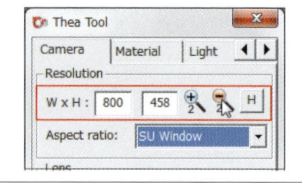

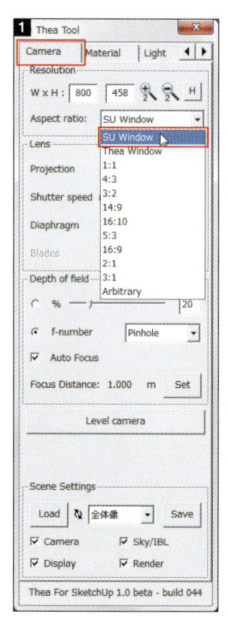

2 変換ファイルを作成する

右上の矢印を何度かクリックして、[Tools]タブが表示されたらクリックします。真ん中の[Export model as Thea Scene]ボタンをクリックします **1**。「ファイルの種類」で[Thea Scene (*.pack.thea)]を指定して任意の場所に保存します **2**。これで変換データを保存できました。

MEMO

フォルダ名、ファイル名ともに半角英数で表記しましょう。

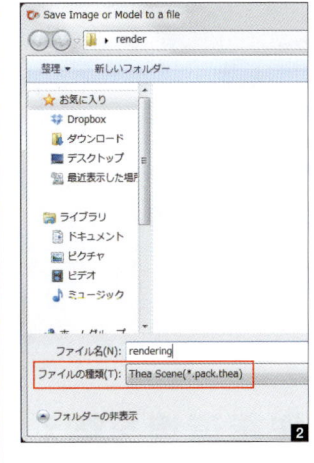

12/22

環境設定

Thea Renderを開いたら、まずは作業をしやすいように明るさなどの環境を設定しましょう。

作業環境を整える

1 データを開く

早速、変換したデータを開いてみましょう。変換したデータをダブルクリックで開くと、Thea Studioが起動しSketchUpで作成したモデルがインポートされます。

2 プレビューレンダを起動する

ツールバー（左）の ■ をクリックします。プレビューレンダを起動させておけば常にレンダリングを更新してくれるので、マテリアルの変更などが瞬時に確認することができます。

3 IBLを設定する

画面右の [Settings] で、[Environment] の [IBL] タブをクリックし、一番上の [Image Based Lighting] の [Enable] にチェックを入れましょう❶。すると、まだ画像を指定していないため、ワイヤーフレームの状態になります❷。

> **POINT**
> IBLとは「イメージ・ベースド・ライティング」を意味します。使用する画像の色味や明るさを読み取り、パースに反映することができます。

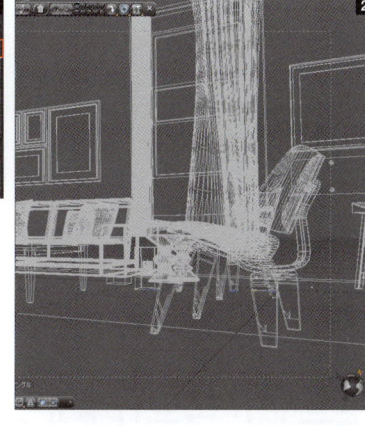

次に、[Enable] 下段の [Filename] のフォルダマークをクリックします❸。新しくウィンドウが開かれ、参照する画像データを指定することができます。付属DVDの『素材』→『空』→『sky』を選択し、「開く」をクリックします。これで画像データを明るさに反映することができました❹。

4 明るさを調整する

室内のパースは暗くなりがちなので、あらかじめ明るさを設定し、作業しやすい環境を整えましょう。
[Workspace] 左下のタブから [Darkroom] に移動し、[ISO] に「1000」、[ShutterSpeed] に「100」と入力して、[Viewport] にもどります❶。すると、適度な明るさに調整できます❷。

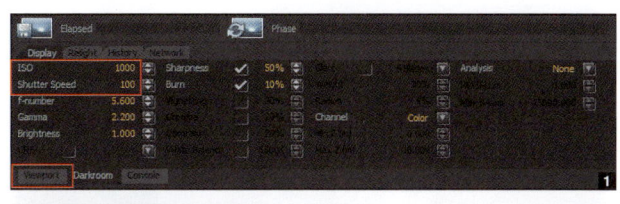

FIX

> **MEMO**
> 今回はこのくらいの値で適度な照度になりますが、モデルやアングルによって数値は異なるのでケースバイケースで調整を行いましょう。特に室内パースは数値を高めに設定しましょう。

13/22

マテリアルの設定（ガラス）

マテリアルは素材ごとに設定すると設定し忘れがありません。まずはガラスを例に、マテリアルを設定する方法を習得しましょう。

モデルにマテリアルを設定する

1 モデルを選択する

窓ガラスに薄いガラスを設定しましょう。
窓ガラスをクリックします **1**。すると、[Settings] の [Material Lab] に選択したマテリアルのプレビューが表示されます **2**。今の段階では SketchUp で設定した色が表示されます。

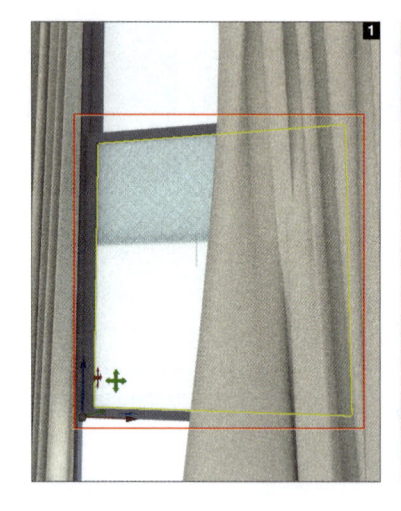

2 マテリアルを選択する

画面中央下の [Browser] にある [Material] タブから「Transparent」フォルダをダブルクリックで選択します。

MEMO

[Material] タブには、たくさんのテクスチャデータを種類別に保存しているフォルダがあります。この中からマテリアルを選ぶだけで本物と同じ素材感をモデルに反映することができます。

[Browser] に [Material] タブが表示されていないときは、[Browser] という文字のすぐ下の ＋ をクリックし、「/Materials」をクリックしてください。

「Transparent」フォルダには、透けているマテリアルのデータが入っています。この中から「thin glass clear」の画像をダブルクリックして選択します❸。すると画面右上の[Material Lab]のプレビュー画像が「thin glass clear」に変更されました❹❺。わかりにくいですが、プレビューレンダ上でもマテリアルが変更されています❻。

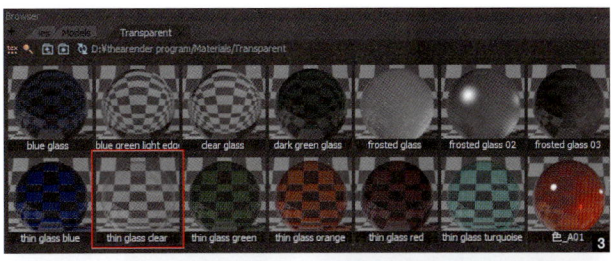

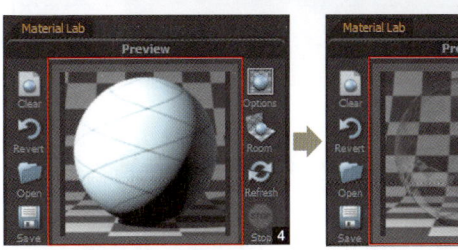

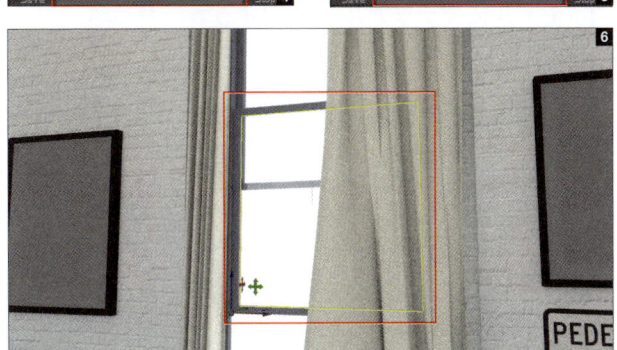

MEMO
マテリアル画像をクリック&ドラッグで[Material Lab]のプレビュー画像まで移動させても、マテリアルを選択できます。

同様に、ガラスを設定したい他のモデルにも、マテリアルを設定しましょう。

額縁のガラス	「thin glass clear」	❼
照明のガラスシェード	「clear glass」	❽
キャンドルのガラスカバー	「clear glass」	❾
ガラスのグラス	「clear glass」	❿

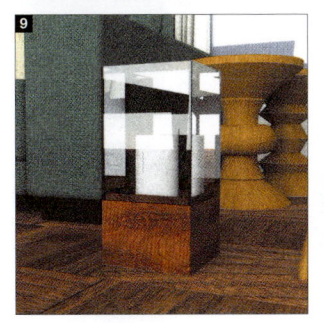

FIX

MEMO
このように、設定するマテリアルデータを変えるだけで、簡単に厚さや色などの違いを表現できます。

Thea Renderで表情をつける

Part.01_Chapter.02

no. **14/22**

14/22

マテリアルの設定（金属）

ここでは金属を例に、マテリアルの反射や輝きの調整をする方法を習得します。これで鈍い反射の金属とぴかぴかと輝く金属の差なども表現できるようになります。

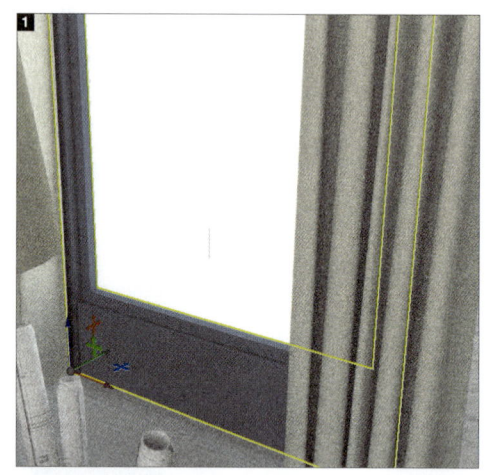

マテリアルの反射を調整する

1 モデルにマテリアルを設定する

ここでは窓のサッシに金属を設定し、鈍い反射に調整しましょう。
窓のサッシを選択します**1**。
ガラスの設定のときと同様に、画面中央下の[Browser]にある[Material]タブを開きます。今回は「Metals」というフォルダから「Chassis Metal used」の画像をダブルクリックして選択します**2**。

MEMO

「Metals」フォルダには金属マテリアルのデータが入っています。

するとサッシにマテリアルが設定され**3**、[Material Lab]のプレビュー画像が「Chassis Metal used」に変更されました**4 5**。

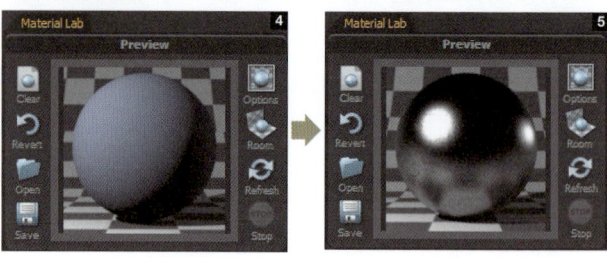

page 160_161

2 マテリアルの反射を鈍くする

光を反射（拡散）する率が強いので少し弱めましょう。[Material Lab]の「Scatter」をクリックし、「Extinction Coefficient(k)」を0.670に設定します。

> **MEMO**
> Extinction Coefficientとは、「減光率」を意味します。金属の場合、数値を高くすれば光を強く反射し、数値を低くすれば反射が弱くなります。

これで少し鈍い反射をするようになりました 6 ～ 8。

同様に、キャンドルの受け皿にもマテリアルを設定しましょう。

マテリアル	「Extinction Coefficient」
「Chassis Metal used」	1.370

FIX

マテリアルの輝きを調整する

1 モデルにマテリアルを設定する

ここでは照明の支柱に金属のマテリアルを設定して、輝き具合を調整しましょう。
照明の支柱を選択します **1**。
サッシの設定のときと同様に、画面中央下の[Browser]にある[Material]タブの「Metals」フォルダを開き、「Aluminium」の画像をダブルクリックして選択します **2**。

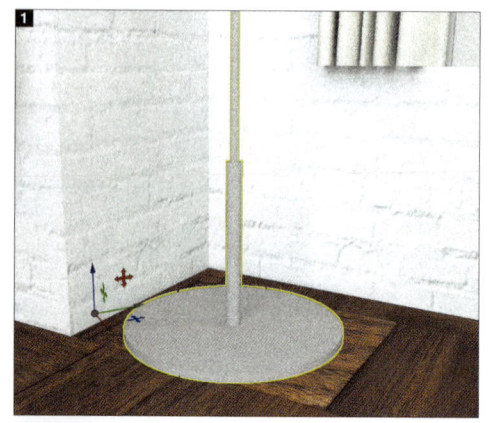

すると支柱にマテリアルが設定され **3**、[Material Lab]のプレビュー画像が「Aluminium」に変更されました **4 5**。

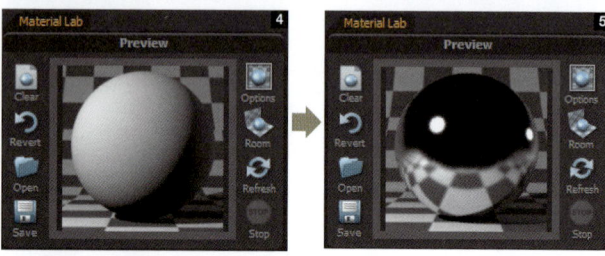

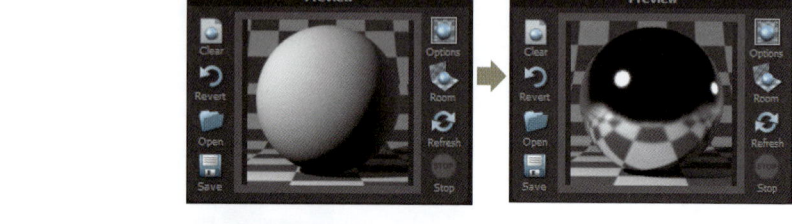

2 マテリアルの輝きを抑える

[Material Lab]の「Struct」をクリックし、「Roughness」を20.00に設定します。

MEMO

Roughnessとは「粗さ」を意味します。数値を高くすると面がよりざらざらになり、マットな輝きになります。数値を低くするとよりなめらかな面になり、ぴかっと光る輝きになります。

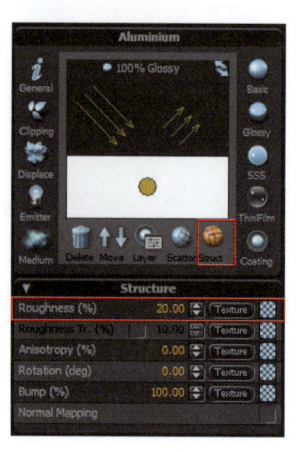

これでマットな輝きに変更することができました。

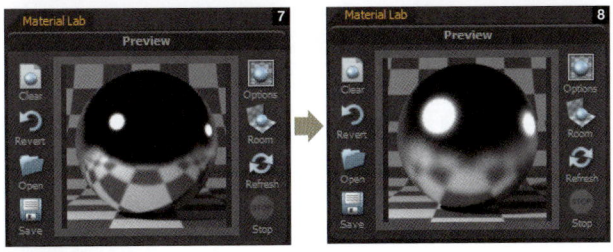

同様に、椅子の金脚にもマテリアルを設定しましょう。

マテリアル	「Roughness」
「Chassis Metal used」	20.00

FIX

15/22 マテリアルの設定（木パネル）

ここでは画像テクスチャを貼りつけることで、マテリアルを表現する方法を習得します。反射、光沢、凹凸をテクスチャに加え、リアルな表現を目指しましょう。

テクスチャに反射をつける

1 モデルを選択する

床の木パネルに反射、光沢、凹凸を設定していきましょう。
床の木パネルをクリックします。

2 反射をつける項目で画像を参照する

［Settings］の［Material Lab］に、先ほど選択した床の、マテリアルのプレビューが表示されます。「Scatter」をクリックします。
「Scattering」の「Diffuse」には、SketchUpで設定した色や画像が参照されています。
その下にある「Reflectance」のカラーボックスに色を指定するか、参照ボックスに画像参照すると、テクスチャに反射の効果が現れます。今回は参照ボックスに画像を参照してみましょう。
参照ボックスをクリックします。

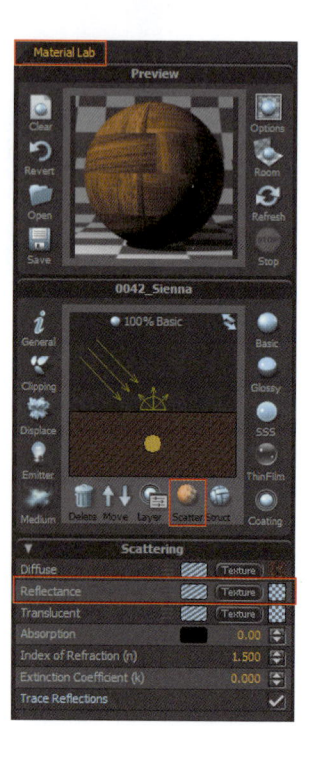

「Browse Bitmap」というウィンドウが表示されるので、付属DVDの『素材』→『フローリング』→『flooring bump』を開きます **1**。[Workspace]を見ると、床に画像が参照され、反射の効果が出ました **2**〜**4**。

NEXT

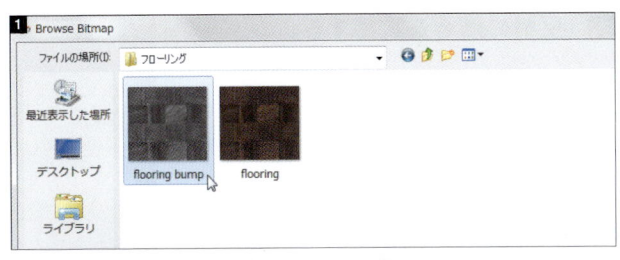

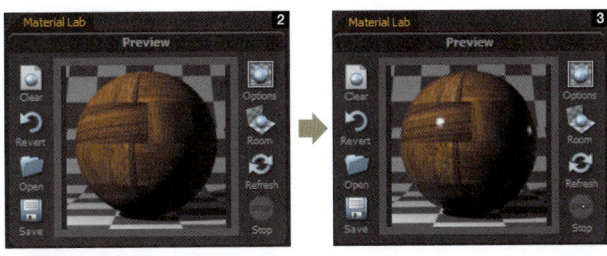

MEMO

Bump（凹凸）やReflectance（反射）では、参照した画像の白い部分はより強く、黒い部分はより弱く反映されます。凹凸や反射を細かく設定する場合には、参照する画像の明暗をきちんと調整しておく必要があります。

3 反射の度合を調整する

鏡面の度合いが高いので少し光沢を抑えましょう。
「Scatter」の隣にある「Struct」をクリックすると、「Roughness(%)」という項目が表示されます。ここでは反射をぼかすことができます。
参照ボックスに画像を参照しましょう。参照ボックスをクリックし **1**、開かれた「Browse Bitmap」ウィンドウで、付属DVDの『素材』→『フローリング』→『flooring bump』を開きます **2**。

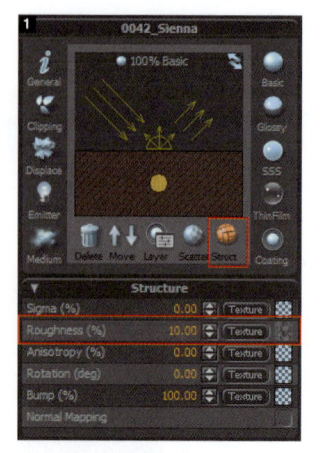

すると［Work space］の木パネルの床の反射がぼけて、少しマットな感じが表現されました **3** 〜 **5**。「Roughness(%)」の数値を100に近づけるとマット感が増します。今回は30に設定しておきましょう。

FIX

テクスチャに凹凸をつける

1 凹凸をつける項目で画像を参照する

「Roughness(%)」の3つ下に「Bump(%)」という項目があります。ここでは画像のコントラストを認識し、テクスチャに凹凸を加えることができます。
参照ボックスをクリックし■、開かれた「Browse Bitmap」ウィンドウで、付属DVDの『素材』→『フローリング』→『flooring bump』を開きます❷。

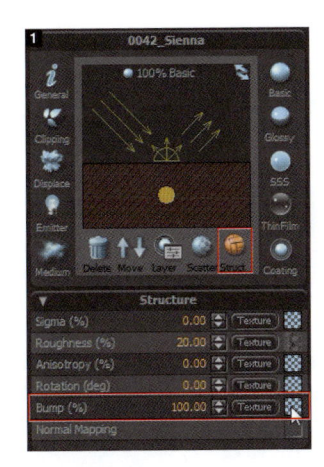

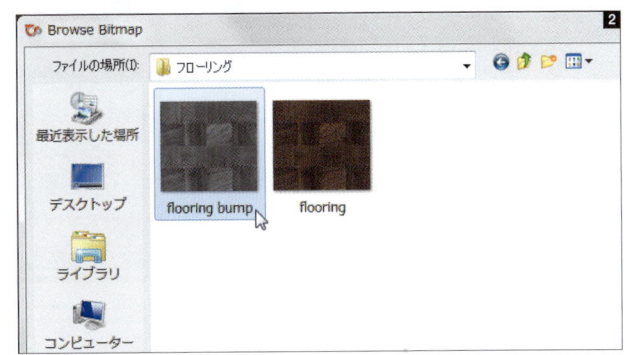

すると[Work space]の木パネルの床にぼこぼことした凹凸がつきました❸～❺。「Bump(%)」の数値を100に近づけるほど凹凸が激しくつきます。今回は13に設定しておきましょう。

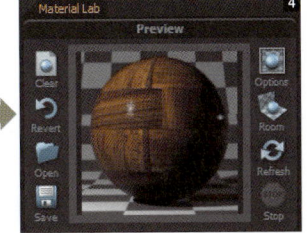

FIX

MEMO
「Diffuse」や「Roughness(%)」の画像と異なる画像を参照してしまうと変な模様がついてしまいます。画像は統一し、色味を変えたものを使うようにしましょう。

16/22

マテリアルの設定（石）

先ほどの木パネルの設定と同様に、石の設定もしてみましょう。ここではマットな質感でざらざらとした凹凸のある石の壁を表現します。

1 テクスチャに反射や凹凸をつける

木パネルの時と同様に反射や凹凸をつけて **1** **2** **3**、石の壁にマテリアルを設定しましょう **4**。

付属DVD

反射「Reflectance」	「素材」→「壁」→「wall」
マット感「Roughness（%）」	「素材」→「壁」→「wall」
凹凸「Bump（%）」	「素材」→「壁」→「wall bump」

FIX

「Reflectance」と「Roughness（%）」で指定

「Bump（%）」で指定

17/22
マテリアルの設定（プラスチック）

ここではテクスチャの色味を変更する方法と、マテリアルをコーティングする方法を習得します。微妙な色の表現や、表面に光沢をだすことができるようになります。

テクスチャの色味を変える

1 モデルを選択する

向かって左側にある椅子の座部分の色味を変えましょう。
椅子の座部分をクリックします。

2 色味を変える

選択されると［Settings］の［Material Lab］に選択したマテリアルのプレビューが表示されます。［Scatter］をクリックします。「Scattering」の「Diffuse」のカラーボックスには、SketchUpで設定したグレーが参照されています。
このカラーボックスをクリックしましょう。

NEXT

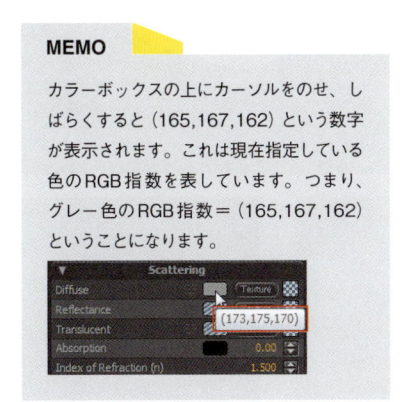

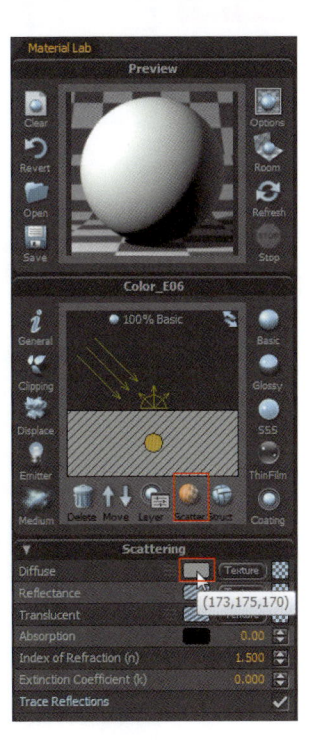

MEMO

カラーボックスの上にカーソルをのせ、しばらくすると（165,167,162）という数字が表示されます。これは現在指定している色のRGB指数を表しています。つまり、グレー色のRGB指数＝（165,167,162）ということになります。

カラーボックスをクリックすると「Thea Color Lab」ウィンドウが開きます。
明度インジケーター上の丸印をクリック＆ドラッグして好きな色を指定したら、ウィンドウ下部の ✓ をクリックしましょう。

MEMO

明度インジケーター上のすきな色の部分をクリックするだけでも、色を変更することができます。

【色相・彩度】範囲内をクリックすると色相・彩度を変更できる

【明度】範囲内をクリックすると明度を変更できる

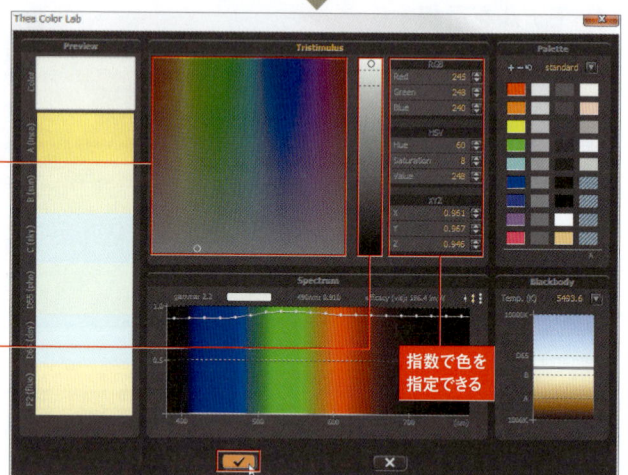

指数で色を指定できる

椅子の座部分の色味を変更できました **1**〜**3**。

FIX

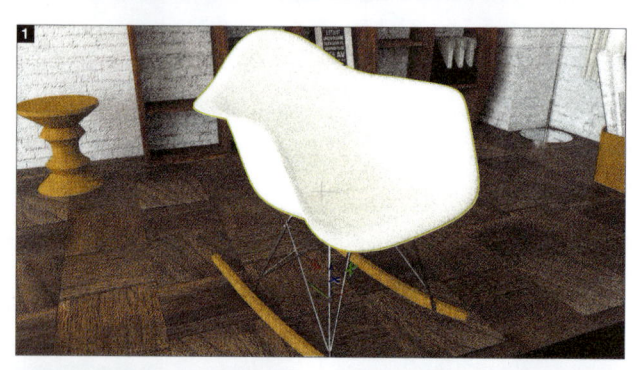

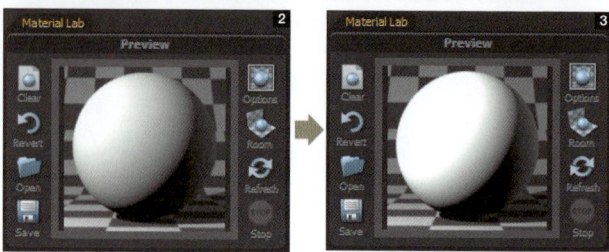

マテリアルをコーティングする

1 コーティングのレイヤーを追加する

プラスチック特有のつや感をもたせたいので、マテリアルをコーティングし、光沢を加えます。[Material Lab] の「Coating」をクリックします **1**。
するとマテリアルレイヤーが1層増えました **2**。これが「Coating」レイヤーになります。

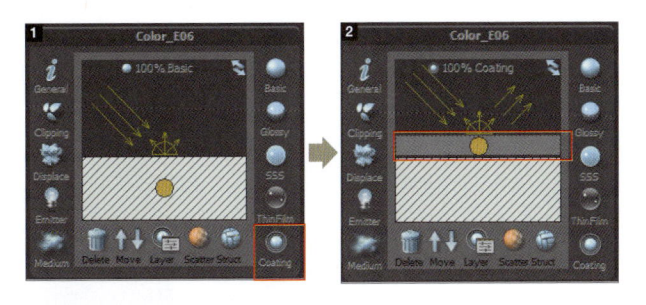

2 光沢の強弱を調整する

光沢を増加しましょう。
「Coating」レイヤー→「Scatter」をクリックし、「Reflectance」のカラーボックスをクリックします。

「Thea Color Lab」ウィンドウが開きます。明度インジケーターで、グレーから白に近づけて ✓ をクリックします。

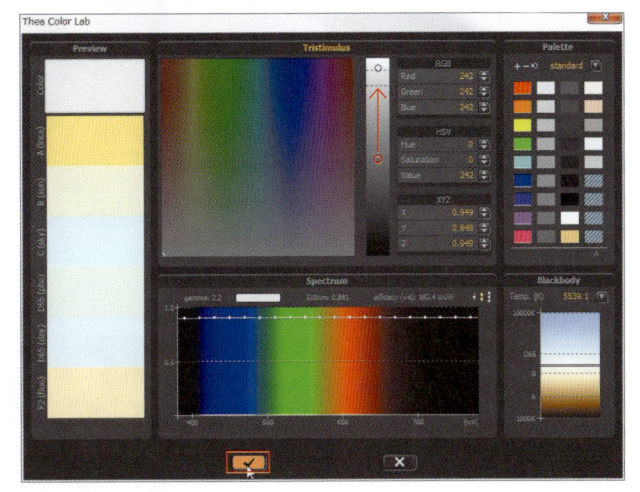

NEXT

光沢が増しました 3 〜 5 。

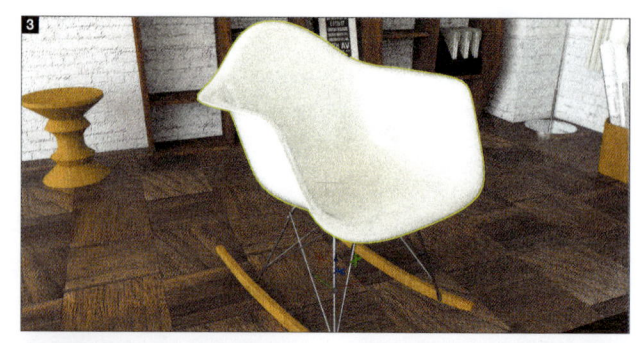

3 マテリアルの反射を鈍くする

光を反射（拡散）する率が強いので少し弱めましょう。
「Coating」レイヤー→「Scatter」をクリックし、「Extinction Coefficient(k)」の値を 0.800 に設定しましょう。

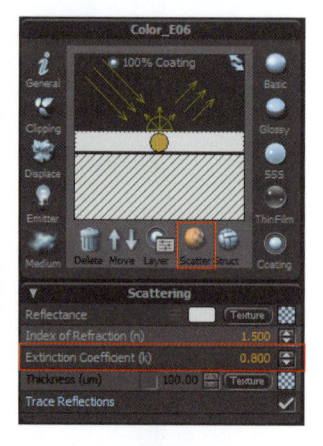

これでプラスチックの質感が表現されました。

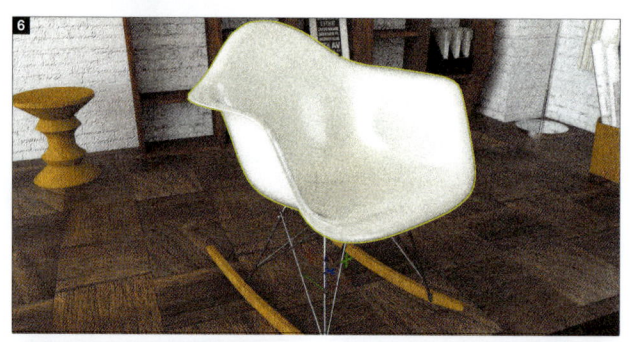

FIX

18/22

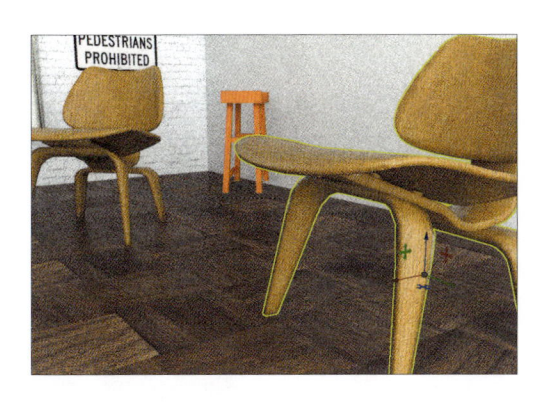

マテリアルの設定（木材）

ここでは反射の色を指定する方法を習得します。反射の色を調整することで、小さな違いまで表現できます。

モデルに反射させる色を変える

1 モデルを選択する

右側手前にある椅子をクリックします。

2 反射をつける項目で色を調整する

選択されると [Settings] の [Material Lab] に選択したマテリアルのプレビューが表示されます。[Scatter] をクリックし、[Scattering] の「Reflectance」のカラーボックスをクリックすると **1**、「Thea Color Lab」というウィンドウが開きます **2**。初期設定は黒色に設定されています。これを白色に近づけてみましょう。色が指定できたら、ウィンドウ下部の ✓ をクリックしましょう。

NEXT

反射の色が白くなり、椅子が光沢を帯びました 3 ～ 5 。

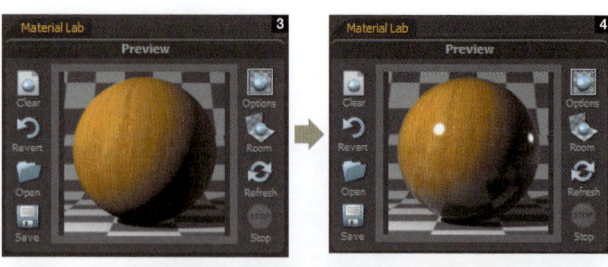

3 光沢、凹凸をつける

木パネルの時と同様に、凹凸をつけて 1 2 、椅子の完成です 3 。

付属DVD設定数値		
光沢	『素材』→『木材』→『chair』	
凹凸	『素材』→『木材』→『chair』	26

FIX

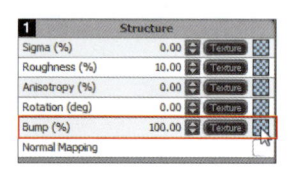

Part. 01_Chapter. 02

19/22
マテリアルの設定（布）

ここでは貼りつけるテクスチャを透けさせる方法と、他のモデルにテクスチャをコピーする方法を習得します。

no. 19/22

テクスチャを透けさせる

1 モデルを選択する

カーテンを例に、テクスチャを透けさせましょう。カーテンをクリックします。

2 透過性をつける項目で画像を参照する

選択されると[Settings]の[Material Lab]に選択したマテリアルのプレビューが表示されます。[Material Lab]の[Clipping]をクリックし、「Enable」のチェックボックスに☑を入れ、「Texture」の参照ボックスをクリックしましょう**1**。すると、「Browse Bitmap」ウィンドウが開きます**2**。ここで付属DVDの『素材』→『カーテン』→『curtain』を開きます。

NEXT

> **MEMO**
> [Clipping]ではテクスチャに「透かし」の効果を与えることができます。

するとカーテンが透けました。

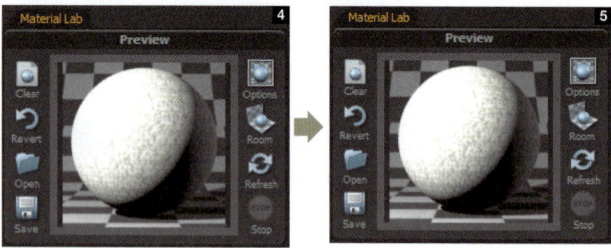

3 透け具合を調整する

「Threshold(%)」の数値を変更すると、透け具合を調整することができます。この数値を76.000に変更します。

これで窓からの光を通すレースのような透過性を持たせることができました。

FIX

テクスチャをコピーする

1 モデルを選択する

クッションに凹凸をつけましょう。今回使用したクッションは3Dギャラリーからダウンロードしたコンポーネントなので画像データが保存されていません。このような場合は「Diffuse」の画像データをコピーして「Bump(%)」の参照ボックスに貼りつけます。
まずはクッションを選択します。

2 画像データをコピーして貼りつける

「Scatter」→「Diffuse」の参照ボックスに画像データが参照されているのでその上で右クリックします。表示された「copy」をクリックすると、画像データをコピーできます。次に「Struct」→「Bump(%)」の参照ボックスの上で右クリックをします。表示された「paste」をクリックして、画像データを「Bump(%)」に貼りつけます。

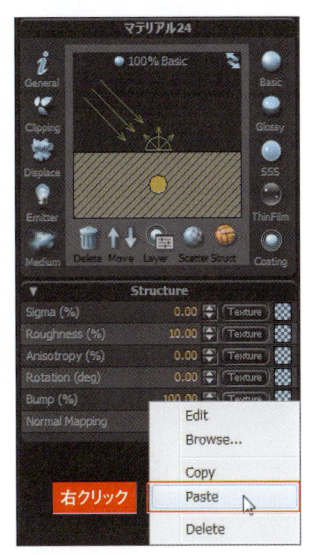

クッションに凹凸をつけることができました。

NEXT

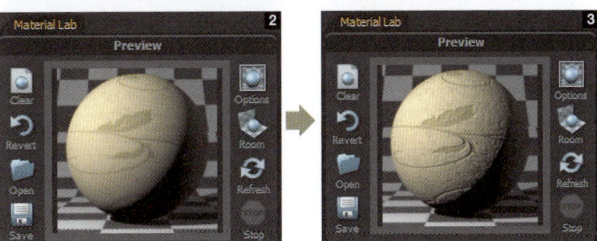

同様に、残りのクッションにも凹凸をつけましょう。
また、木パネルの時と同様に、ソファの座面にも凹凸をつけたら④ ⑤、布の設定は完了です⑥。

付属DVD	
凹凸	『素材』→『ソファ』→『sofa b』

FIX

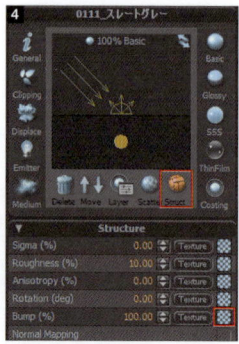

20/22 マテリアルの設定（照明）

ここでは照明を例に、直接選択することが難しいモデルへのマテリアル設定の方法と、テクスチャに発光効果をもたせる方法を習得しましょう。

直接選択しづらいモデルを選択する

1 モデルの色の名前を選択する

これまではモデルを直接クリックをして、マテリアルを設定してきました。しかし、今回の照明（電球）はガラスのシェードで覆われているので、直接選択することは難しいですね。そこで今回は画面左側にある［Tree View］を使用します。まずは［Tree View］の構成をみてみましょう **1**。

［Tree View］は5つのカテゴリーから成り立ちます。上から、「Models」「Point Light」「Camera」「Materials」「Proxies」が存在します。

「Materials」にはモデルに使用している「色」が羅列されています。

「04 照明をつくる」という単元で、SketchUp上で照明の色に「Light」という名前をつけたので「Light」を探し、クリックしましょう。すると［Material Lab］に電球の色が表示されました **2**。

このように色に名前をつけておくと、Thea Render での作業がスムーズに行えます。ただし、すべての色の名前を変更することは大変な労力のいる作業ですので、必要なものだけを変更しましょう。

FIX

【Models】
SketchUp で作成したモデルの形状データが集約されている

【Point Light】
太陽やスポットライトのデータが集約されている

【Camera】
SketchUp で作成したシーンや Thea Render 上で作成したシーンのデータが集約されている

【Materials】
設定したマテリアル情報が集約されている

【Proxies】【Materials】の下にあり、プロキシが閲覧できる

テクスチャに発光効果をもたせる

1 発光効果をもたせる項目で色味を調整する

[Material Lab]の[Emitter]をクリックし、「Enable」のチェックボックスに✓を入れましょう。

MEMO
[Emitter]ではテクスチャに発光効果を持たせることができます。

すると電球が発光しました。

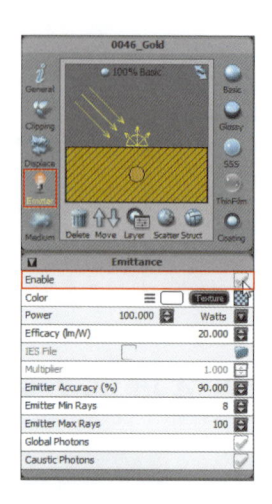

2 光を強くする

「Efficacy」の値を300に変更すると**1**、発光の強さが変わります**2**。

3 光の色を変える

「Enable」の下にある「Color」のカラーボックスをクリックします**1**。初期設定は白色になっているので、好きな色を指定します。すると光の色味が変化しました**2**。

FIX

21/22
レンダリングスタートと保存

すべての設定が終わったので、本番レンダリングを開始しましょう。スタートボタンを押して少し待てば、きれいなCGパースの完成です。最後に忘れずに保存しましょう。

本番レンダリングをして保存する

1 レンダリングをスタートする

[Workspace]左下のタグから[Darkroom]へ移動します①。[Darkroom]上部の ▶ をクリックします。すると別ウィンドウが開くので左下の ✓ をクリックしましょう②。クリックするとレンダリング画面に切り替わり、本番レンダリング開始です。きれいになったら[Darkroom]右上の ◯ をクリックして完了です③。

NEXT

POINT

本番レンダリングを開始すると、徐々にパースがきれいになっていきます。時間がたつにつれて明るくなってくるので、プレビューレンダでは見やすい明るさであっても、本番レンダリングでは明るくなりすぎることがあります。その時は、本番レンダリングの途中で[ISO]などの数値を変更して明るさを調整しましょう、数値変更後、 ▣ をクリックするとパースに反映されます。なお、本番レンダリング開始後に ▣ で反映できるのは、[Darkroom]内で設定できる項目のみです。

2 保存する

[Darkroom] 上部の▣をクリックします❶。すると別ウィンドウで [Save Image] ウィンドウが開くので保存先とファイル名を指定します❷。またファイルの種類も選べるので、目的に合ったものを選択しましょう。今回は「jpg」形式を選択します。[保存] をクリックします。これでレンダリングパースを保存することができました❸。

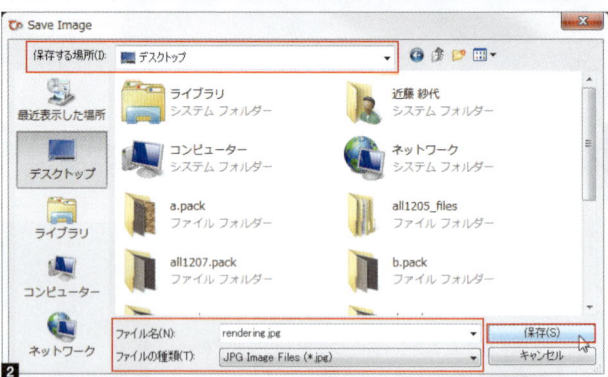

🅕🅘🅧

column
SketchUp上でレンダリング

Thea Render for SketchUpプラグインを使うと、SketchUp上でThea Renderのエンジンを使ってレンダリングが行えます。SketchUpでモデリング作業を行うとプレビューレンダが随時更新され、リアルタイムでレンダリングの雰囲気を確認することができます。ただし、2つのソフトを同時に立ち上げて操作をしていくわけですから、かなり動作環境は悪くなってしまいます。自分のPCに合うか試してみましょう。
ここでは以下3点について説明します。
①環境設定　②インターフェース　③レンダリングスタートと保存
各マテリアルの詳細の設定はPart01/chap02/12〜19で確認してください。

環境設定

1 SketchUp上でThea Renderの画面を開く

SketchUpでモデリング作業が完了したら、メニューバーの［プラグイン］→［Thea Render］→「Thea Rendering window」をクリックします。

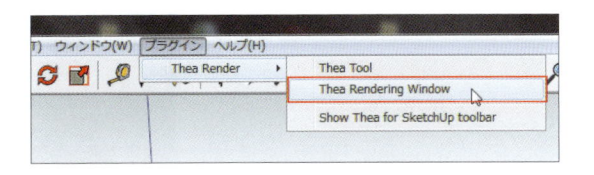

2 プレビューレンダを開始する

「Thea Render for SketchUp」というウィンドウが開いたら、［Rendering］タブ→「Mode」のプルダウンメニューから「IR-Unbiased(MC)」を選択し、▶をクリックしてプレビューレンダを開始します。
ある程度パースがきれいに見えてきたら ■ をクリックして停止します。

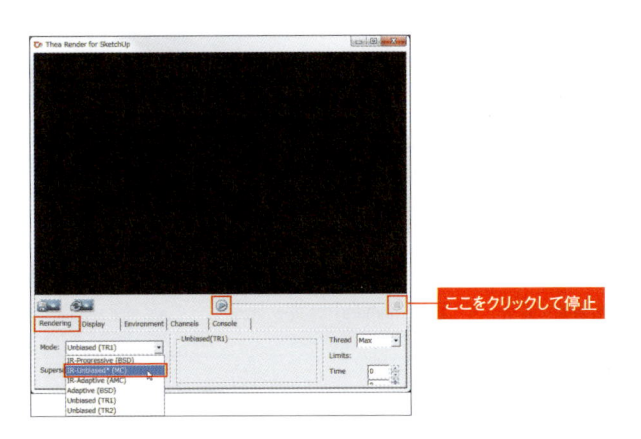

3 明るさを調整する

［Display］タブの［ISO］を400、［Shutter speed］を170、［CRF］に☑を入れ［Portra-400VCCD］に設定します。明るさが調整されて、画面が見やすくなりました。

NEXT

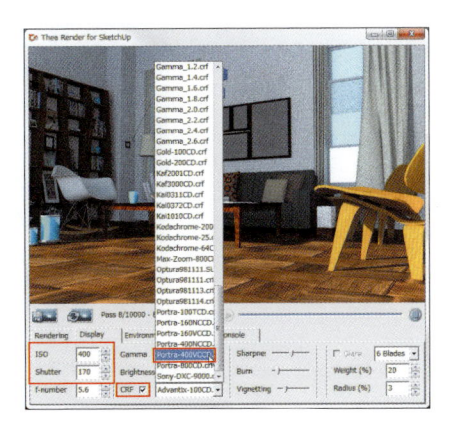

4 太陽光を外す

[Environment] タブ→[Use Sun] の ☑ を外します。これで太陽光の設定が外されました。

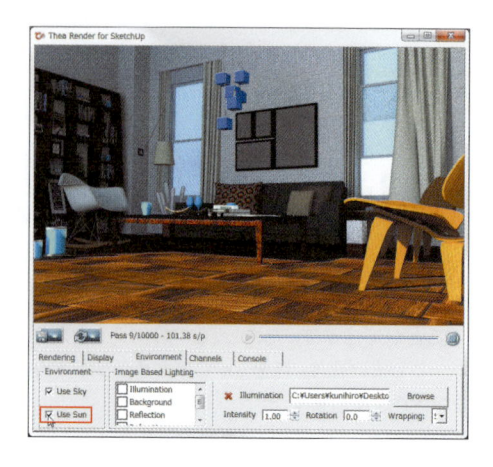

5 空を読み込む

[Image Based Lighting] の [Illumination] に ☑ を入れます。右端にある [Browse] をクリックして「空」データを読み込みます。

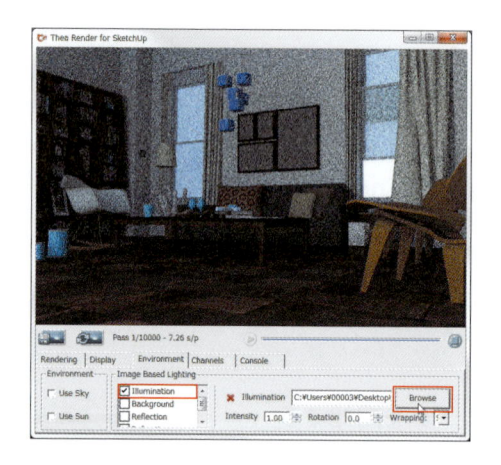

「Select a file」というウィンドウが開くので付属DVDに入っている『素材』→『空』→『Sky』をクリックして参照しましょう。

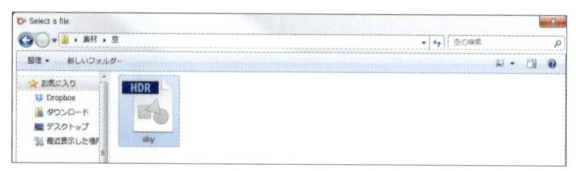

最後にもう一度、[Environment] タブ→「Use Sun」に ☑ を入れます。

これでレンダリング作業前の環境設定は完了です。

FIX

インターフェース

1 カメラの比率を設定する

ここでは窓ガラスの設定を例に、インターフェースの説明をします。
メニューバーの［プラグイン］→［Thea Render］→［Thea Tool］の順にクリックします。

「Thea Tool」ウィンドウが開いたら、［Camera］タブの［Aspect Ratio］のプルダウンメニューから「16：9」をクリックします。すると、作業エリアの赤枠のサイズが変更されます。

NEXT

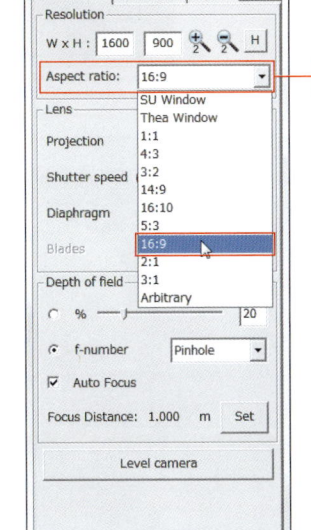

カメラの比率を変更できる

MEMO

「Camera」タブの「Aspect Ratio」ではカメラの比率を変更できます。

2 マテリアルを設定する

窓ガラスをクリックします❶。すると、「Thea Tool」ウィンドウが [Material] タブに切り替わり、クリックしたマテリアルがプレビューで表示されます❷。

窓ガラスをダブルクリックすると、「TheaMaterial Lab」ウィンドウが表示されます。このウィンドウでマテリアル設定を行うことができます。
下図でそれぞれの機能の位置を把握してください❸。

FIX

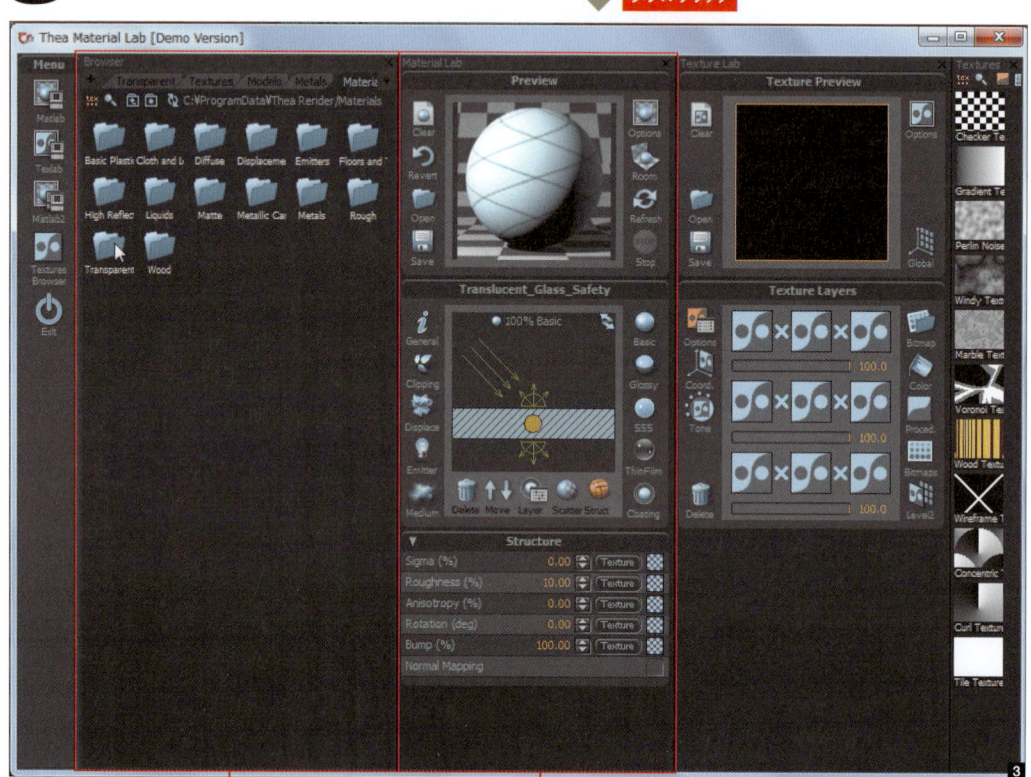

クリック

ダブルクリック

[Browser]
マテリアルが収納されています

[Material Lab]
マテリアルの設定を行います

レンダリングスタートと保存

1 カメラの比率を設定する

「Thea tool」ウィンドウの [Camera] → [Aspect Ratio] のプルダウンメニューから、[SU Window] を選択します。

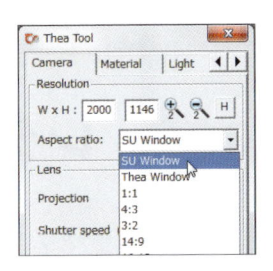

2 レンダリングエンジンを選択してスタート

「Thea Render for SketchUp」ウィンドウの [Rendering] タブ→ [Mode] のプルダウンメニューから「Unbiased(TR1)」を選択します。 をクリックし、レンダリングスタートです。きれいに仕上がってきたら、キリのいいところでレンダリングを でストップしましょう。

ここをクリックして終了

MEMO

少し時間がかかってしまいますが、内観のレンダリングは「Unbiased(TR1)」というModeが1番きれいに仕上がります。

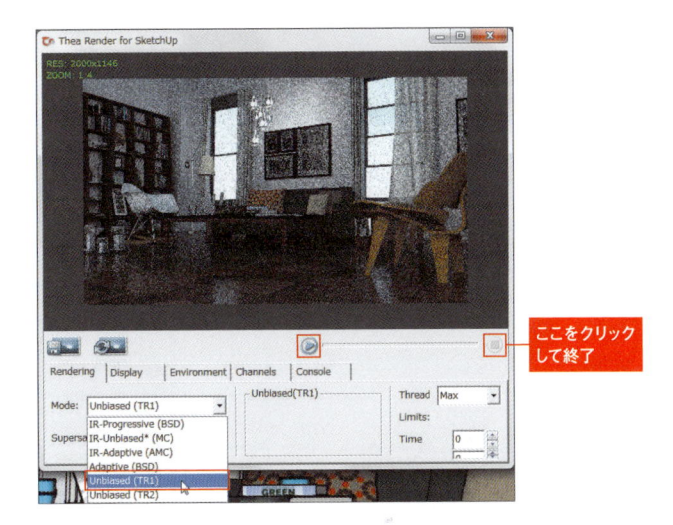

3 光を調整する

「Thea Render for SketchUp」ウィンドウの [Display] タブ→ [Glare] のチェックボックスに ☑ を入れ、プルダウンメニューから [Radial] を選択します。 をクリックすると、パースに反映されます。

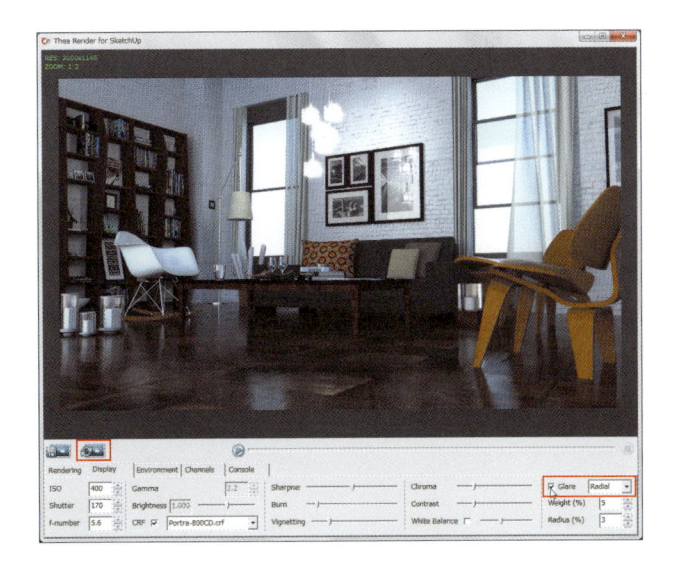

4 保存する

仕上がったパースはすぐに保存をしましょう。 をクリックし **1**、ファイル名を入力し、「保存」をクリックします。

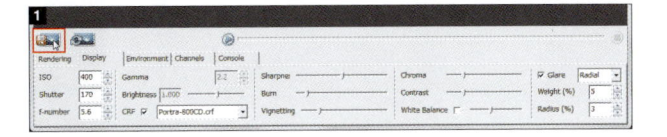

FIX

Thea Renderで表情をつける

22/22
レタッチ作業

最後に一枚の絵として仕上げましょう。絵全体に濃淡をつけたり、明るさやコントラストの調整をして、全体の雰囲気をつくりだします。

インポートする

レタッチ作業ではフリーダウンロードが可能な「GIMP」を使用します。AdobeのPhotoshopでも構いませんが今回は誰でも使用できるGIMPでの作業手順を紹介します。
GIMPを開き、メニューバーの「ファイル」→「開く/インポート」をクリックします。

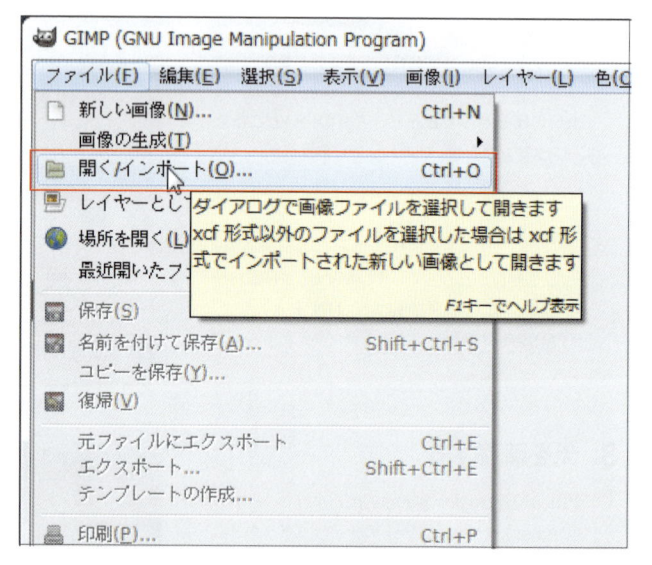

『21 レンダリングを開始する』で保存した完成画像データを開きます **1** **2**。

FIX

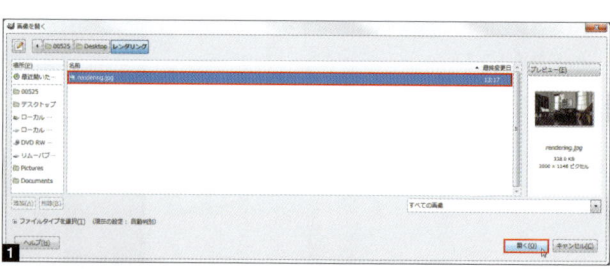

周辺光量の減少

1 レイヤーを追加する

画面右側にあるレイヤータブをクリックし、左下にある「新規レイヤー作成」マークをクリックします❶。
「新しいレイヤー」ウィンドウが開くので、レイヤーの塗りつぶし方法が「透明」であることを確かめ、「OK」をクリックします❷。

インポートした画像レイヤーの上に新規で「レイヤー」が作成されます。作成されたレイヤーをクリックします❸。

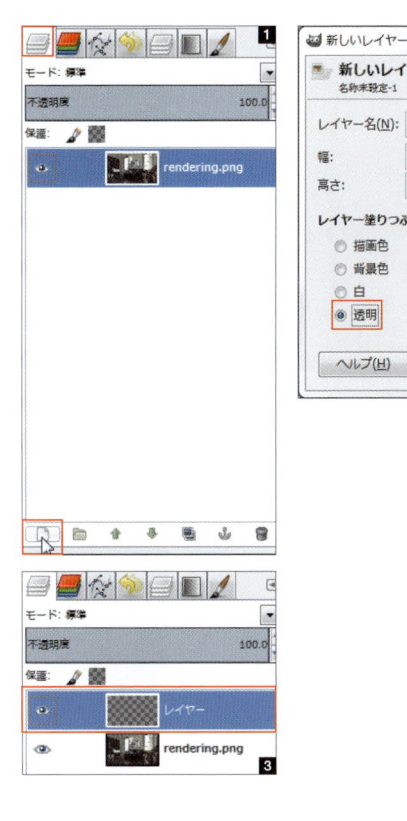

> **MEMO**
> レイヤーをクリックすると、青くなり選択された状態となります。作業を行うときは必ず対象となるレイヤーをクリックしてから作業をしましょう。

2 レイヤーにグラデーションをつける

続いて左にあるツールボックスで、ブレンドツールをクリックします。ブレンドツールはグラデーションを作成できるツールです。

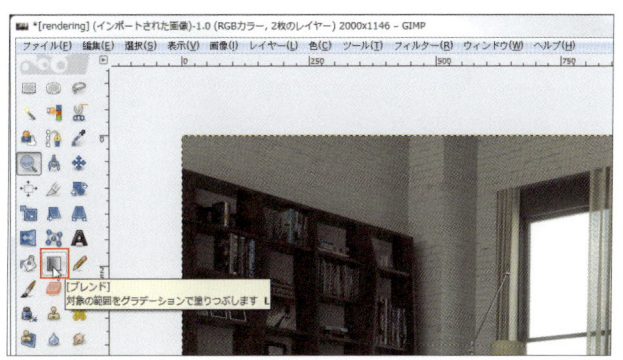

ツールオプションにある「形状」のプルダウンメニューから「放射状」を選択し、その上にある反転ボタンをクリックしましょう❶。
するとグラデーションを構成する2色の白と黒の位置が反転します❷。

NEXT

この状態で画像中心部から画像の淵までドラッグします **3**。すると、中心部は白く、淵は黒色のグラデーションが作成されました **4**。

3 グラデーションを透過させる

画面右側にある「レイヤー」タブの「モード」のプルダウンメニューから、「オーバーレイ」を選択します。

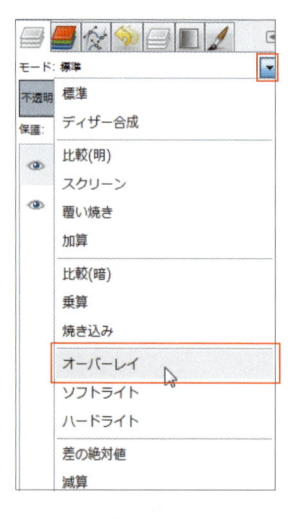

元の画像と比べてずいぶん印象が変わりました。

> **MEMO**
>
> 周辺にいくほど暗くなる現象を利用した写真をよく目にしますね。「周辺光量の減少」という現象で、パースに適用することで、実際のカメラの表現をつくりだすことができます。

4 グラデーションの明るさを調整する

暗すぎるかなと感じたら「モード」の下にある「不透明度」の値を減少させましょう **1**。すこし明るくなりました **2**。

FIX

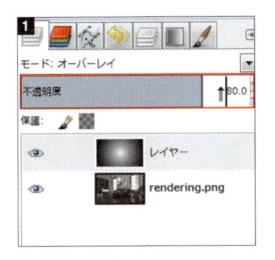

色味を変える

パースの色味を強くするためカラーバランスを調整しておくと、味のある風景をつくりやすくなります。今回は赤みを少し強くしてみましょう。メニューバーの「色」→「カラーバランス」をクリックすると「カラーバランス」ウィンドウが表示されます **1**。「色レベルの調整」で上から10、4、-2と入力しましょう。「OK」をクリックするとパースに反映されます **2**。

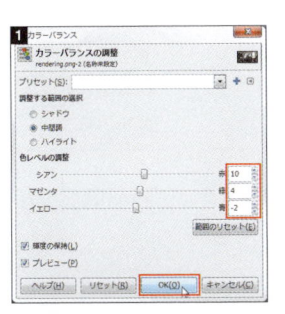

FIX

明るさ・コントラストを調整する

トーンカーブを調整することでパースの明度や色調・コントラストを変えることができます。
メニューバーの「色」→「トーンカーブ」をクリックすると「トーンカーブ」ウィンドウが表示されます ❶。グラフのラインを持ち上げたり下げたりして調整してみましょう。ラインを動かすたびにパースの明度やコントラストなどが変化するので、確認しながらバランスを整えましょう。

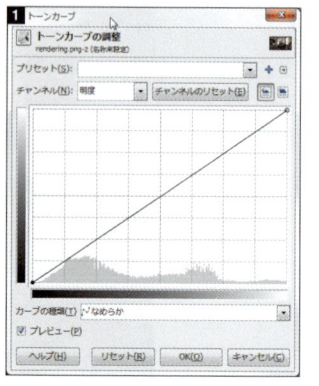

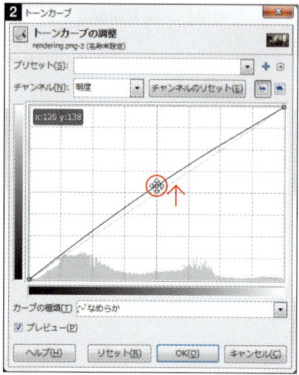

FIX

書き出す

目的に合わせた形式に書き出しましょう。
メニューバーの［ファイル］→［エクスポート］をクリックします。

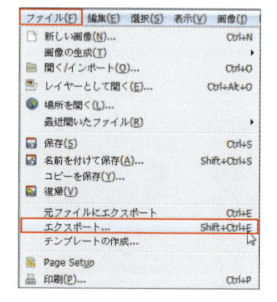

「画像をエクスポート」ウィンドウが表示されます。「名前」、「ファイル形式」を指定し、「エクスポート」をクリックしたら終了です。

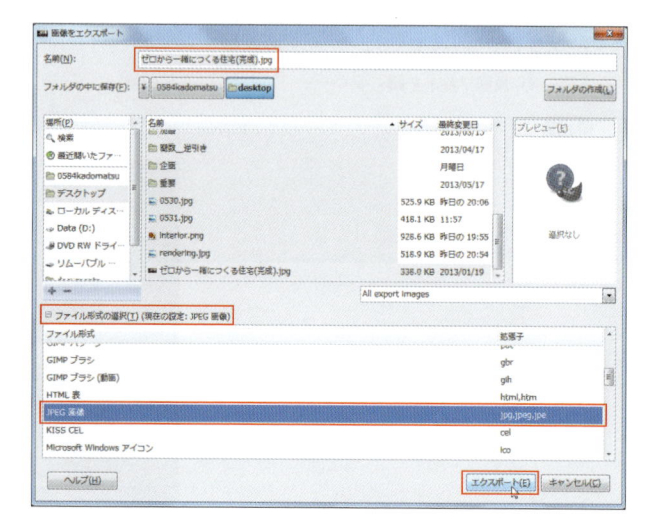

レタッチ作業をする前と後では印象がかなり違いますね。明るい部分は明るく、暗い部分は暗くするとパースにメリハリがついて読み手に強い印象を与えることができます。

FIX

はじめの画像

完成した画像

part.
02

実践表現編

chap01. 雰囲気をつくる
chap02. 素材をつくる
chap03. 場面をつくる
chap04. プレゼンする

プロが現場で使っている、簡単で、効率的で、
効果的なテクニックを紹介します。
どのワザもすぐに使えるものばかりです。
「魅せる」パースで役に立つ様々なワザを身につけて、
表現の幅を広げましょう。

雰囲気をつくる

Part.02_Chapter.01

no. 01/17

一瞬でテイストを変える

SketchUpではスタイル（パースのテイスト）を簡単に変化させることができます。

APPLICATION: **S** SketchUp

page 196_197

01/17

Part. 02_Chapter. 01

no. 01/17

STEP1 SketchUp

SketchUpでモデリングデータを開きます **1**。

メニューバーの［ウィンドウ］→［スタイル］をクリックすると **2**、［スタイル］ウィンドウが開きます **3**。初期設定は［デフォルトのスタイル］が選択されています。その中にある［隠線］をクリックします。

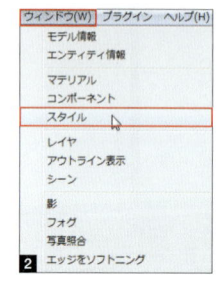

今まで色のついていた作業エリアがモデルを構成している線のみで表示されました **4**。
このように、表現したいスタイルのアイコンをクリックするだけで作業エリア内のモデルにすぐさま反映されます。どれもパースの表情がかなり変化しますのでパースに合ったスタイルを吟味しましょう。以下、オススメのスタイルを紹介します。

FIX

端点付きエアブラシ

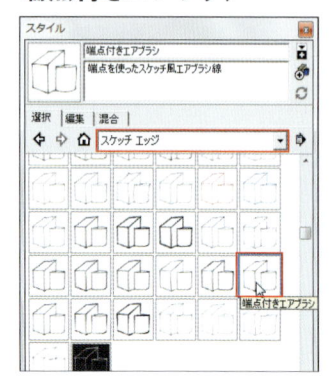

テックペン

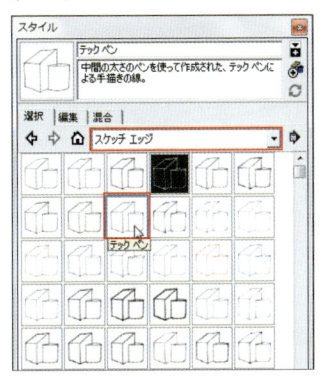

テックペン端点

暗色トレース線付き

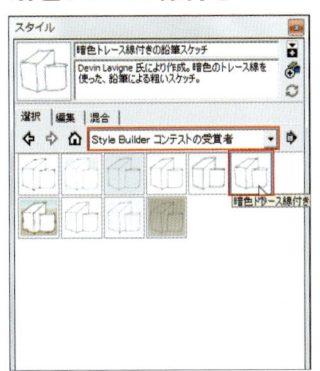

PSOビネット

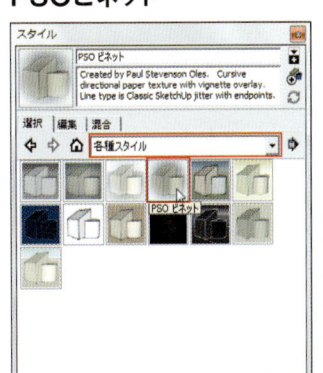

絵画風にする

2Dデータと3Dデータを重ね合わせてグラデーションをかければ、簡単に絵画風パースをつくることができます。

APPLICATION: **S** SketchUp **T** Thea Render **G** GIMP

Part. 02_Chapter. 01

no.
02
/17

STEP1 SketchUp

1 モデルを線で表示する

SketchUpデータを開き、メニューバーの[ウィンドウ]→[スタイル]をクリックします。

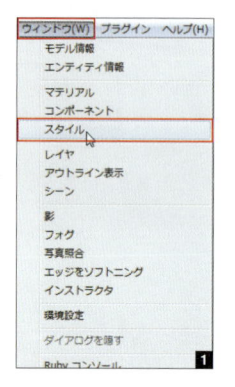

表示された「スタイル」ウィンドウの[選択]タブのプルダウンメニューから[デフォルトのスタイル]を選択し、[隠線]をクリックします 2 。モデルを構成している外形線のみで表示されます 3 。

2 線の粗さを変える

「スタイル」ウィンドウの[編集]タブをクリックします。[拡張機能]にチェックを入れ、数値を5にします。また「粗目」にチェックを入れます 1 。すると、絵がデッサン風の少し粗い表情になります 2 。

3 シーンを保存する

メニューバーの[ウィンドウ]→[シーン]をクリックします。表示された「シーン」ウィンドウの ⊕ をクリックするとシーンが保存されます 1 。途中、警告ウィンドウが表示されますが、[変更を保存しない。]にチェックを入れ、シーンを作成します 2 。

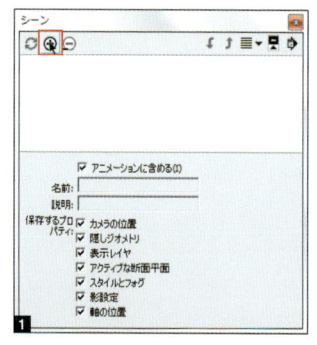

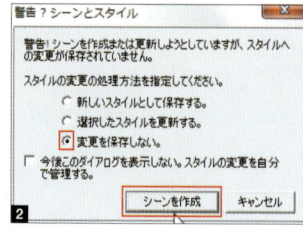

4 2Dデータで保存する

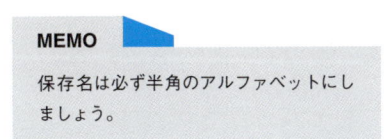

作成したシーンを表示している状態で、メニューバーの [ファイル] → [エクスポート] → [2D グラフィック] をクリックします。名前をつけて、JPEG形式で保存しましょう。

MEMO
保存名は必ず半角のアルファベットにしましょう。

5 Thea Renderへ変換する

メニューバーの [プラグイン] → [Thea Render] → [Show Main Thea Window] をクリックし、表示された「Thea Render for SketchUp」ウィンドウでThea Renderへインポートしましょう。

→p154/Thea Renderへインポート

NEXT

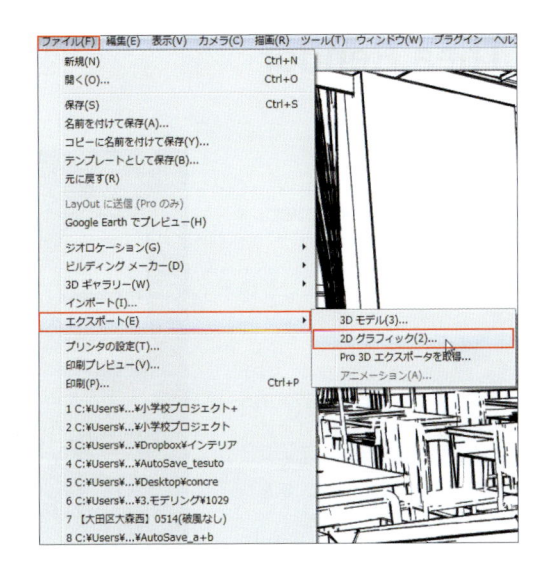

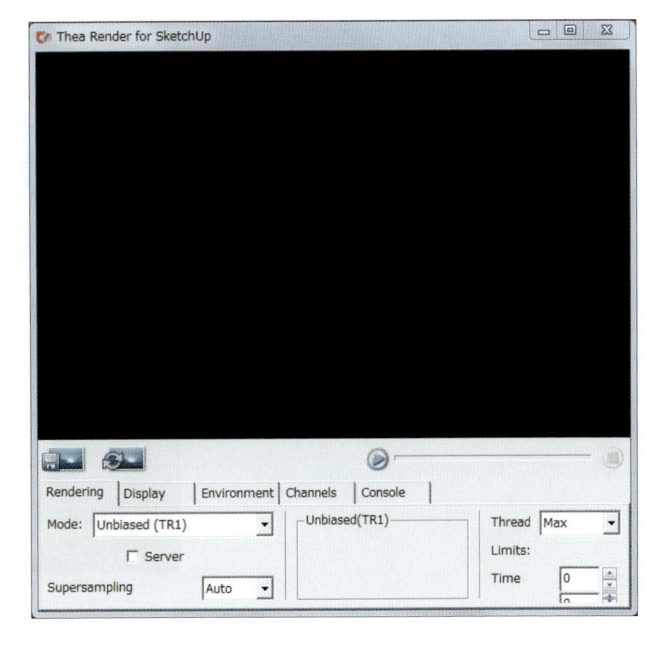

STEP2 Thea Render

1 マテリアルを設定する

変換したデータを開き、マテリアルを設定しましょう。

→p158/マテリアルの設定

MEMO
絵画風とは言ってもマテリアルの表情などがしっかり現れます。マテリアルの質感を細かく設定しておくと、完成したときに深みのあるパースになるので、手を抜かずにしっかりと設定しましょう。

2 シーン・カメラサイズを確認する

マテリアルの設定が終わったら、[Darkroom]の ▶ をクリックします。

表示された「Start Render」ウィンドウの[Camera]で、SketchUpで保存したシーンを選択し、[Resolution]で、SketchUpで保存した2Dデータの画像サイズを入力します。画像サイズは[Scene]の[Properties]で確認しましょう。ここでは1854×943にしました。
✓ をクリックし、レンダリングをスタートしましょう。

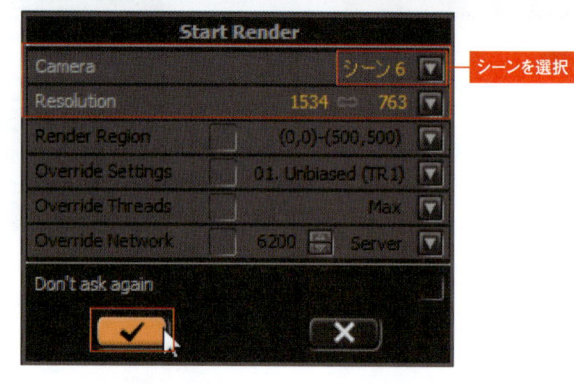

3 JPEG形式で保存する

レンダリングが終わったら、JPEG形式で保存します。

→p181/本番レンダリングをして保存する

NEXT

STEP3 GIMP

1 「2Dデータ」と「3Dデータ」を重ねる

GIMPで、SketchUpで作成した「2Dデータ」の上に、Thea Renderで作成した「3Dデータ」を重ねていきます。まずは、SketchUpで作成した「2Dデータ」をGIMPで開きます **1**。

> **MEMO**
> 「2Dデータ」の上に、「3Dデータ」をのせるイメージです。

メニューの［ファイル］→［レイヤーとして開く］をクリックし、Thea Renderで作成した3Dデータを開きます **2**。レイヤーウィンドウで「2Dデータ」の上に「3Dデータ」がくるようにしましょう **3**。ドラッグで順番を入れ替えることができます。

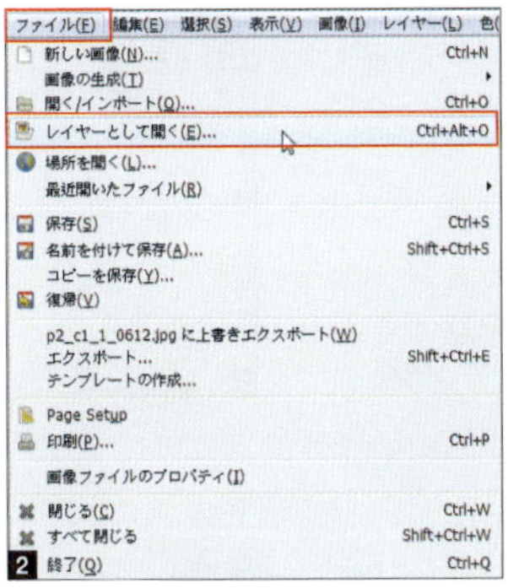

> **POINT**
> 「2Dデータ」と「3Dデータ」のサイズが違っていた時は、ツールパレットの で画像をクリックして、拡大／縮小をします。

> **MEMO**
> Photoshopの場合は上の手順に加え、レイヤーウィンドウで「3Dデータ」の上で右クリックし、［レイヤーをラスタライズ］しておきましょう。

2 レイヤーを乗算する

「3Dデータ」をクリックして選びます。レイヤーウィンドウの一番上に［モード］があります。プルダウンメニューで様々なモードが選べるので［乗算］を選択しましょう **1**。下にあるレイヤーが見えるようになり、輪郭線が浮き出てきました **2**。

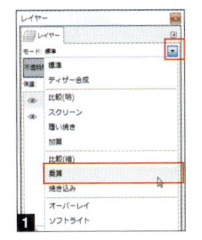

NEXT

> **MEMO**
> [乗算] モードのほかにも、明るさを強く出すモードや、暗くするモードなど様々な種類があります。いろいろと試して、自分のパースの雰囲気にあわせたモードを選定しましょう。
> 右図のように [ハードライト] モードを使用すると、明るい部分がより明るくなる効果があります。

3 レイヤーマスクを追加する

レイヤーウィンドウで「3Dレイヤー」をクリックし❶、メニューの [レイヤー] → [レイヤーマスク] → [レイヤーマスクの追加] をクリックします❷。

> **MEMO**
> Photoshopの場合はツールバーの [レイヤー] → [レイヤーマスク] → [すべての領域を表示] をクリックします。

表示された「レイヤーマスクを追加」ウィンドウで [完全透明(黒)] を選択し、[追加] をクリックしましょう❸。画像が白くなりました❹。

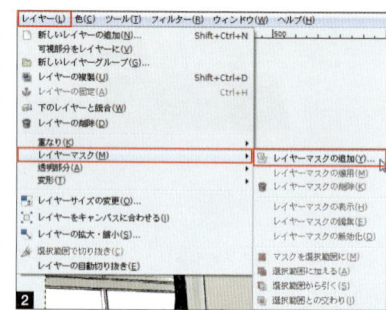

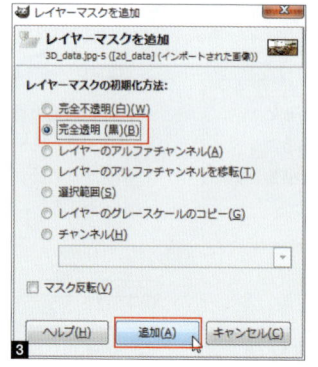

4 グラデーションをかける

「3Dレイヤー」にマスクが追加されました。レイヤーマスクをクリックし選択します。

> **MEMO**
> レイヤーマスクを選択すると、白い枠で囲まれます。

その状態で、ツールパレットの ■ で絵の左上を
クリックし、右下をクリックして、グラデーションをかけます。2Dと3Dがグラデーション状に混ざる表現ができました。

FIX

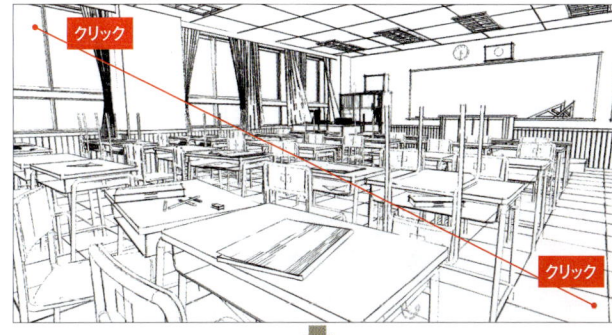

MEMO

グラデーションのかけ方は下から上でも真ん中から右下でも何でも構いません。かけ方によって表情がかなり変わるので、つくりたい雰囲気に合わせて方向を決めましょう。

POINT

レイヤーマスクでは、黒を透明に、白は不透明に表現する効果があります。
グラデーションにもモードがありますので、いろいろと試してみましょう。モードは「線形グラデーション」「円形グラデーション」「円錐形グラデーション」「反射形グラデーション」「菱形グラデーション」があります。右のパースでは、上が「線形グラデーション」、下が「反射形グラデーション」を使用しています。微妙に違うのがわかりますか？ パースによってはこの絶妙な違いで印象を大きく変えることができます。

カメラフィルムで撮影したような味わいにする

Thea Renderでは、レンダリング完了後に、カメラフィルムで撮影したような味わいに変更することができます。

APPLICATION: Thea Render

STEP1 Thea Render

モデリングしたデータを本番レンダリングします**1**。

レンダリングが完了したら[Darkroom]の[Display]にある[CRF]にチェックを入れます。隣のプルダウンメニューをクリックするとThea Renderで設定できるフィルムの名前が表示されるので好みのものを選択しましょう**2**。

> **MEMO**
> 初期設定では[CRF]という文字が暗くて見にくいのですが、[Darkroom]の左下にあります。

レンダリングが完了したパースに効果が反映されます**3**。

FIX

> **MEMO**
> 左ページのフィルムはそれぞれ以下の通りです。
> Agfachrome-rsx2-200CD
> Agfacolor-futura-400CD.crf
> Agfacolor-hdc-400-plusCD.crf
> Agfacolo-optima Ⅱ-200CD.crf
> Agfacolor-ultra-050-CD.crf
> Ektachrome-400XCD.crf
> Eastman-Double-X-NegCD6min.crf
> F400CD.crf

雰囲気をつくる

Part. 02_Chapter. 01

no. 04/17

焦点をしぼって周りをぼかす

レンダリング設定段階で、Thea RenderのDepth Of Fieldの設定をすると、焦点を絞って周りをぼかすことができます。カメラでぼかしの撮影をしたようなリアリティがでます。

APPLICATION: **S** SketchUp **T** Thea Render **G** GIMP

04/17

STEP1 SketchUp

ここでは効果がわかりやすいように、SketchUp で、初期設定で配置されている人間を等間隔に複製配置して説明します。右図のようなアングルに近づけ、Thea Render に変換します。

NEXT

STEP2 Thea Render

Thea Render でデータを開きます **1**。

[TreeView] タブの [Current View] を選択します **2**。[TreeView] の下にある [Properties] タブの [Depth Of Field] で主に設定していきます **3**。以下、2通りのピントの合わせ方を紹介します。

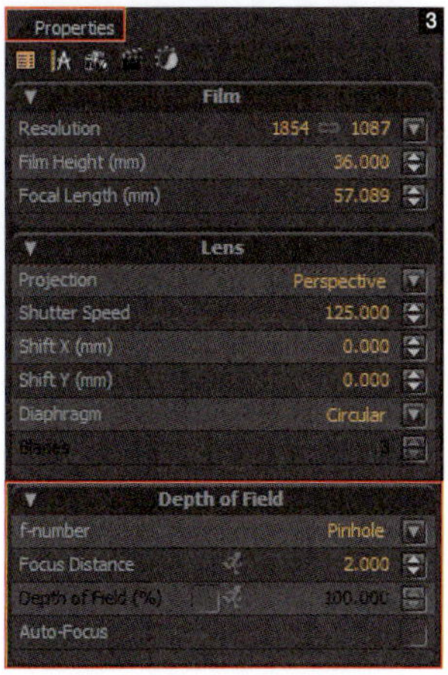

NEXT

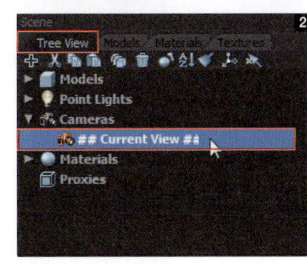

MEMO

「Current View」とは「現在見ている画面」という意味です。

A.「f-number」と「Focus」の合わせ技

1 絞りを変える

[Depth Of Field]で、[f-number]の数値を変更しましょう。プルダウンメニューから1.0を選択します**1**。

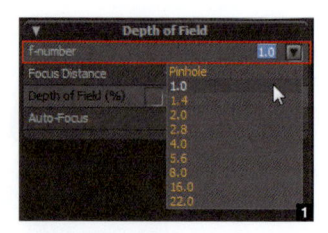

WorkSpaceに配置された人間が奥にいくほどぼやけているのがわかります**2**。

2 ピントを合わせる

次にツールバー（上）の左にある[Focus]をクリックし**1**、続けてWorkspaceの一番手前に配置されている人間をクリックしましょう**2**。

すると、一番手前の人間にピントが合い、周囲がぼやけました**3**。

> **MEMO**
> 「Focus」はクリックした点に焦点を自動的に合わせることができます。

3 ピントの範囲を調整する

続いて [Depth Of Field] の [f-number] の数値を変更していきます。数値を1.0→4.0に変更します。

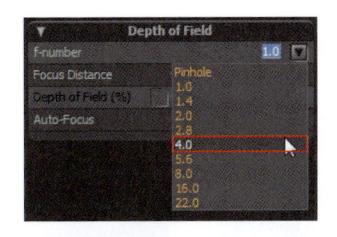

一番手前の人間にのみ合っていたピントが、2人目あたりまで広がりました。

さらに「f-number」の数値を4.0→22.0に変更すると、全体がクリアに見えるようになります。モデルの距離にもよりますが、数値を大きくすればするほど、ピントが合う範囲が広がっていきます。

FIX

MEMO

「f-number」は「絞り」という意味で、絞ることでピントの調整ができます。

B.「Depth Of Field(%)」と「Focus Distanse」の合わせ技

1 被写界深度を変更する

[Depth Of Field]で、[Depth Of Field (%)]にチェックを入れます。この[Depth Of Field (%)]と、その上の[Focus Distance]を設定してピントを合わせて行きましょう。

初期の数値は[Depth Of Field (%)]→2.000、[Focus Distance]→3.360でおよそ真ん中あたりにピントが合っています。

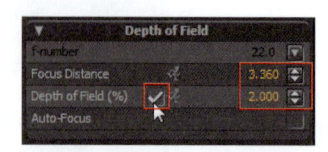

2 ピントを合わせる

[Depth Of Field (%)]→1.00、[Focus Distance]→1.680に変更すると、一番手前の人間にピントが合いました。

[Depth Of Field (%)]は1.00のまま、[Focus Distance]→2.690に変更すると徐々に遠くの人物にピントが移っていくのがわかります。

> **MEMO**
> 「Focus Distanse」は焦点距離を意味し、数値を上げるほど、その距離が長くなります。

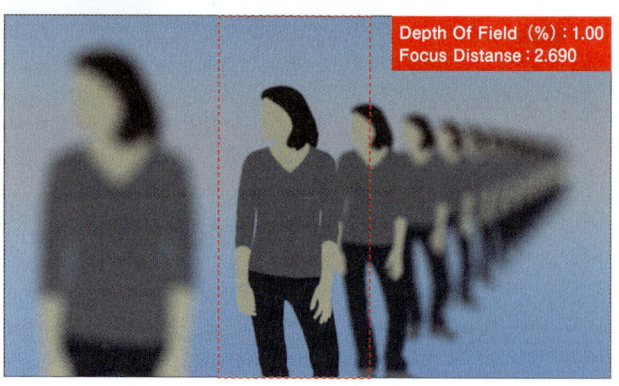

[Focus Distanse] を4.210に引き上げます。さらに奥の人物にピントが移りました。

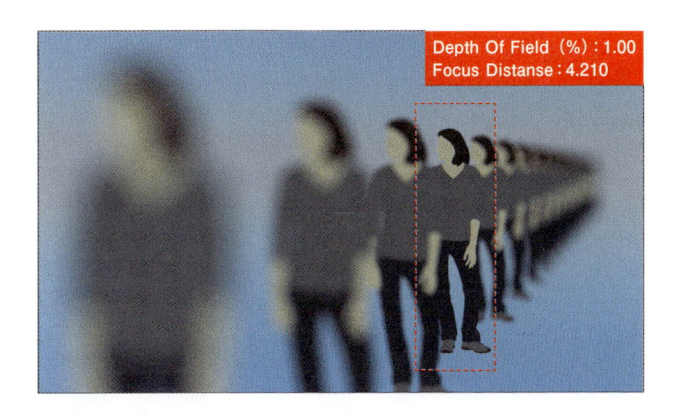

Depth Of Field（%）：1.00
Focus Distanse：4.210

3 ピントの範囲を調整する

次に、[Depth Of Field（%）] を2.000に変更すると少しピントが合う範囲が広がりました。

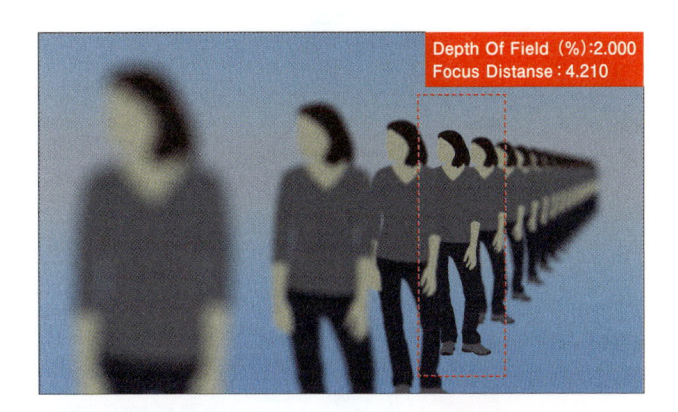

Depth Of Field（%）：2.000
Focus Distanse：4.210

同様に [Depth Of Field（%）] を4.000、8.000と変更していくと徐々に範囲が広がっていきます。

FIX

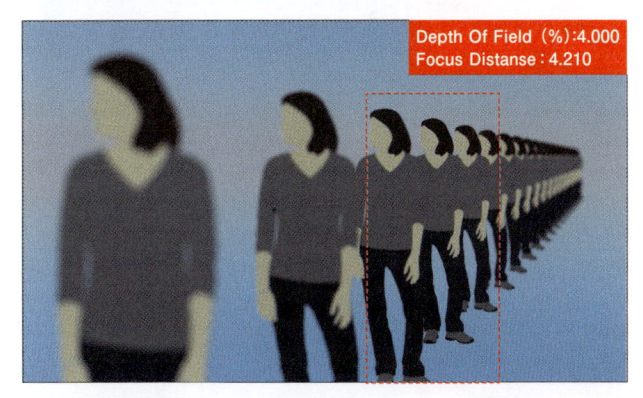

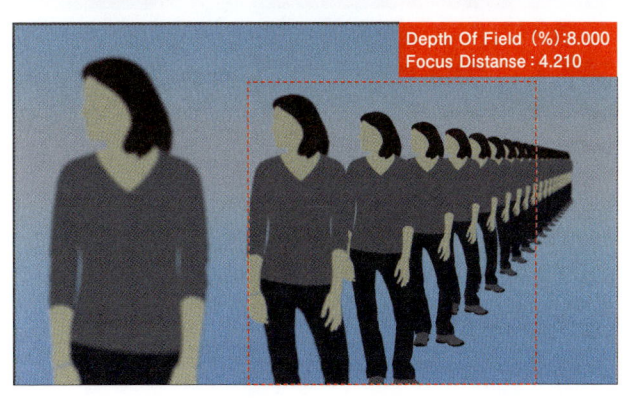

Depth Of Field（%）：4.000
Focus Distanse：4.210

Depth Of Field（%）：8.000
Focus Distanse：4.210

MEMO

[Depth Of Field（%）] とは「被写界深度」を意味します。「被写界深度」が深いとピントが合う幅が広く、逆に浅いと幅が狭くなりぼやけてしまいます。

雰囲気をつくる

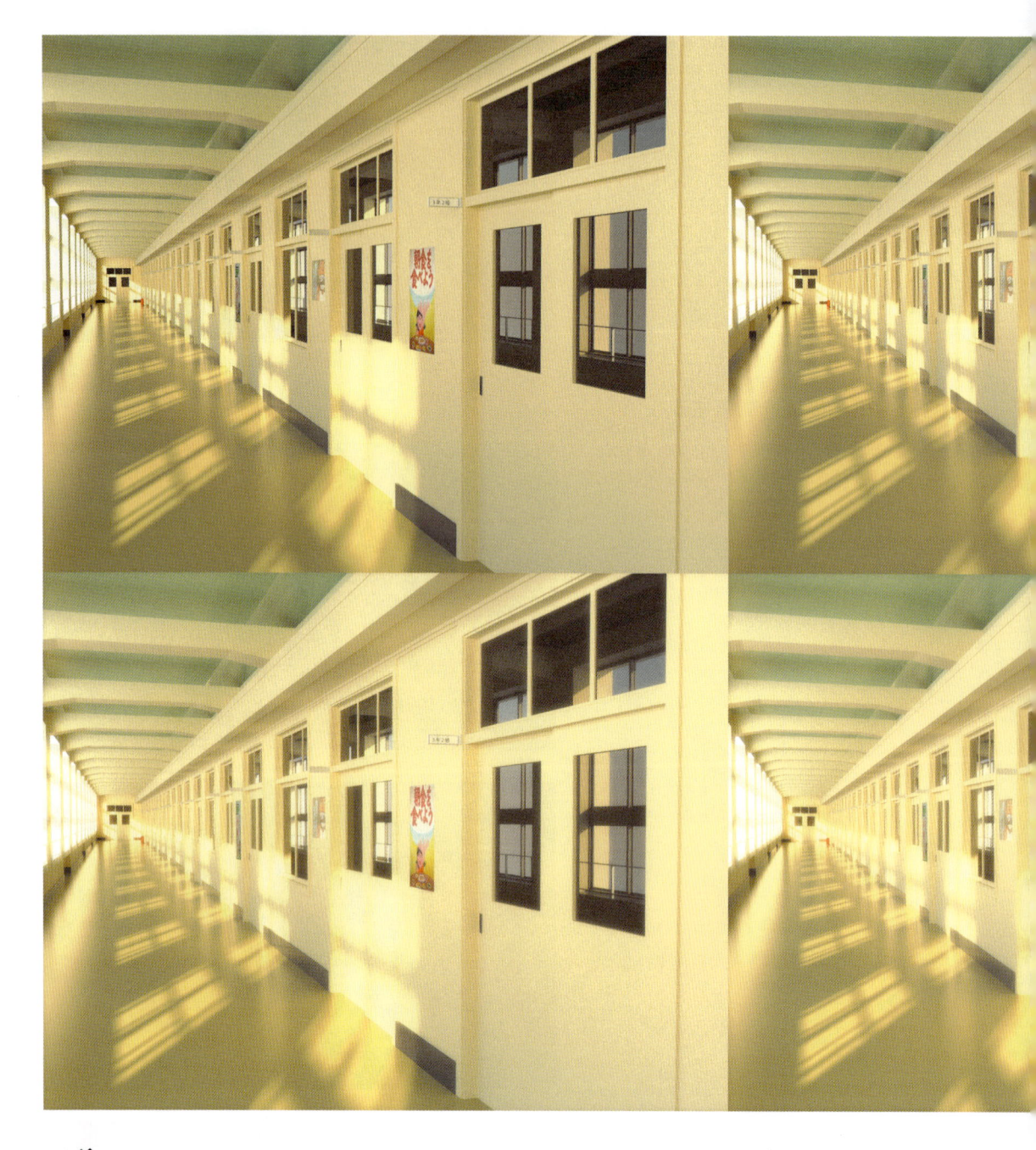

Part.02_Chapter.01

no. 05/17

グレアでドラマチックな雰囲気を
つくる

Thea RenderのGlareでは、発光を表現することができます。レンダリングパース作成後に設定を行うと、ドラマチックな雰囲気が一瞬でつくれるという必殺技です。

APPLICATION: Thea Render

page 216_217

05/17

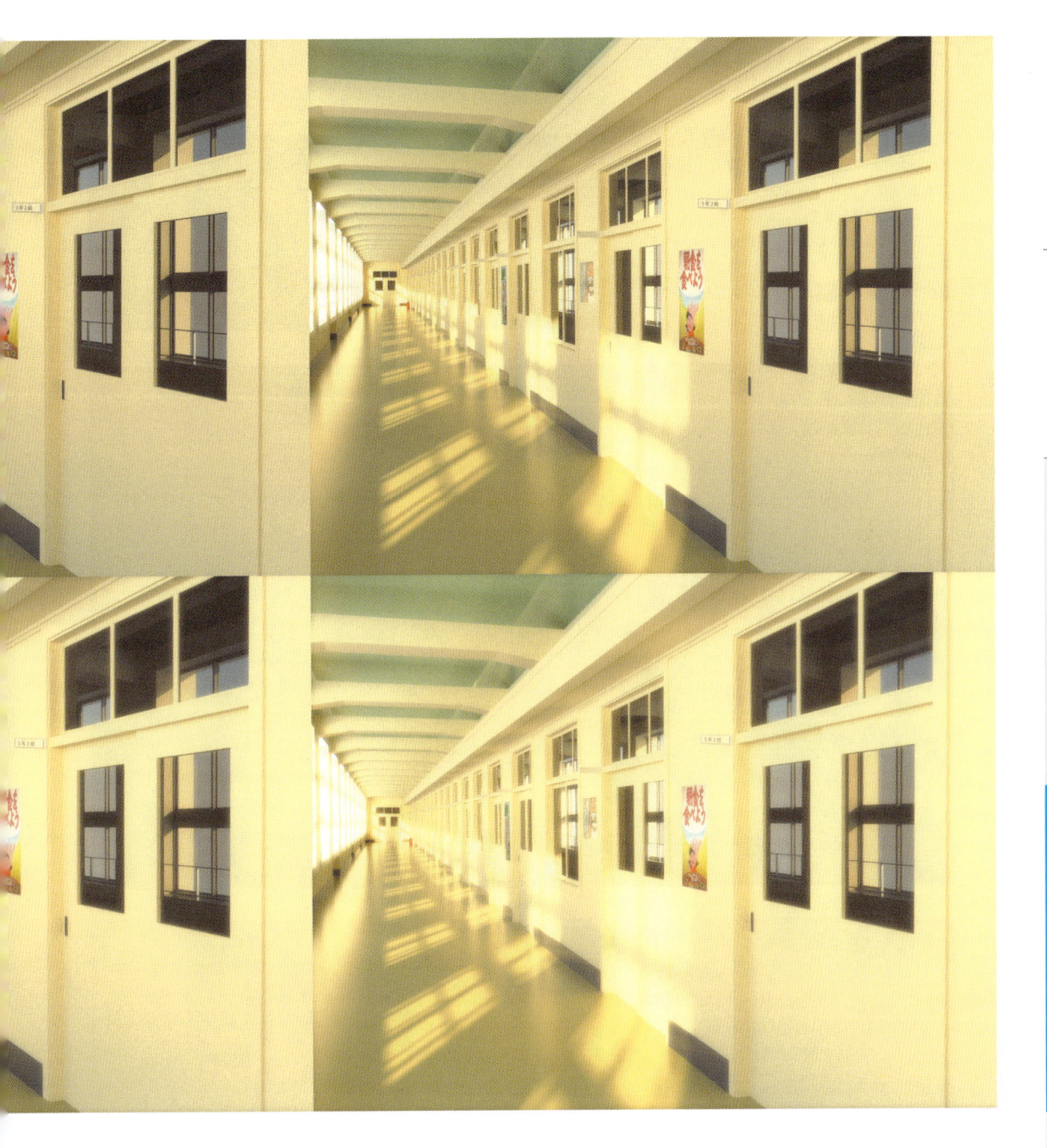

Part. 02_Chapter. 01

no. **05**/17

Glare : Radial Weight : 0% Radius : 4%	Glare : Radial Weight : 20% Radius : 4%	Glare : Radial Weight : 40% Radius : 4%
Glare : Radial Weight : 60% Radius : 4%	Glare : Radial Weight : 80% Radius : 4%	Glare : Radial Weight :100% Radius : 4%

雰囲気をつくる

STEP1 Thea Render

データを開き、レンダリングを完了したら、[Darkroom] の [Display] タブを開き、[Glare] にチェックを入れ、プルダウンメニューから [Radial] を選択します。
ここでは [Weight] は80%、[Radius] は4%に設定します。
設定が完了したら ▶ をクリックするとレンダリングパースに反映されます。
FIX

元画像

↓

設定後

POINT

Glare
[Glare]のプルダウンメニューの中には5種類の項目があり、眩しさの光の形状を設定できます。[Radial]は丸型、[Blades]は光線を意味し、[5Blades]は光線が5本の形状になります。

穏やかな空間を演出したいときは[Radial]、キラキラした輝きのある空間を演出したいときはBladesの数が少ない、[5Blades]を選択すると良いでしょう。

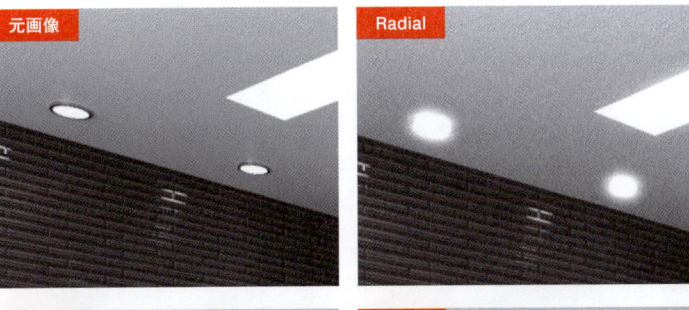

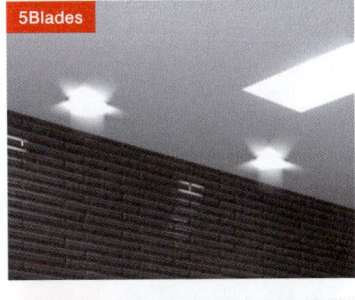

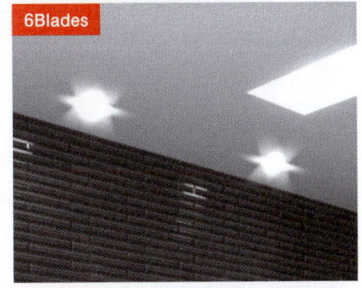

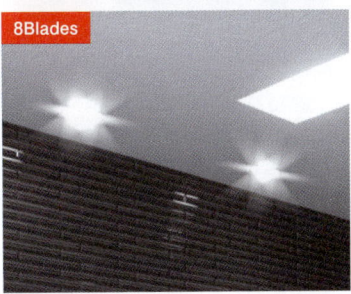

Weight
[Weight]は強弱を設定できます。数値を上げれば上げるほど、[Glare]の効果が強く出ます。

Radius
[Radius]は発光の範囲を設定できます。数値を高くすればするほど、眩しいと感じるGlareの範囲が広がっていきます。広くしすぎると違和感が出てしまいますので、初期設定のままにしておくのがベストです。

[Glare]の設定はパースに反映するまでに少し時間がかかってしまいますので、あまり強い設定はしないようにしましょう。

光を加えて雰囲気を変える

ドラマチックに魅せたいときなどに役立つツールです。

APPLICATION: **S** SketchUp　**T** Thea Render　**G** GIMP

Part. 02_Chapter. 01

no. 06/17

STEP1 GIMP

GIMPでメニューバーの［ファイル］→［レイヤーとして開く］をクリックして、レンダリングパスの画像データを開きます **1**。

レイヤーウィンドウで画像レイヤーを選択し **2**、メニューバーの［フィルター］→［芸術的効果］→［柔らかい発光］を選択します **3**。

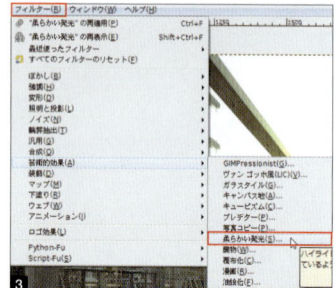

「柔らかい発光」ウィンドウで、プレビューを見ながら数値の調整を行いましょう **4**。

発光半径	眩しさを感じる領域
明るさ	光の強さ、明るさ
明瞭度	コントラストの強さ

設定ができたら「OK」をクリックして完了です **5**。

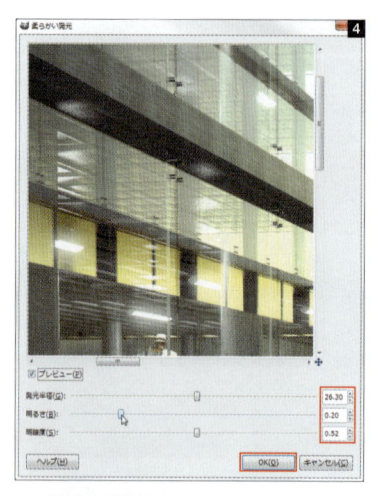

FIX

POINT

明るさ

[明るさ] の値を変えた場合、1.0まで明るくしてしまうと、アートの雰囲気が強く出てしまうので、0.6や0.4などが最適な明るさかもしれません。

POINT

発光半径

［発光半径］の値を変えた場合、微妙な違いではありますが、発光の広がりに違いがあります。数値をあげるほど、発光がより広がり、50にいたっては輪郭を捉えることができないほどのブレが生じています。

POINT

明瞭度

[明瞭度] の値を変えた場合、微妙な違いではありますが、発光によるコントラストの違いが現れています。数値をあげるほど、暗い部分と明るい部分の差がはっきりと出てきます。

雰囲気をつくる

Part. 02_Chapter. 01

no.
07/17

昼と夜の表情をつくる

Thea RenderのRelightでは、レンダリング後でも照明の明るさや色味を調整できるので、1枚のパースから簡単に、昼と夜のパースを作成することができます。

APPLICATION: **T** Thea Render

page 226_227

07/17

Part. 02_Chapter. 01

no.
07/17

STEP1 Thea Render

1 発光させる

Thea Render を開き、[File] → [Scenes] → [Examples] → [Jotero CornellBox] をクリックします。データが開いたら 🔂 をクリックします。この題材を用いてシステムを覚えていきましょう。

2つの球を発光させましょう。手前の球をクリックします ■。[Settings] → [Material lab] → [Emitter] をクリックし、[Enable] にチェックを入れ、[Power] を1000、[Efficacy] を100に上げます ■。奥の球も同様に発光させます。

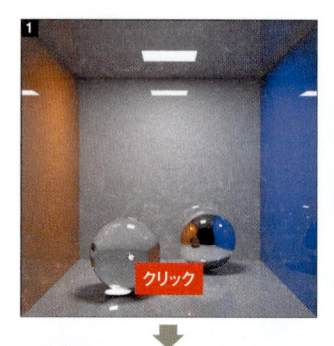

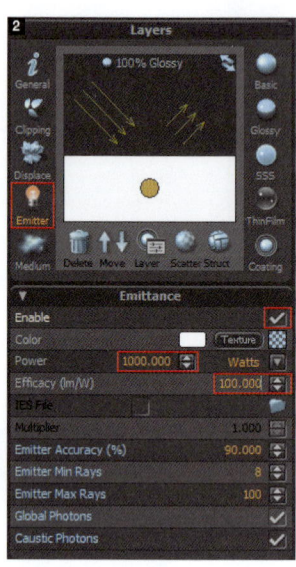

2 レンダリング後のリライトを可能にする

マテリアルの設定が完了したら、[Settings] → [Unbiased] → [Relight] にチェックを入れます。

POINT

[Relight] にチェックを入れることで、レンダリング完了後でもリライト（発光調節）が行えるようになります。

3 レンダリングする

レンダリングを開始し、キリの良いところでレンダリングを停止しましょう。

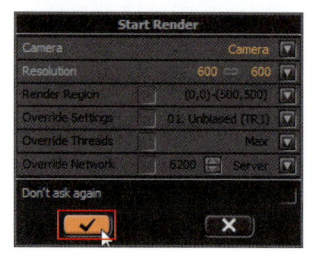

4 発光させたマテリアルの
サムネイルを表示する

［Darkroom］→［Relight］のタブをクリックします。サムネイルが部分的にしか見えていないので、［TH/nails］をクリックします **1**。

サムネイルが拡大されます。発光をさせたマテリアルの数だけサムネイルが表示されます。今回は、球2つと環境光（全体を明るくする光）の、合わせて3つのサムネイルが表示されています **2**。

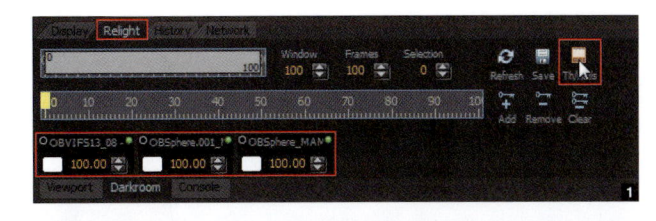

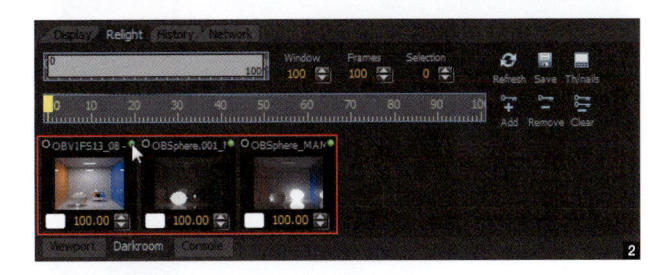

5 発光をON/OFFする

サムネイルの右上に緑色のマークがあります。これが緑色のときはマテリアルが発光している状態です **1**。このマークをクリックすると、赤くなります。これが発光していない状態を表すマークです **2**。

左端のサムネイルの発光をOFFの状態にしたら、［Refresh］をクリックします **3**。

すると、環境光の発光がOFFになり、周囲が暗くなりました **4**。

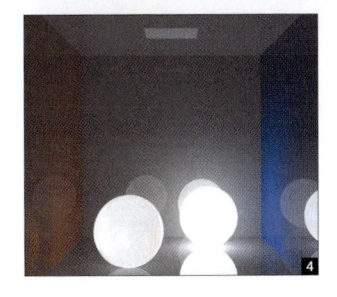

NEXT

6 発光の強弱を調整する

まずは環境光はONに、2つの球はOFFにします❶。

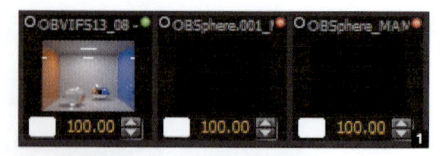

環境光のサムネイルの数値を100から50に変更します❷。すると少し暗くなります。

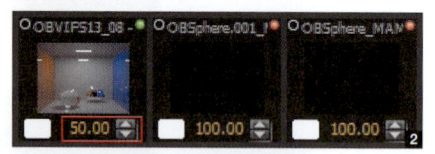

POINT

サムネイルの数値は発光の強弱を表します。数値が大きいほど強く、小さいほど弱くなります。

次に、環境光を100、手前の球を500、奥の球を100とそれぞれの数値を設定します❸。このように、それぞれの発光の強弱を調整することで、空間の光をよりリアルに表現することができます。

POINT

光源のサムネイル画像をクリックするとその光源以外は発光しなくなり、特定の光源の発光を確認しやすくなります。
再度サムネイル画像をクリックすれば、元の状態に戻ります。

7 発光の色を調整する

まずはすべてのマテリアルを発光させ、手前の球のサムネイルのカラーボックスをクリックします**1**。

すると別ウィンドウが開き、色を指定することができます。赤い色を指定して ✓ をクリックします**2**。

サムネイルのプレビュー画像が赤く発光しました**3**。この状態で [Reflesh] をクリックするとレンダリングパースに反映されます**4**。

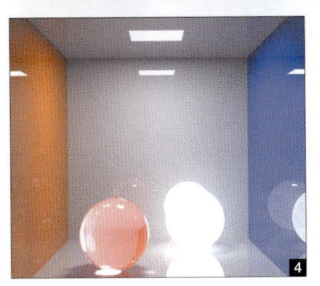

`FIX`

POINT

実際の仕事ではどれくらいの数値設定でリライトを行っているのかみていきましょう。

❶ レンダリングする
SketchUpでモデリングを行い、TheaRnderで発光効果を含めマテリアルの設定を行います。リライトにチェックを入れたらレンダリングを開始し、パースを仕上げます。

❷ CRF、明るさ、グレアを設定する
CRF、明るさ、グレアを設定しておきます。最後にこれらの設定行うと雰囲気が一気に変わってしまい、リライトの設定が無駄になってしまいます。ただし、グレアに関してはデータが重くなってしまいますので、リライト設定に時間がかかってしまいます。極度にグレアの数値をあげる場合は最後に設定しましょう。

→p208/カメラフィルムで撮影したような味わいにする

→p044/明るさの設定

→p216/逆光でドラマチックな雰囲気をつくる

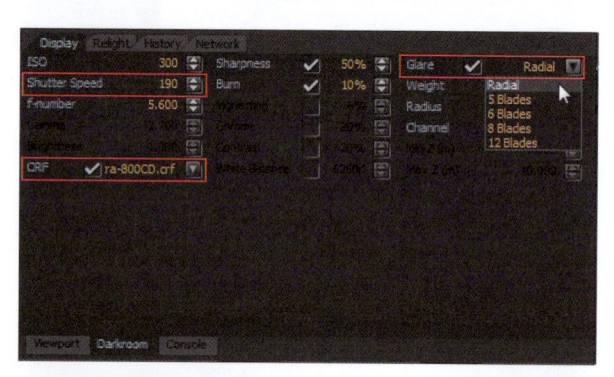

❸ 昼のパースをつくる
昼のパースをつくるときは以下3点を順に修正していきます。
　①昼はつかなくていい照明
　②空
　③昼もついている照明
今回はそれぞれ右図のようになります。

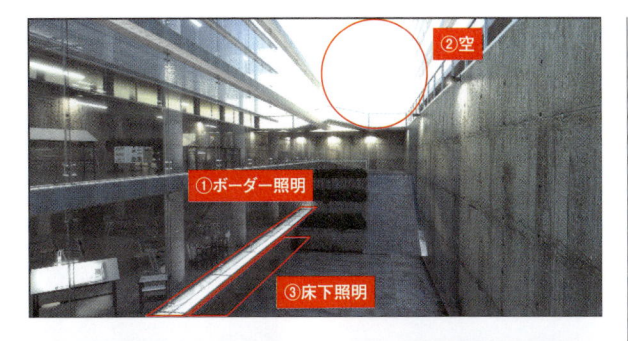

①昼はつかなくていい照明
ボーダー照明を暗くしていきます。
→p229/発光させたマテリアルのサムネイルを表示する
ボーダー照明のサムネイル画像をクリックしてボーダー照明だけが発光する状態にします。数値を100→10に変更にして「Reflesh」をクリックすると暗くなります。

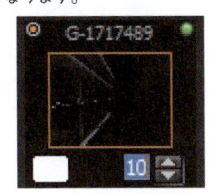

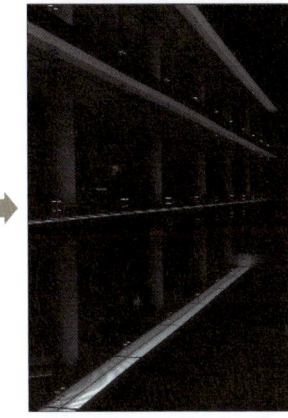

②空
空が明るすぎるので少し暗くしていきます。
空のサムネイル画像をクリックして空だけが発光する状態にします。
数値を100→50に変更にして「Reflesh」をクリックすると暗くなります。

③昼もついている照明
床下照明が暗いので明るくします。
床下照明のサムネイルの画像をクリックして床下照明だけが発光する状態にします。
数値を100→500に変更にして「Reflesh」をクリックすると明るくなります。

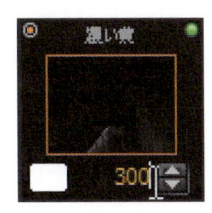

最後に床下照明のサムネイルの画像をもう一度クリックして全ての照明を発光させたら、昼のパースの完成です。

❹ 夜のパースをつくる
夜のパースをつくるときは以下2点を順に修正していきます。
　①空
　②夜につく照明
今回はそれぞれ右図のようになります。

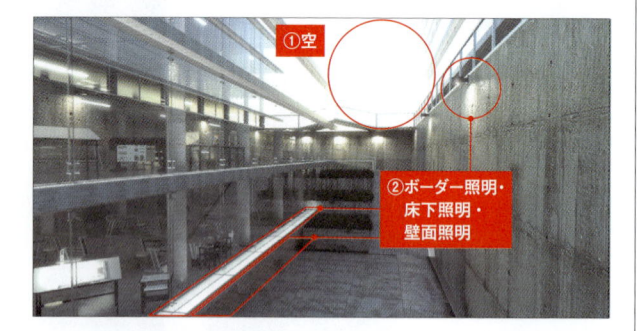

①空
太陽のサムネイルの右上の緑色のマークをクリックして発光をOFFにします。
太陽光が消えました。

次に環境光を暗くしましょう。環境光の数値を0.8にし、「Reflesh」をクリックします。
空が暗くなり、夜の雰囲気が出てきました。
夜だからといって数値を0にして真っ暗にする必要はありません。実際も街中のビルの光や看板の光などで空は少し明るくなっています。

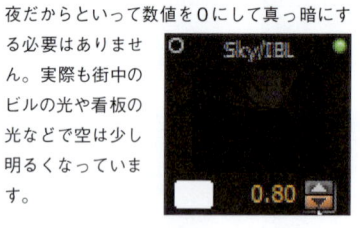

②夜につく照明
それぞれ昼のときと同様にして、サムネイルの値を下記のように設定します。

ボーダー照明　100

床下照明　200

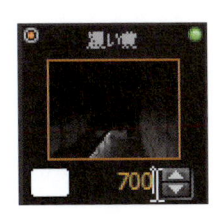

壁面照明　200

最後にサムネイル画像をもう一度クリックして全ての照明を発光させたら、夜のパースの完成です。

雰囲気をつくる

Part. 02_Chapter. 01

no. 08 / 17

ダウンライトで雰囲気を変える

SketchUpでThea Renderプラグインを使えば、簡単にダウンライトの光を設定することができます。ダウンライトを表現することで単調な空間が一気に華々しくなります。

APPLICATION: S SketchUp

STEP1 SketchUp（Thea Renderプラグイン）

1 「光」を配置する

SketchUpでモデリング、マテリアルの設定までしたら■、メニューバーの［プラグイン］→［Thea Render］→［Thea Tool］をクリックします。

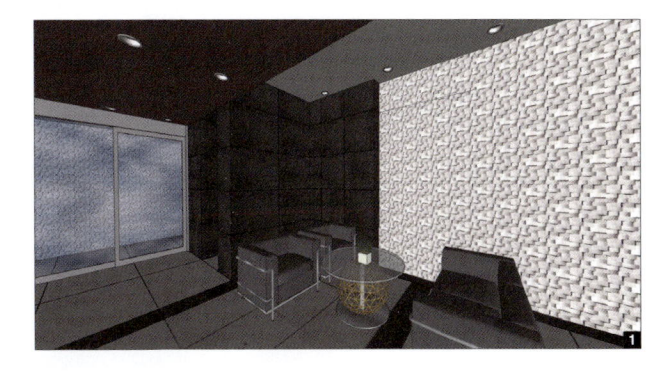

「Thea Tool」ウィンドウの［Light］タブで［IES Light］をクリックします■。

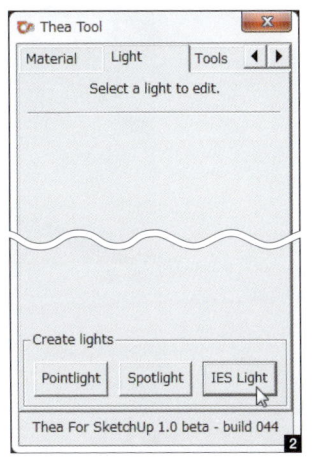

作業エリアの発光させるモデルをクリックし、続けて光があたる場所（床や壁など）をクリックします■。これで「光」を配置することができました■。同様に残りの「光」を配置しましょう。

NEXT

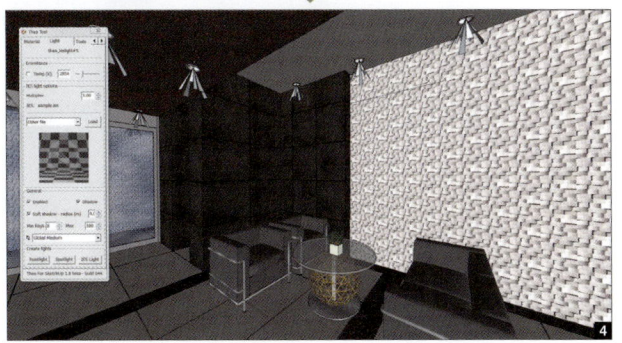

2 レンダリングする

「光」を配置できたら、試しにレンダリングを開始してみましょう。メニューバーの[プラグイン]→[Thea Rendering Window]をクリックし、[Thea Render for SketchUp]ウィンドウでModeを[IR unbiased(MC)]にし、レンダリングを開始します **1**。壁に光が当たっているのがわかります **2**。

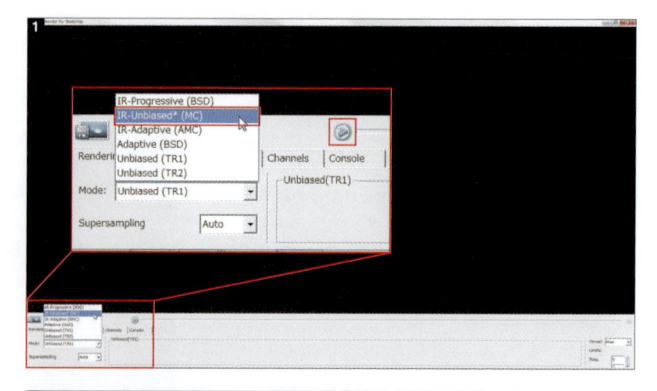

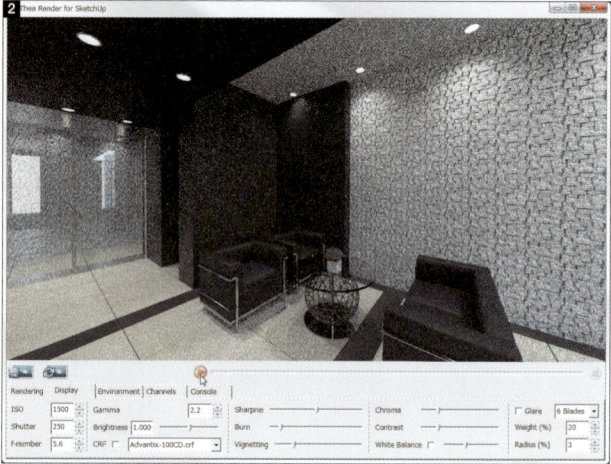

3 光の強弱を調整する

次は光の強さを変更してみましょう。[Thea Tool]の[Light]タブの[Multiplier]の値を0.3に変えてみると **1**、「Thea Render for SketchUp」ウィンドウ内の光の強さが弱まりました **2**。

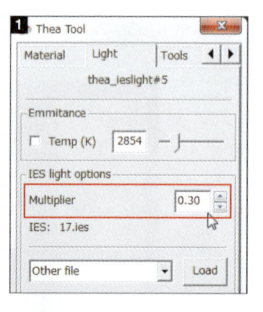

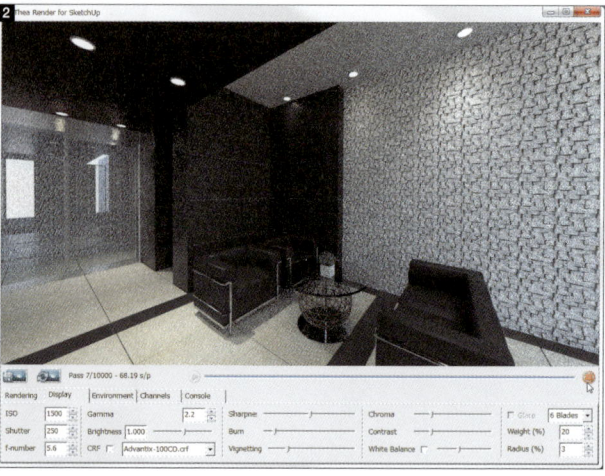

4 Thea Renderデータに変換する

「Thea Render for SketchUp」ウィンドウの ■ をクリックし **1**、ファイルの種類を [Thea Scene (pack.thea)] に設定し、保存します **2**。

NEXT

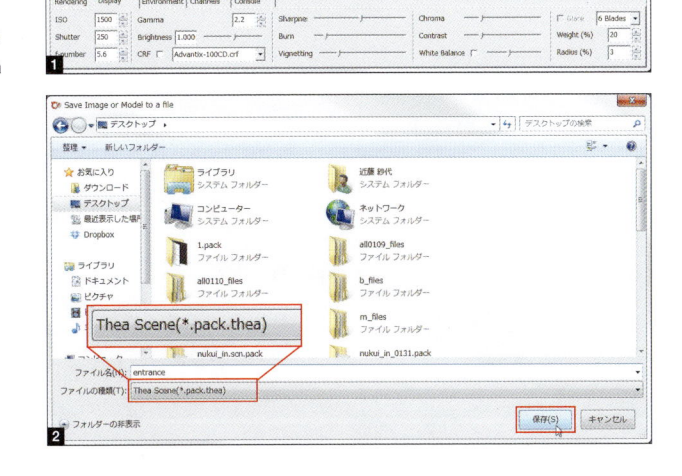

STEP2 Thea Render

保存したデータを開き、他のマテリアルを設定したら完了です。
以下、照明効果の違いを見てみましょう。

照明効果なし（環境光のみ）

単調だった空間にリズムを生み出すことができます。白色光にすることで洗練されたモダンな印象になりますね。

IES Light

エミッターを入れることで全体的に明るくなります。またIESの色味を変えることで暖かみのある空気感を演出できます。

IES Light + Emitter

FIX

素材をつくる

Part.02_Chapter.02 no.09/17

水をつくる

水の質感しだいでパースのリアリティが変わってきます。Thea Renderで水のマテリアルをつくり、自分のモデルに設定するだけで、リアルな水を表現することができます。

APPLICATION: **S** SketchUp　**T** Thea Render

page 240_241

09/17

Part. 02_Chapter. 02

no.
09 /17

STEP1 Thea Render

1 水のマテリアルをつくる

Thea Renderを起動させ、メニューバーの [File]
→ [Scenes] → [Examples] → [Sunpool Caustics]
をクリックし、プールの題材を開きます。

これを何の設定もせずにレンダリングすると右の図のようになります。

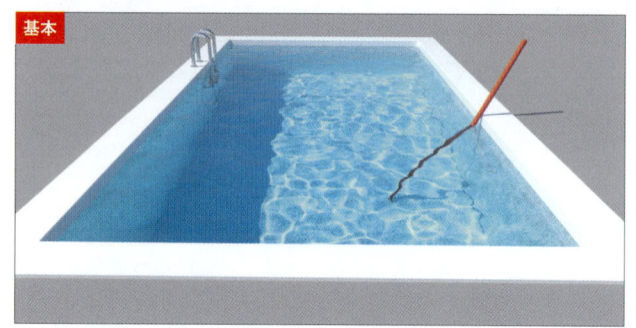

以下、この水に、透明度・色・反射・揺らぎを設定する方法を解説します。

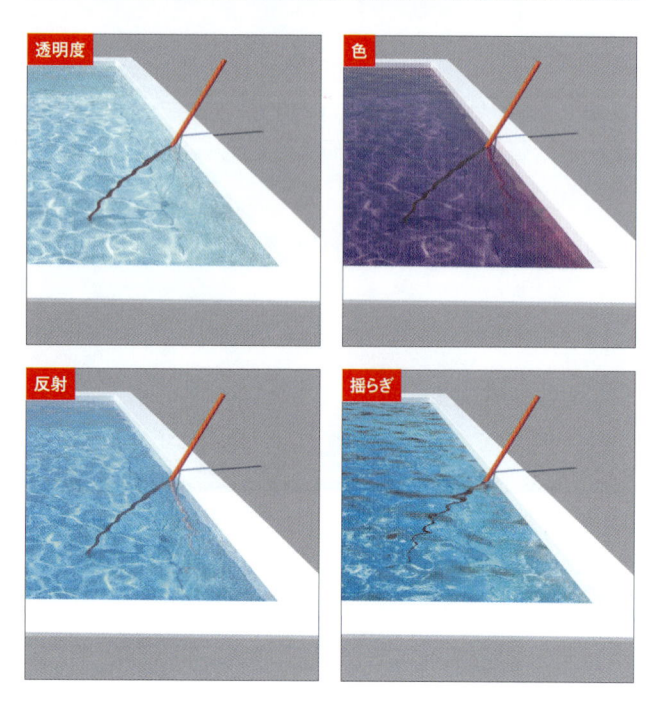

A 透明度を調整する

[Sunpool Caustics] を開いたら、[Workspace] の水の部分をクリックします **1**。
次に、[Settings] → [Material Lab] → [Medium] をクリックし、[Absorption density] の数値を 0.5 にします **2**。

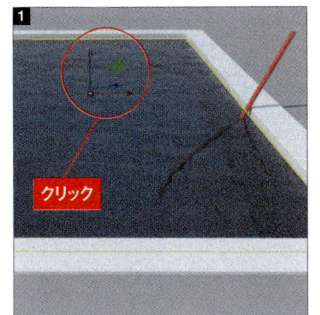

水の透明感が増しました。水深が浅いときなどは数値を下げ、底が少し見えるようにすると本物のようになります。
図の数字は [Absorption density] の数値です。

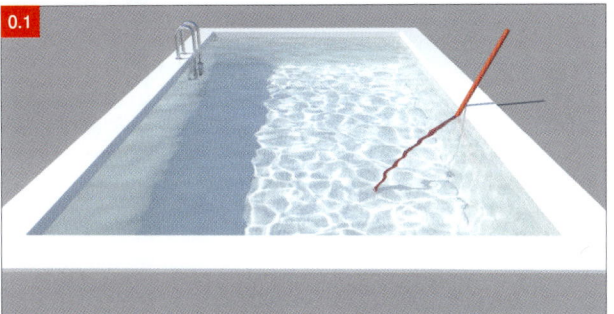

[Material Lab] を見ると、球が右図のように変わります。

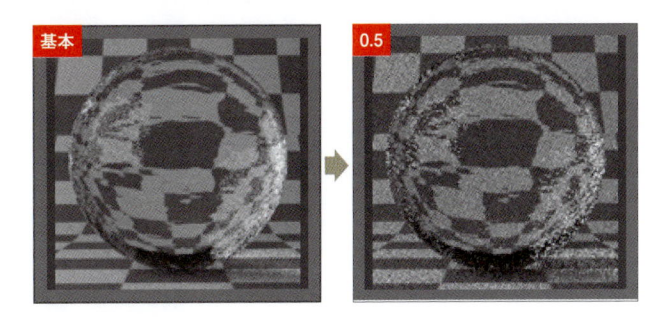

NEXT

B 色を調整する

[Sunpool Caustics] を開いたら、[Workspace] の水の部分をクリックします。
次に、[Settings] → [Material Lab] → [Scatter] をクリックし、[Transmittanse] のカラーボックスをクリックします。

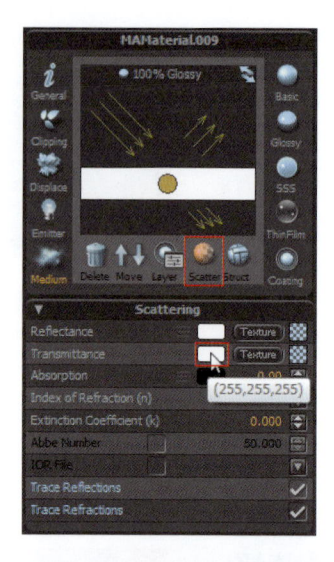

「Thea Color Lab」ウィンドウの [Palette] から、Roseの色をクリックし、ピッカーで彩度を少し落としたら、 ✓ をクリックします。

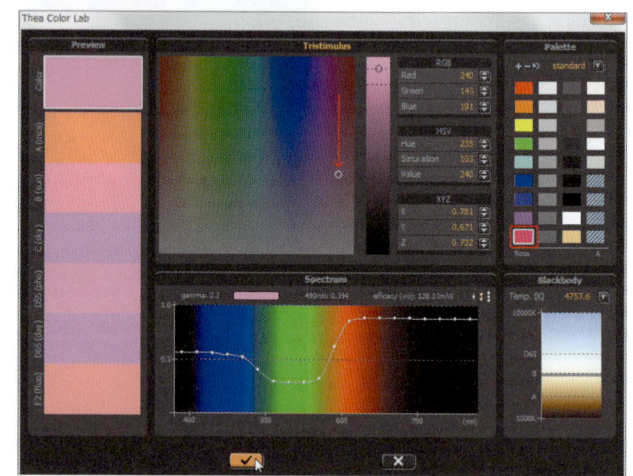

水の色が変わりました。色を少し変えるだけでもパースに強く反映されるのであまり濃すぎる色は避けましょう。

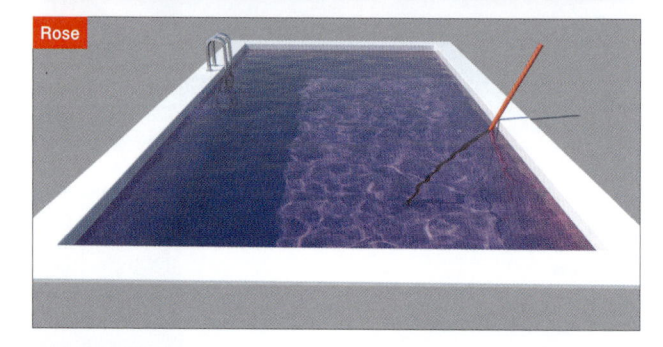

[Material Lab] の球は右図のように変わります。

NEXT

C 反射を調整する

[Sunpool Caustics]を開いたら、[Workspace]の水の部分をクリックします。
次に、[Settings]→[Material Lab]→[Scatter]をクリックし、[Extinction Coefficient]の数値を1に変更します。

赤い棒の写りこみが強くなりました。また水面全体が少し白くなりました。これは背景が写りこんでいるからです。初期設定では白くなりますが、背景に空の画像を設定することで空が水面に写りこみます。
数値を上げることで反射の度合いが上がっていきます。海を真上から見たとき空が水面に反射して水中がよく見えない状況などを表現したいときに「Extinction Coefficient」を調整すると本物のような仕上がりになります。図の数字は「Extinction Coefficient」の数値です。

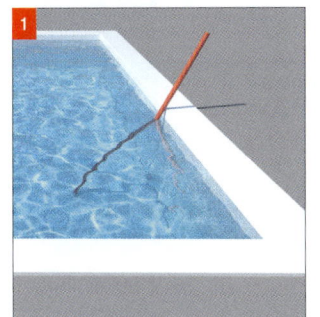

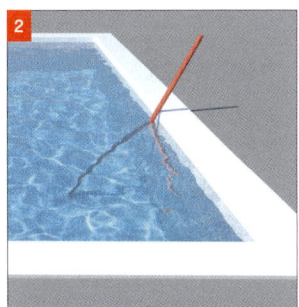

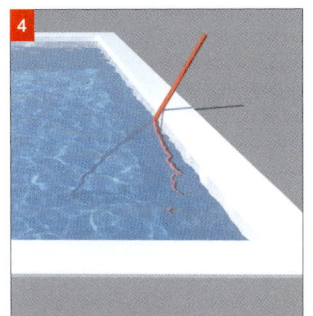

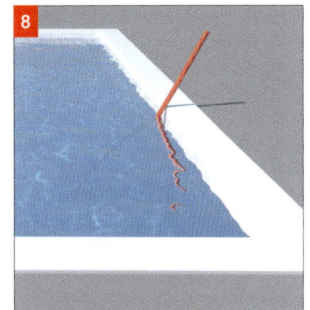

[Material Lab]の球は右図のように変わります。

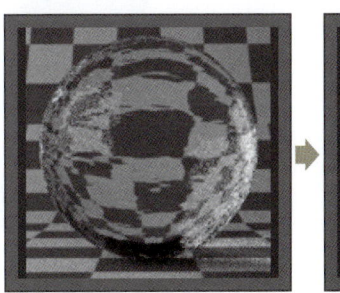

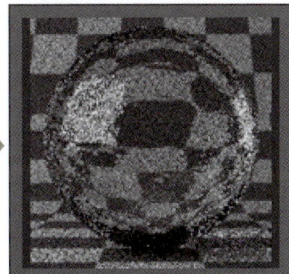

NEXT

D 揺らぎの強さ／大きさを調整する

［Sunpool Caustics］を開いたら、［Workspace］の水の部分をクリックします。
次に、［Settings］→［Material Lab］→［Struct］をクリックし、［Bump］の数値を80に変更します **1**。

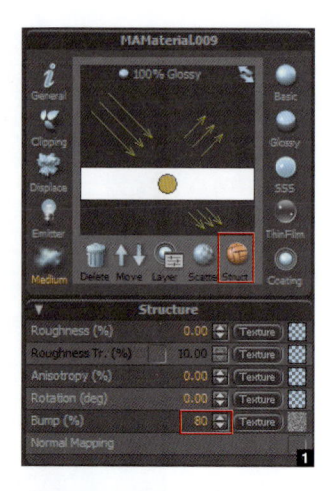

水面の揺らぎがかなり強くなりました。揺らぎの強さが変わったことで太陽の反射の仕方も変わるので水面の表情がだいぶ変化しました。いろいろと数値を変更しましょう。
図の数字は［Bump］の数値です。

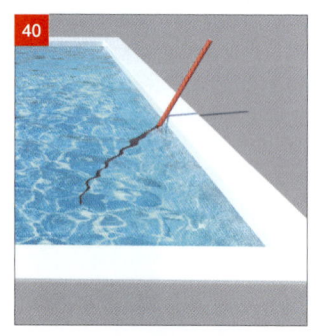

［Material Lab］の球は右図のように変わります。

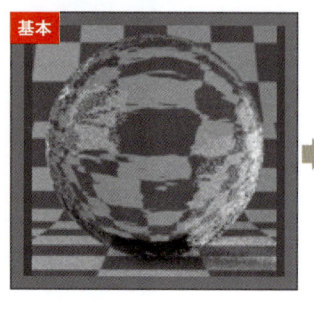

また、揺らぎの大きさを変えることもできます。
［Bump］の参照ボックスをクリックすると 2 、
画像の情報が表示されるので［Scale］の数値を
0.3に変更します 3 。

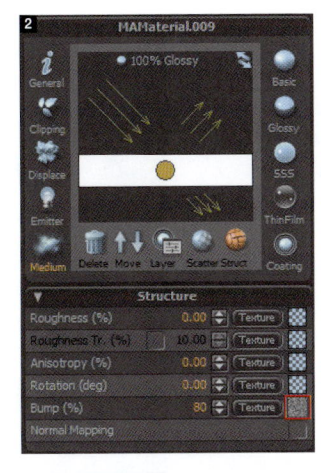

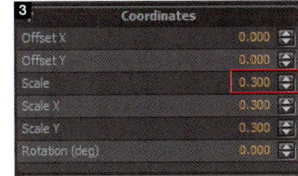

水面の表情が少し穏やかになりました。数値を
下げるほど揺らぎの大きさが大きくなるのでその
分水面が穏やかになります。
図の数字は［Bump］の［Scale］の数値です。

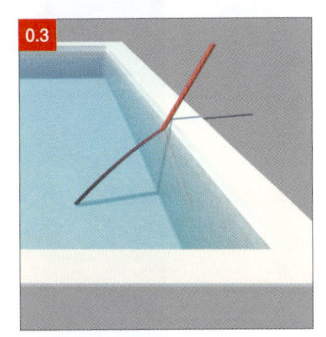

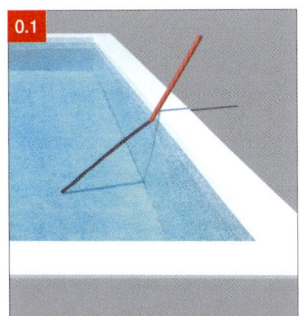

［Material Lab］の球は右図のように変わります。

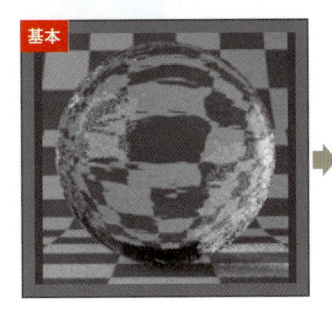

NEXT

2 マテリアルを保存する

水の質感をつくることができたら、オリジナルのマテリアルデータとして保存しましょう。
設定し終わった[Material Lab]の球を、[Browser]のマテリアルページの黒い部分(マテリアルが存在しない部分)までドラッグします**1**。

ページの中にオリジナルのマテリアルデータが入ったら、わかりやすい名前に変更しておきましょう。マテリアル画像の上で右クリック→[Rename]をクリックします**2**。

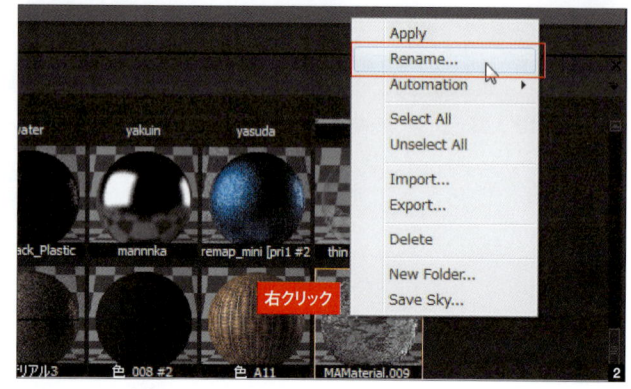

別ウィンドウが開くので、名前を入力します。最後に[OK]をクリックして、保存完了です**3**。
これでオリジナルで設定したマテリアルを他のモデルに使用することができます**4**。

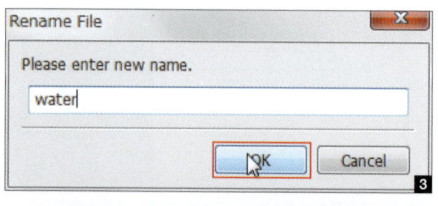

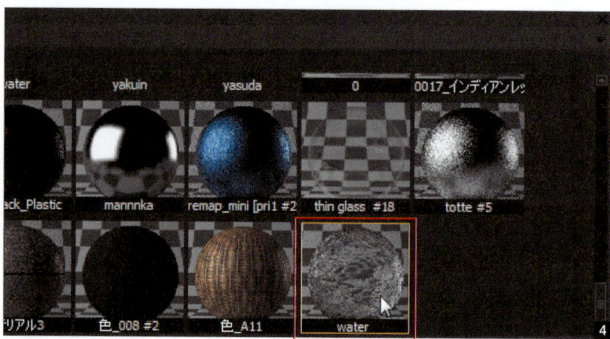

NEXT

STEP2 SketchUp

1 海をつくる

これまでの設定内容を使って海を表現してみます。まずはSketchUpで2枚の長方形を描きます。サイズはどちらも大判で作成し、上下の間隔を500mm程空けておきます。

→p020/四角形を描く

→p024/モデルを移動する

上の長方形にはSketchUpの半透明マテリアルを、下の長方形には海の画像を貼りつけます。海の画像は好みのものをインターネットなどからダウンロードしておきます。

→p134/テクスチャを設定する

上の長方形…半透明マテリアル
下の長方形…海の画像

500mm

2 海に建物を配置する

この2つの長方形の上に島や建物を配置します。モデルが完成したら、Thea Renderへエクスポートしましょう。

NEXT

STEP3 Thea Render

1 水のマテリアルを貼りつける

Thea Renderでデータを開きます。
まずは上の長方形を選択して **1**、[Browser]のマテリアルページを開き、先ほど保存した水のマテリアルデータをダブルクリックして貼りつけます **2**。

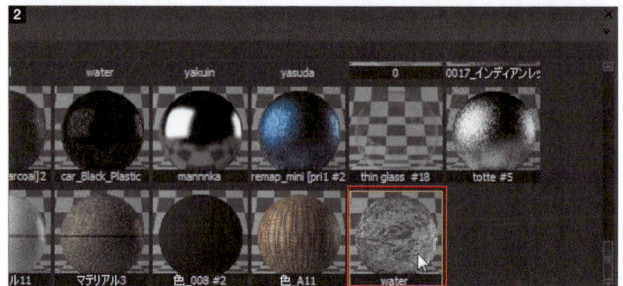

2 透明度を調整する

[Settings] → [MaterialLab] → [Medium]をクリックし、[Absolution density]を0.10にします。これで少し透明度が上がり、下の海の画像が見えるようになりました。

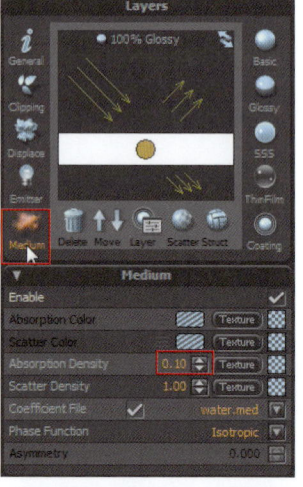

3 揺らぎを調整する

水面の揺らぎを大きくし、波を表現しましょう。[Settings] → [MaterialLab] → [Struct] をクリックし、[Bump] を 70 にすると少し荒波になりました。

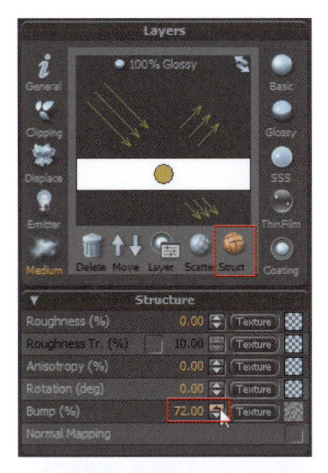

4 レンダリングする

レンダリングをしたら完成です。
海を表現するための最大のポイントは海底の起伏を表現することです。起伏は画像で構いません。起伏の陰影が上にのせた長方形の半透明マテリアルに写りこんでくれます。

→p181/本番レンダリングをして保存する

FIX

素材をつくる

Part. 02_Chapter. 02

no. 10/17

曇りガラスをつくる

ガラスの透け感の違いで空間の印象は大きく変わります。相手にイメージをしっかりと伝えるためにも、パースで表現できるようになると便利です。

APPLICATION: **S** SketchUp　**T** Thea Render　**G** GIMP

page 252_253

10/17

STEP1 SketchUp

土台とガラスをモデリングする

まず、土台となるモデルを描き、土台に対して垂直な板を描き、2枚隣り合わせで並べます。

→p020/四角形を描く

→p024/モデルを移動する

土台と板2枚の色づけをします。

→p069/色をつける

設定ができたらThea Renderへエクスポートしましょう。

→p154/Thea Renderへインポート

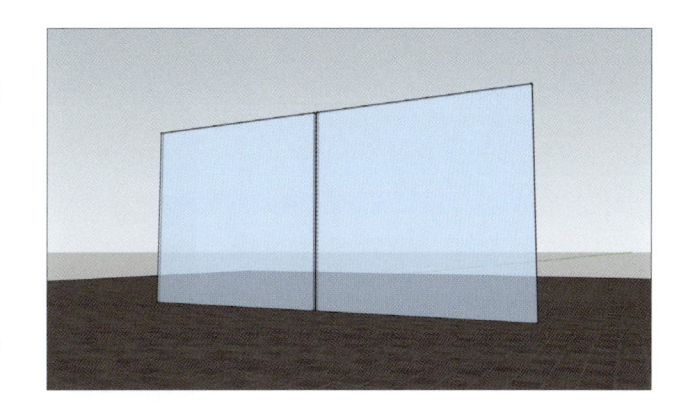

NEXT

STEP2 Thea Render

1 透明ガラスのマテリアルを貼る

Thea Renderでデータを開きます。
土台には不透明なマテリアルを貼ります。
2枚の板には[Browser]のマテリアルから[Transparent]→[Clear glass]を選択します。これで板に透明なガラスを貼ることができました。

2 ガラスを曇らせる

[Settings]→[Material Lab]→[Struct]をクリックし、[Roughness]の数値を10にします **1**。

NEXT

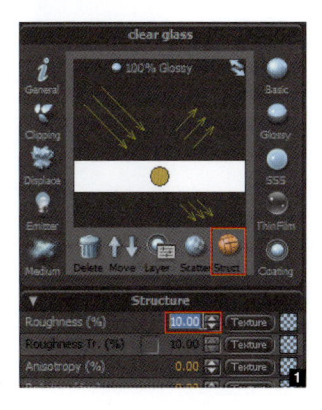

するとクリアだったガラス板が半透明のフロストガラスのような表情になりました 2 。これで曇りガラスは完成です。

[Roughness] の数値を高くすればするほどマットな白色に近づきます。
このようにガラスを通して物体を見る場合、物体の輪郭すべてが見えるのか、それとも少し曇って見えるのか、ぼんやりとしか見えないくらいにまでにごっているのかなど、見え方によってパースの表情がだいぶ変わってきます。
図の数字は [Roughness] の数値です。

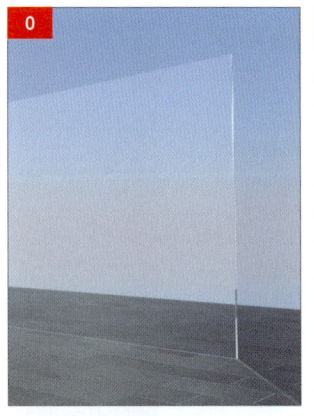

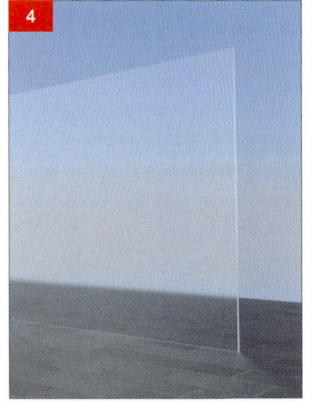

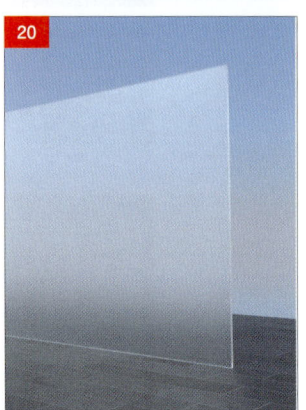

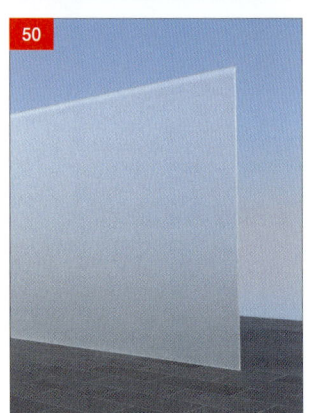

3 色をつける

色つき曇りガラスにしていきます。
[Settings] → [Material Lab] → [Basic] をクリックします■。

すると無色だったガラスの色がグレー色に変化しました■。

このように、[Basic]をクリックすると色レイヤーが追加されます。ここではガラスを構成する粒子と色レイヤーの粒子が混合している状況です。なのでガラスの透明感は失わずに着色されたということです■ ■。

4 色を変える

色レイヤーの色を変更しましょう。[Diffuse]のカラーボックスをチェックします■。

NEXT

好きな色をクリックして変更します 2 。

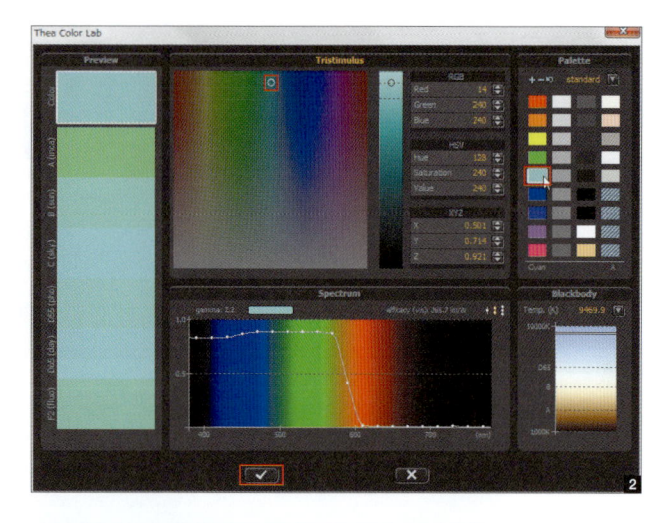

［Workspase］のガラス板に着色されました 3 。

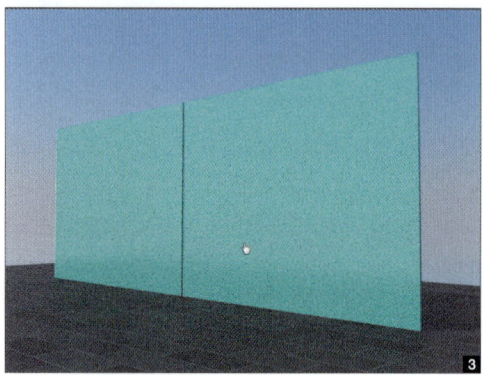

5 透明度を調整する

着色した色がかなり濃く出てしまっているので、
もう少しガラスの透明感を上げてみましょう。
先ほど追加した色レイヤーをクリックし、
［Layer］をクリックします。
［Weight］の数値が100になっています。これを
10に変更すると［Workspase］内のガラス板の
色味が少し薄くなり、透明感が増します 1 2 。

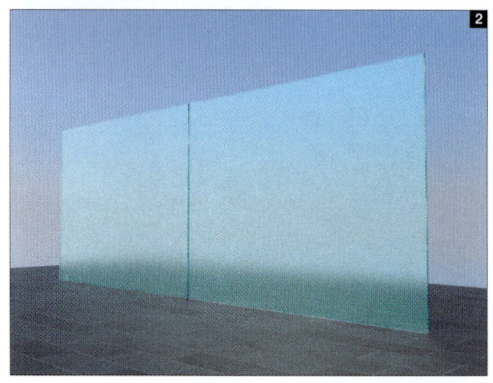

［Weight］とは選択しているレイヤーが一方のレイヤーに対してどのくらいの割合を占めているかを表しています。数値が高いほど、選択しているレイヤーの割合が上がり強く表示され、逆に数値を低くすると割合が下がり薄く表示されます。

図の数字は［Weight］の数値です。

FIX

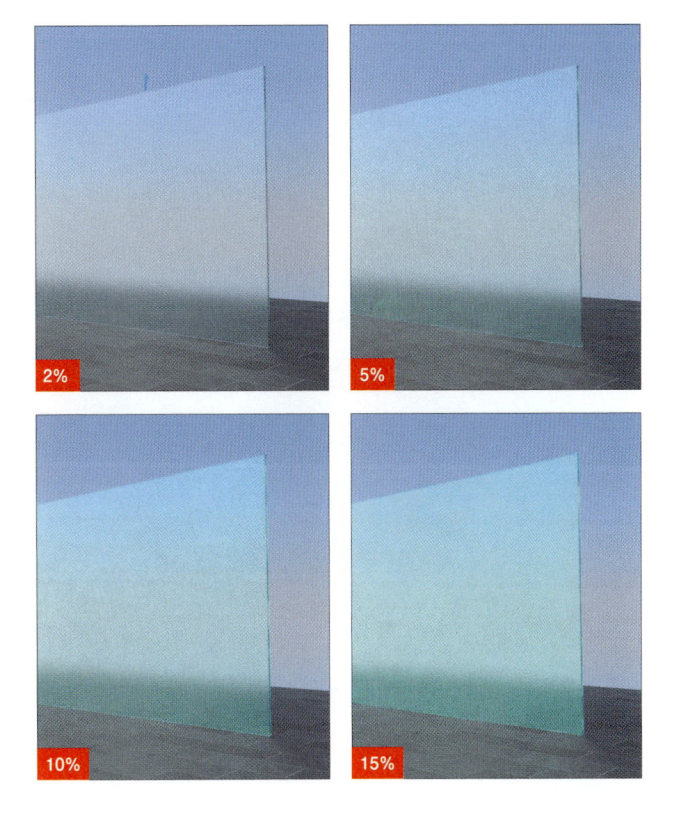

2%	5%
10%	15%

POINT

曇りガラスはプライバシーを題材とした建築でもよく使用されています。図面ではわかりにくい曇りガラスも、パースで表現できると読み手に内容が伝わりやすく、重宝します。

色つきガラスはテーブルやコップなどの家具・備品など細かいものから空間の間仕切り・看板などの大きいものまで様々な分野で使用されます。

Part.02_Chapter.02 | no. 11/17

素材をつくる

森をつくる

Thea Renderでは木をたくさん配置して森を作成することができます。
敷地パースに利用すれば相手にわかりやすく地形を理解させることができます。

APPLICATION: **S** SketchUp **T** Thea Render

Part. 02_Chapter. 02

no.
11/17

STEP1 SketchUp

まずはつくり方の基本を習得するために右図のようなモデルを作成しましょう。土台を「土地」、人間を「木」と見立てて練習していきます。
土台は格子状に2色の色づけを行います。初期設定で配置されている人間は削除せずにそのままにしておきます。
今回はグループにせずに、Thea Renderへエクスポートします。

▶ NEXT

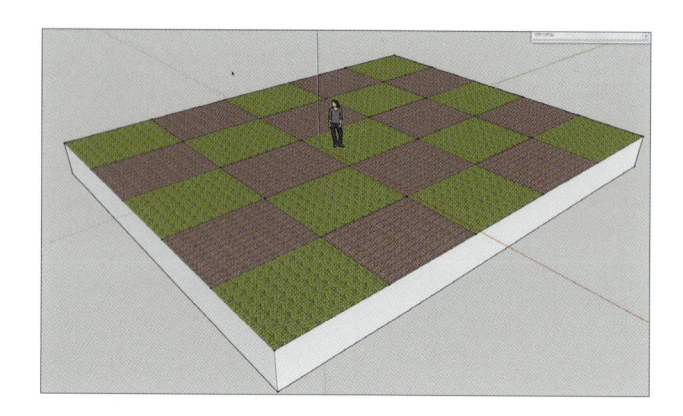

STEP2 Thea Render

1 「配置する場所」を設定する

Thea Renderでデータを開きます。
土台の黄緑色の範囲を「配置する場所」として設定してみましょう。

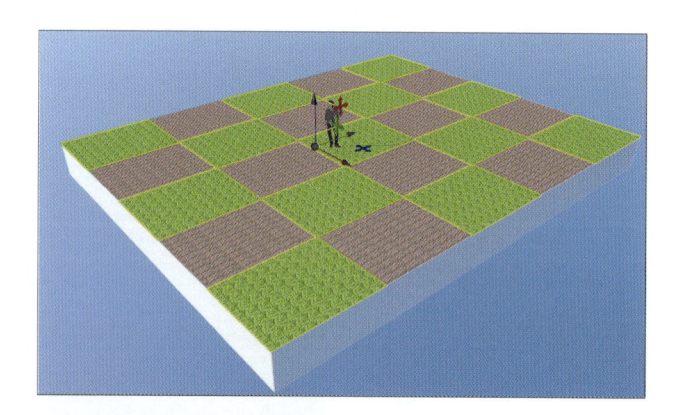

まずは、画面右にある [Settings] → [Instancing] をクリックします **1**。
続いて、画面左にある [Scene] → [Tree View] の [Models] で、土台の黄緑色 (名前：草木_ぼかし5) を選択します **2**。
次に [Settings] → [Instancing] の [Canvas] で、左にあるマークをクリックします **3**。すると黄緑色 (名前：草木_ぼかし5) が登録されました。

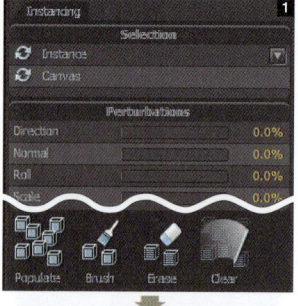

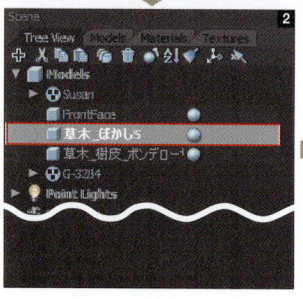

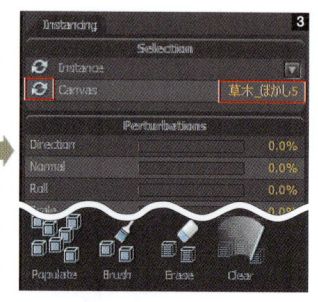

2 「配置する対象物」を設定する

人間を「配置する対象物」として設定していきます。[Scene] → [Tree View] の [Models] で、人間（名前：Susan）を選択し **1**、[Settings] → [Instancing] の [Instanse] で、左にあるマークをクリックすると、人間（名前：Susan）が登録されました **2**。

POINT

[Instance] とは配置をする対象物のことで、[Canvas] とは配置する場所（範囲）のことを表しています。
今回は黄緑色（名前：草木_ぼかし5）の範囲内に人間（名前：Susan）が配置されます。

3 配置を実行する

設定が完了したら、[Settings] → [Instancing] の [Populate] をクリックします。

これから配置するグループの名前を入力するよう求められます。わかりやすい名前を入力し、[OK] をクリックします。

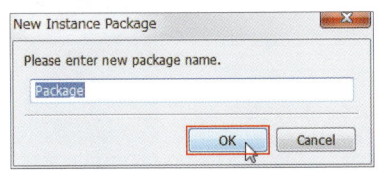

[WorkSpace] 内に人間がたくさん配置されました。

NEXT

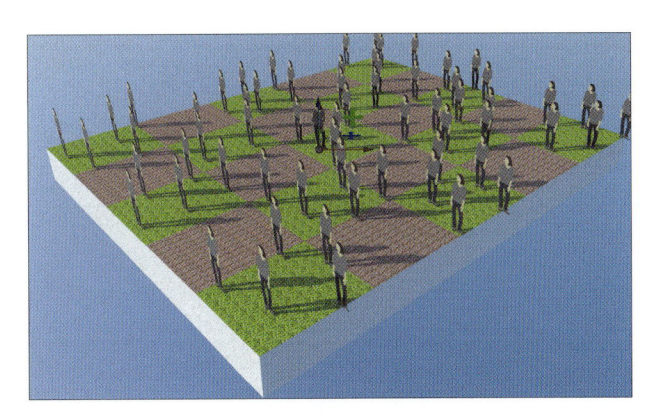

4 配置したモデルを削除する

[Settings] → [Instancing] の [Clear] をクリックします❶。

確認のダイアログで [はい] をクリックします❷。

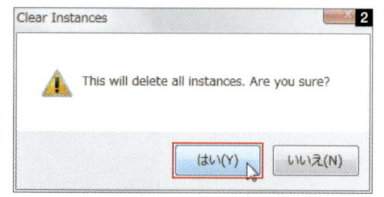

その後に [Settings] → [Instancing] の [Elase] をクリックし、配置したモデルをクリックするとモデルがすべて削除されます❸ ❹。

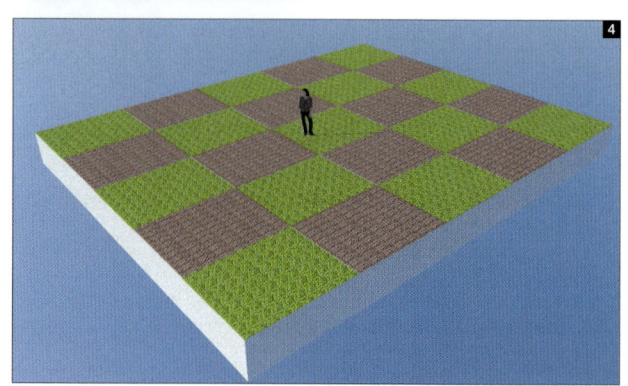

> **POINT**
>
> [Clear] をクリックせずに、はじめから [Elase] をクリックした後、モデルをクリックすると、クリックしたモデルだけを削除できます。

5 モデルの数量を調整する

[Settings]→[Instancing]の[Minimum Distanse]の値を0.500に変更し、[Populate]をクリックします。するとモデルの数が増えます❶❷。

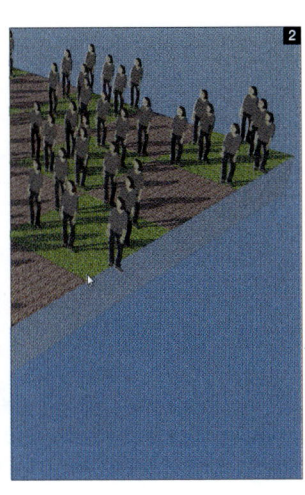

続いて値を0.01に変更し[Populate]をクリックします。するとさらに数が増えます❸❹。

> **POINT**
>
> [Minimum Distanse]とはモデルを配置する際の一番狭いモデル同士の間隔を意味します。よって0.5だと50cm間隔、0.01だと1cmの間隔を空けてモデルが配置されることになります。

モデル数をもっと増やしたいときは[Population]を10000に引き上げ、[Populate]をクリックします。かなり密度が高く配置されました❺❻。

NEXT

> **POINT**
>
> [Population]とは数を表し、数値を上げれば上げるほど密度は高くなっていきます。つまり今回の場合、1cmの間隔を空けて10000人をCanvas内に配置する設定内容となります。

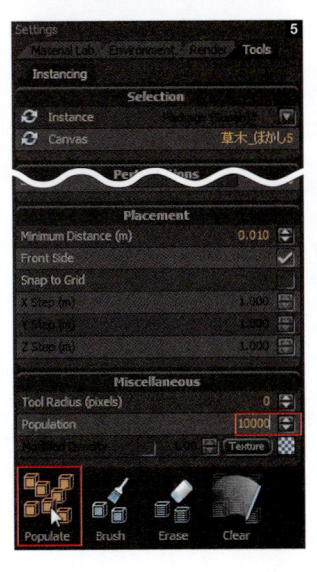

6 スケールを調整する

モデルを [Clear] と [Elase] で削除し、最初の状態にしましょう。
[Settings] → [Instancing] の [Scale] のバーをクリックして値を50にし、[Populate] をクリックします。するとモデルのスケールがばらばらになります。

POINT

[Scale] とは大きさの範囲を表します。今回の場合、元のモデルサイズの50%内で大きくしたり、小さくしたりする設定内容となります。

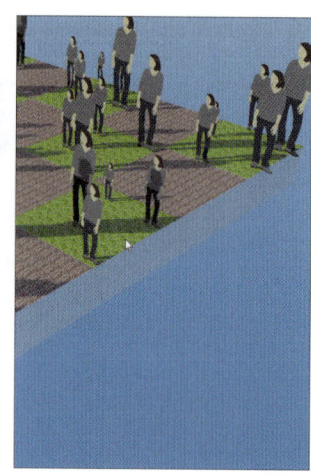

7 回転を調整する

モデルを [Clear] と [Elase] で削除し、最初の状態にしましょう。
[Settings] → [Instancing] の [Roll] の値を50に変更し、[Populate] をクリックします。するとモデルが様々な方向を向いて配置されます。

POINT

[Roll] は回転の範囲を表します。今回は元のモデルから左右50%の範囲でランダムな向きになります。

8 傾きを調整する

モデルを [Clear] と [Elase] で削除し、最初の状態にしましょう。
[Settings] → [Instancing] の [Normal] の値を20に変更し、[Populate] をクリックします。すると土台に対して垂直に配置されていたモデルが、様々な方向に傾いて配置されました。

NEXT

POINT

[Normal] は垂直に対する傾きの範囲を表します。ここでは垂直から20%の範囲でランダムに傾きます。

STEP3 SketchUp

1 グリッドの面をつくる

それでは実際に植栽をする山を作成してみましょう。
SketchUpを開き、サンドボックスツールを表示します**1**。

→p282／敷地パースをつくる

サンドボックスツールの 🗾 をクリックし、そのまま［2000］と入力して［Enter］キーを押すと、画面右下に［グリッド間隔：2000］と表示されます**2**。

その状態で作業エリアを1回クリックし、カーソルを赤軸方向へ少し動かした状態で［42000］と入力し、［Enter］キーを押します**3**。

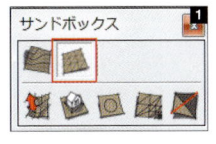

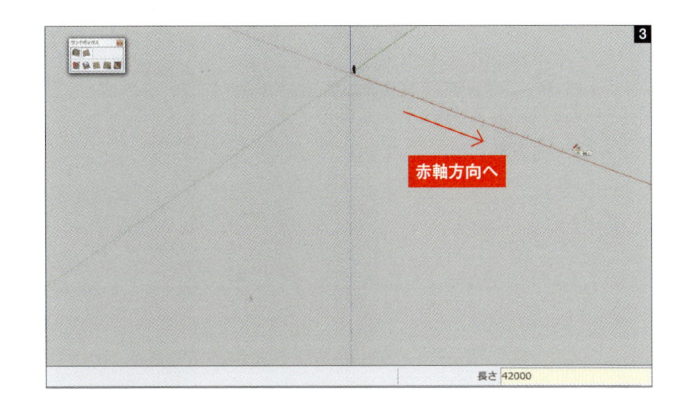

続いてカーソルを緑軸方向へ少し動かした状態で［50000］と入力し、［Enter］キーを押します**4**。これで2000mm間隔のグリッドを作成することができました**5**。

NEXT

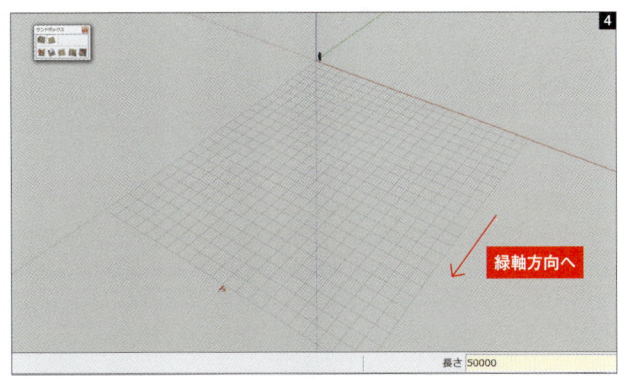

> **MEMO**
> 面が裏返っている場合はトリプルクリックでモデルを全選択した後、右クリック→［面を反転］で表面にしておきます。面が灰色だと裏面です。

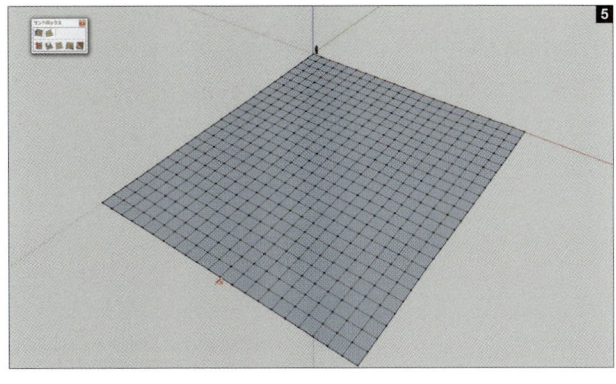

2　モデルに凹凸をつける

ダブルクリックでモデルのグループ内に入り、グループ枠内のモデルが存在しない領域を1回クリックして選択を解除しましょう **1**。

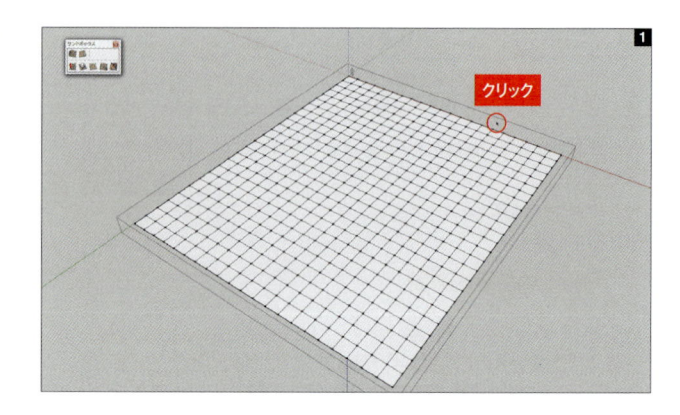

サンドボックスツールで 🔲 をクリックします。続いて「20000」と入力し、[Enter] キーを押すと、持ち上げる領域を半径20000mmに設定することができます **2**。

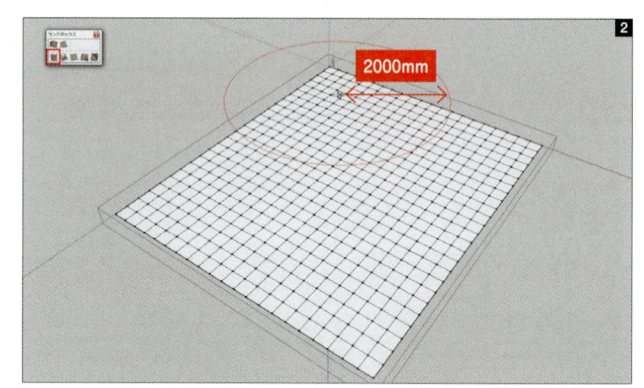

この状態でグリッド面を持ち上げていきます。持ち上がる部分が青く表示されるので、これを目安にします。
グリッド面を1回クリックすると黄色いマークが表示され、その状態でカーソルを上へ動かすと滑らかにグリッド面を持ち上げることができます **3 4**。

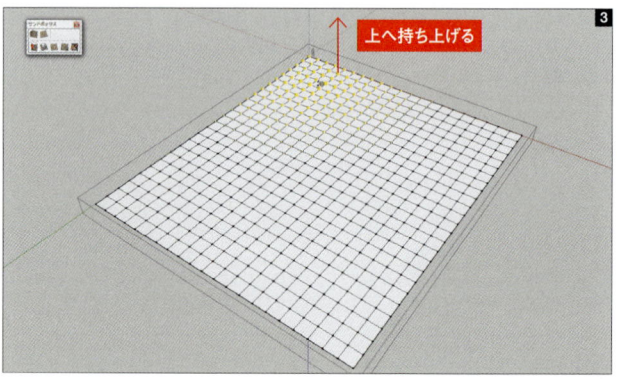

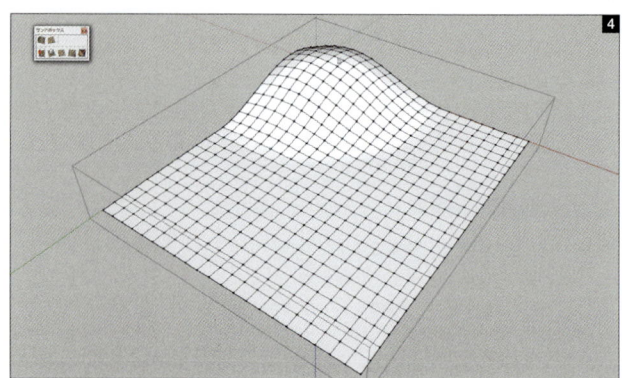

同様に ■ を使って、グリッド面を持ち上げ、山の形状に近づけていきましょう **5**。

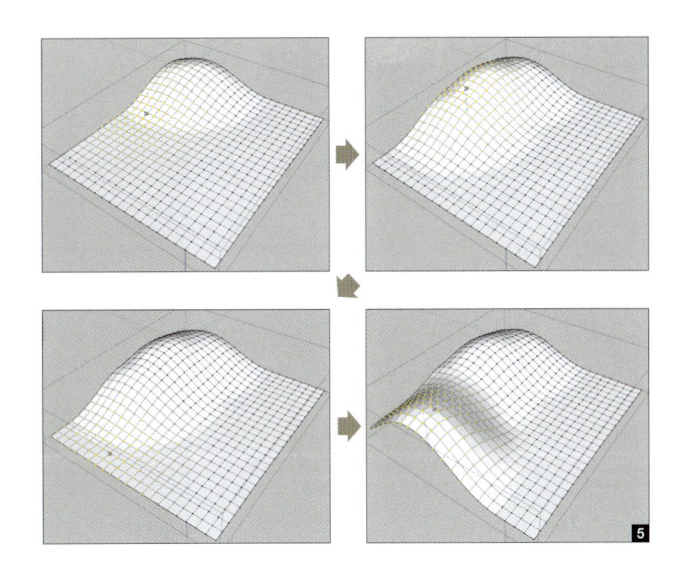

3 表面を滑らかにする

ある程度形状を作成できたら、より滑らかな斜面になるように仕上げます。
グループを出て、モデルを選択します **1**。
メニューバーの［ウィンドウ］→［エッジをソフトニング］をクリックすると［エッジをソフトニング］ウィンドウが表示されます。［同一平面をソフトニングする］にチェックを入れ、［法線間の角度］のスライダーを右へスライドさせ65.0度に設定します **2**。

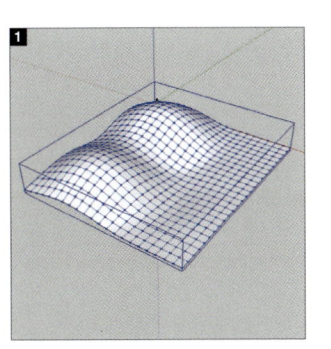

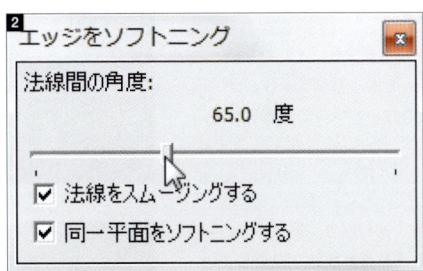

作成したグリッド面の傾斜が滑らかになりました。最後に色づけを行い、作成したモデルをThea Renderへエクスポートしましょう **3** **4**。

NEXT

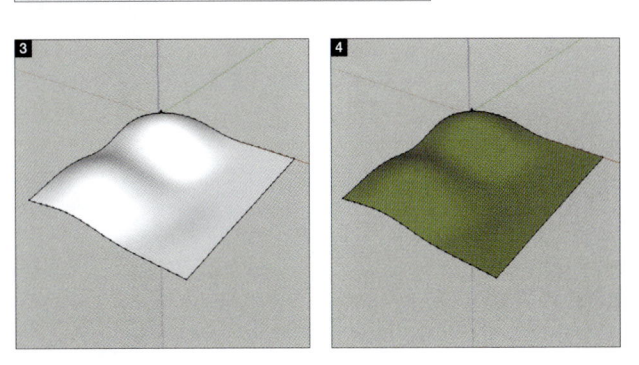

STEP4 Thea Render

1 データが軽いモデルを使って配置を検討する

続いて植栽の作業に入ります。すぐに木のデータを植えるとデータが重く、配置の検討に時間がかかってしまいます。そのため、はじめはデータが軽い人間を配置して検討していきましょう。

Thea Render で先ほどの山のデータを開きます。[Settings] → [Instancing] の [Canvas] に山、[Instanse] に人間を登録し、[Populate] をクリックします。すると、山に対して人間が垂直に配置されていますが、木は空に向かって伸びていくので垂直だと違和感があります 1 2。

そこで [Settings] → [Instancing] の [Direction] の数値を変えていきます。
配置したモデルを [Clear] と [Elase] で削除し、最初の状態にします。
[Direction] の値を 80 に変更し、[Populate] をクリックします。するとモデルが空に向かって配置されました 3 4。

POINT

[Direction] はモデルが Y 軸にどれくらい沿うかを表したもので、数値をあげればあげるほど Y 軸に対して平行に配置されます。

実際には同じ大きさ、同じ向き、同じ傾きの木はありませんので、それぞれ数値を変更していきます。例えば [Normal] の値を 6.0 に [Roll] の値を 100 に、[Scale] の値を 19 にして配置を行ってみます。人間を木と置き換えたときに違和感がなければ成功です 5 6。

2 植栽を調整する

それでは木のデータを用いて植栽を行いましょう。

配置したモデルを［Clear］と［Elase］で削除し、最初の状態にします。

メニューバーの［File］→［Merge］をクリックし、付属DVDの［Tree.Pack］を参照します **1** **2**。

［Merge Options］ウィンドウで、［Models］と［Materials］のみ［Merge-Add New To Current（現在のWorkspaseに参照データを追加する）］に設定します。他は［Keep Current-Throw Away New（現状を維持する）］に設定し、［Proseed］をクリックします **3**。

［Workspase］に木のデータが追加されます **4**。追加されたモデルは予測できないところに配置されるので［Workspase］内を探しましょう。

［Canvas］に土台、［Instanse］に木を登録し、手順1で検討した数値を入力していきます。また［MinimumDistanse］を0.01に、［Population］を10000に設定し、［Populate］をクリックします **5**。

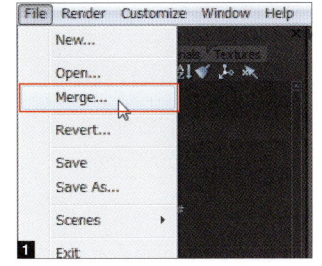

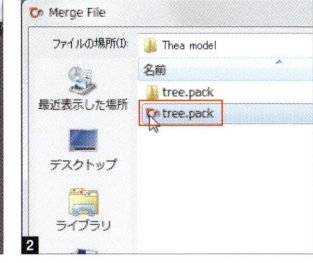

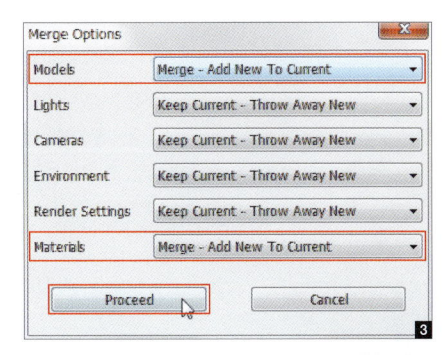

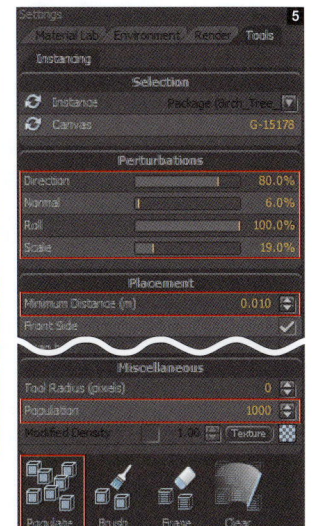

これで森の完成です **6**。

FIX

素材をつくる

Part. 02_Chapter. 02

no. 12/17

芝生をつくる

芝生は敷地づくりには必要不可欠な要素です。2Dデータと3Dデータの2つの方法があります。

APPLICATION: **T** Thea Render

page 270_271

12/17

Part. 02_Chapter. 02

no. 12/17

STEP1 Thea Render

A 2Dイメージを利用する

1 芝生の2Dイメージを開く

Thea Renderで芝生を生やしたいモデルを開いておきます **1**。
次に、[File]→[Merge]をクリックし **2**、付属DVDから「2D.pack」を開きます **3**。

POINT

芝生を生やす地面はSketchUpの段階で緑色に色づけしておきましょう。芝生を生やした際にアングルによって隙間から地面が見えてしまう場合がありますが、芝生の類似色で色づけしておくと違和感なく表現できます。

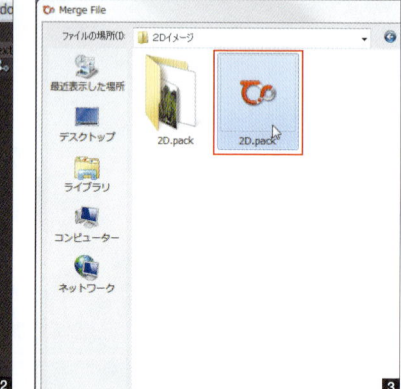

2Dイメージが開いたら をクリックします。
「Merge Options」ウィンドウで、[Models][Materials]のみ[Merge-Add New To Current]を選択し、他は[Keep Current-Throw Away New]を選択し[Proceed]をクリックします **4**。

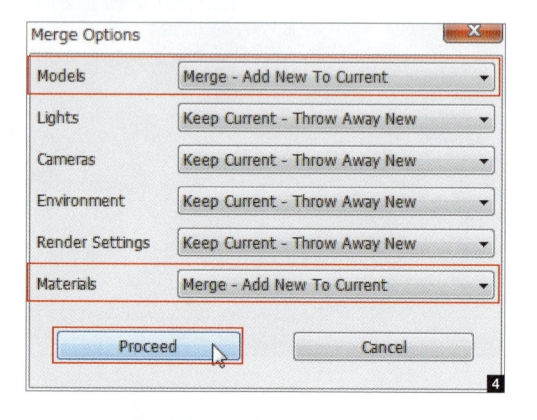

芝生の2Dイメージが[Work Space]に追加されます。[Scene]→[Tree View]→[Models]の一番下に「Grass1-1'×1'」というモデルが追加されているので選択し **5**、ツールバー（下）の をクリックします **6**。

2Dイメージが表示されました 7。

POINT

[アイコン]は選択しているモデルを画面全体に表示します。

2 芝生の大きさを調整する

ツールバー（上）の[アイコン]を使ってプロジェクトに合わせたサイズにしましょう。

→p049/モデルを拡大縮小する

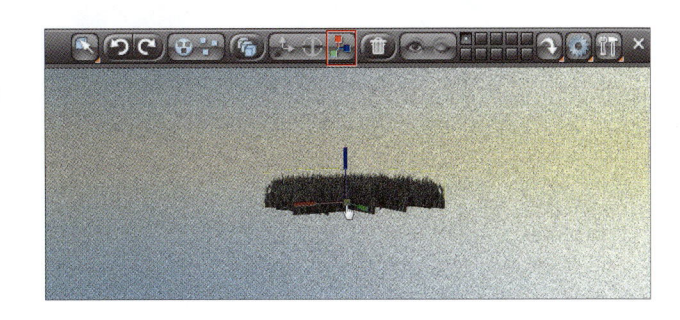

3 芝生を増やす

芝生を生やす地面を選択し 1、[Settings] → [Instancing] の [Canvas] で左にあるマークをクリックして地面のモデルを登録します 2。

次に、追加した芝生データを選択し 3、[Settings] → [Instancing] の [Instance] で左にあるマークをクリックします 4。
これで2つのモデルを登録することができました。

NEXT

MEMO

画面上に芝生データが見当たらないときは、[Scene] → [Tree View] の [Models] で選択しましょう。

[Settings]→[Instancing]で、プロジェクトに合った設定をしましょう。今回は、下記のようにそれぞれ設定し、[Populate]をクリックします 5 。

Roll	48%
Scale	10%
Minimum Distance	0.0001
Population	1000000

MEMO
あまり無理な設定をしてしまうとPCが落ちてしまうこともあるので適度な設定を心掛けましょう。

MEMO
芝生モデルを増やす前にデータを保存することも忘れずに。

「New Instance Package」ウィンドウで[OK]をクリックして実行します 6 。

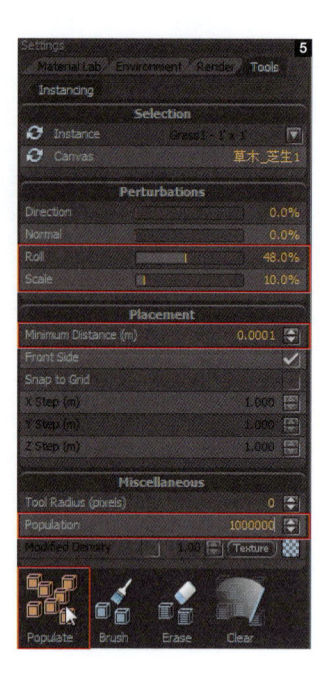

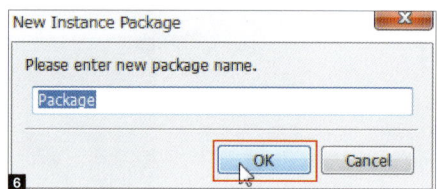

これで2Dイメージを使用した芝生の作成が完了しました 7 。

FIX

B 3Dイメージを利用する

3Dイメージを利用すると、さらにリアルに芝生を表現することができます。しかし、3Dイメージはデータ量がかなり大きいので、2Dイメージを扱う時以上に、無理な設定をしないように注意しましょう。
手順は2Dイメージのときと同様です。

1 芝生の3Dイメージを開く

付属DVDから「complexgrass.pack」を選択しましょう。

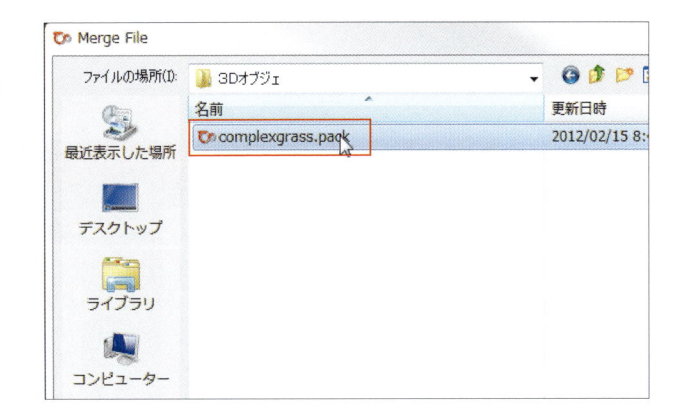

2 芝生を増やす

設定は下記の通りです。

Normal	8%
Roll	74%
Scale	14%
Minimum Distance	0.0001
Population	9000000

FIX

POINT

よりリアルに見せるために、パースを少しカットするのも1つのテクニックです。同じパースでも、臨場感が増し、より魅力的になります。

場面をつくる

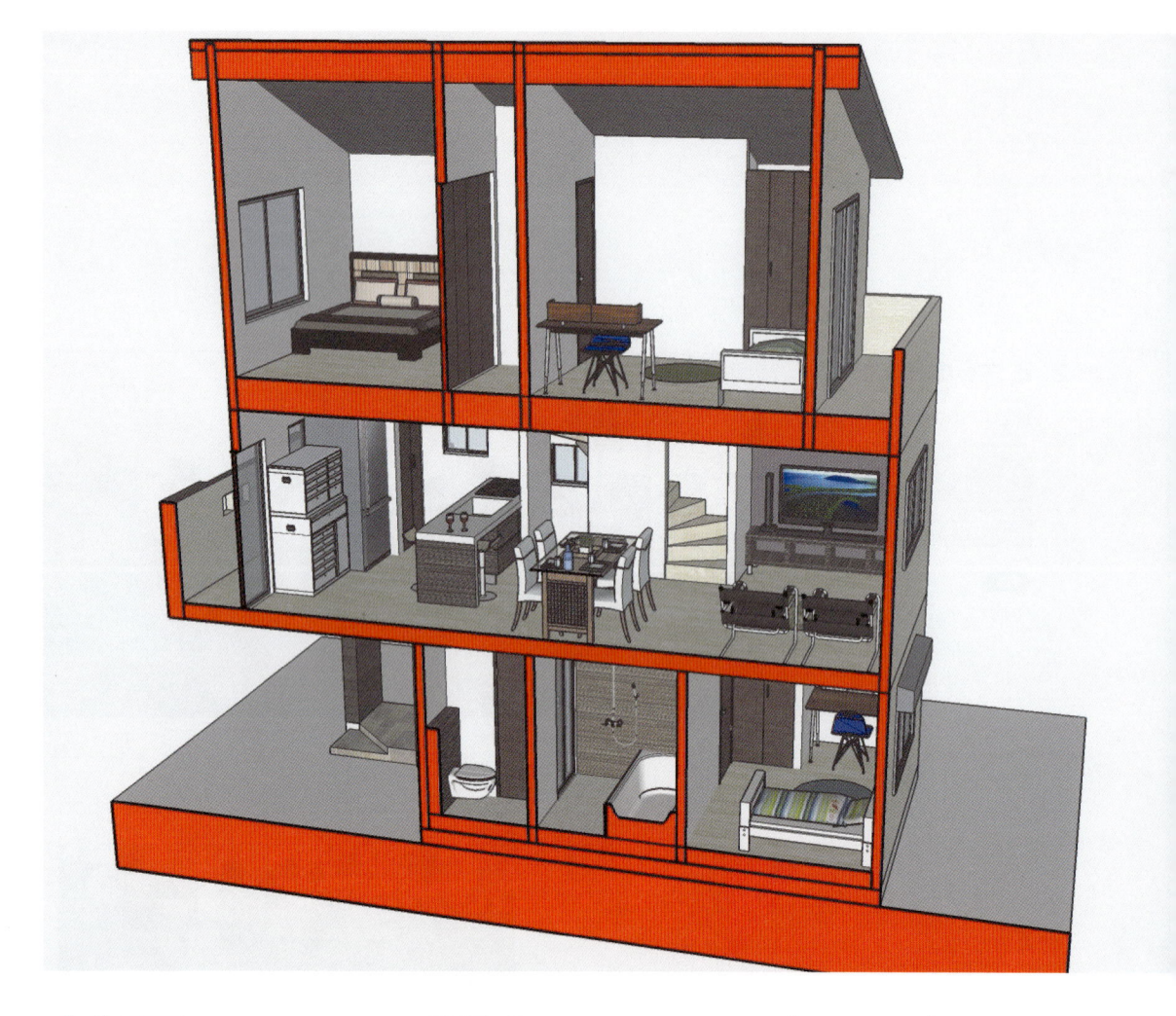

Part. 02_Chapter. 03

no. 13/17

断面パース、平面パースをつくる

モデリングさえしてしまえば、SketchUPで断面パースと平面パースを同時につくることができます。

APPLICATION: SketchUp

page 276_277

13/17

Part. 02_Chapter. 03

no. 13/17

SketchUp

1 プラグインのダウンロード

プラグインのサイト（http://sketchucation.com/forums/viewtopic.php?p=124862#p124862）を開きます。

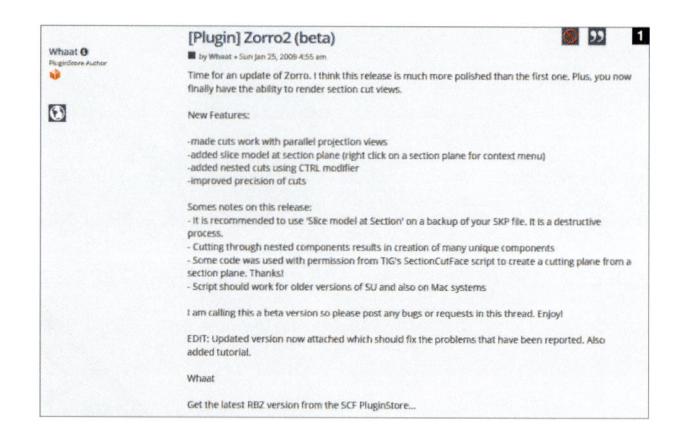

ページを下にスクロールして、「Download」ボタンをクリックします。

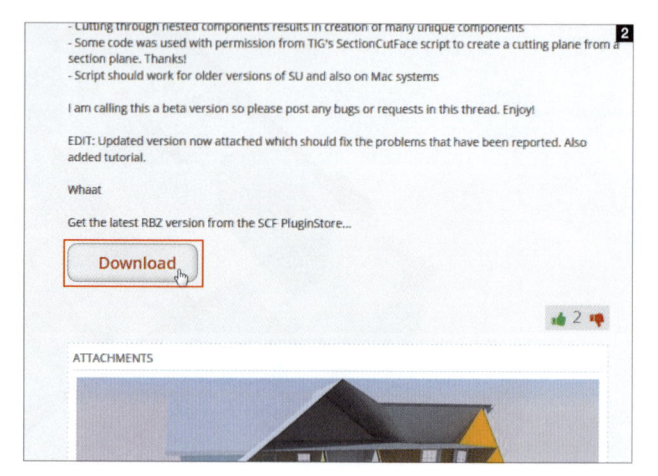

次のページで「Zorro2」の「Download」をクリックしてプラグインファイルをダウンロードし、SketchUpに取り込みましょう。

→p036/プラグインのダウンロード

2　モデルをスライスする

断面パースをつくっていきます。
モデリングデータを開きます **1**。

ツールバーの ⊕ を選択します。作業エリアにカーソルをもっていくと、カーソルの周囲に緑色の囲いが表示されるので **2**、床の面に対して垂直な面をクリックします。

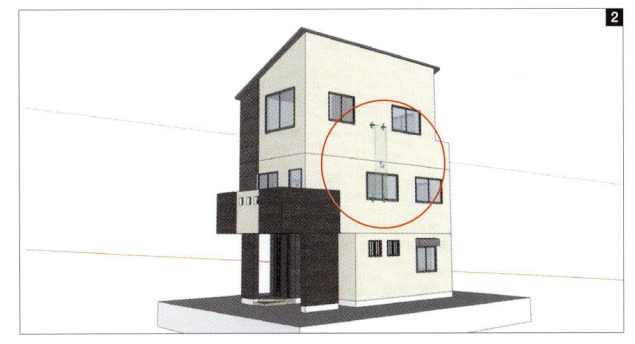

選択した面の周囲に、オレンジ色の囲いが表示されます **3**。このオレンジ色で囲まれた面（スライス面）でモデリング全体を切断（スライス）していきます。
オレンジ色で囲まれたスライス面を ▶ で選択すると青色に変化します **4**。これでスライス面を移動することができます。

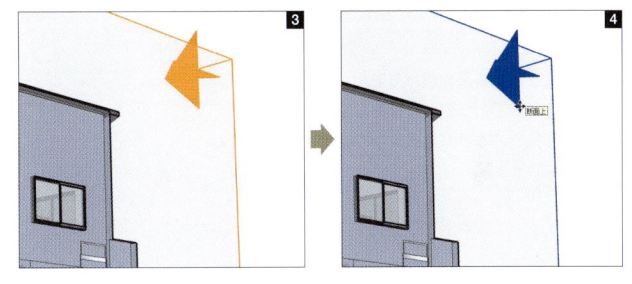

スライス面か青色のマークを1回クリックし、建物の内部に向かって動かします。すると自由自在に建物をスライスすることができます **5**。
ただし、この状態は実際には切断されておらず、ただのビューであることを理解しておきましょう。スライス面よりモデル内側は表示され、スライス面より手前側は非表示になっています。

> NEXT

3 断面の線を取り出す

カーソルを動かし、スライスしたい断面が確認できたらクリックし、スライス面の上で右クリック→［スライスからグループを作成］をクリックします。

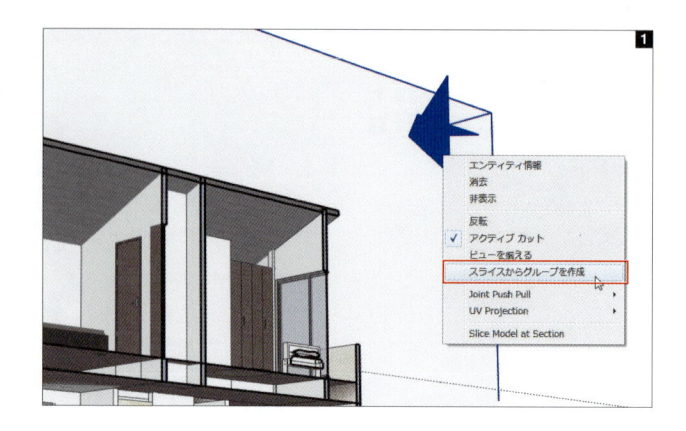

これで断面の線を作成することができました。モデルの断面と混合してしまっているので線が見えにくいですが、すでに選択されている状態になっているので✥でモデルの断面をクリックし、モデルがない部分に移動します**2**。

> **MEMO**
> スライス面より手前側は非表示になっていますのでスライス面より奥に移動するようにしましょう。

作成された断面の線はモデルを作成したときのグループごとに分かれています。線が繋がっていない部分などがあればこの段階で修正しておきましょう**3**。

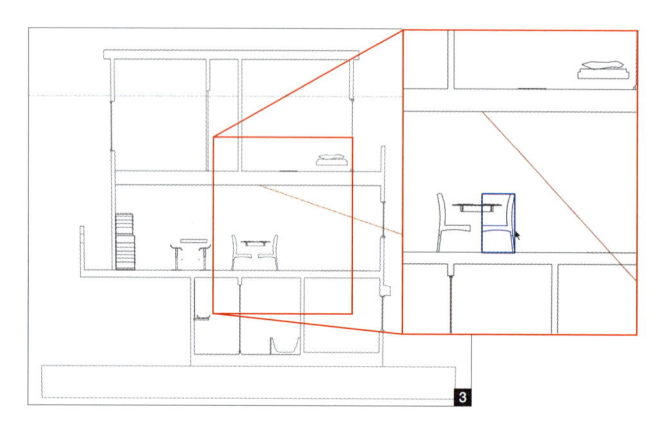

4 断面の線を面にする

作成したものはただの線なのでこれを面にします。
各グループの中に入り、断面の線を✏などでなぞって面を作成していきます。面が作成できたら、色つけをしましょう。

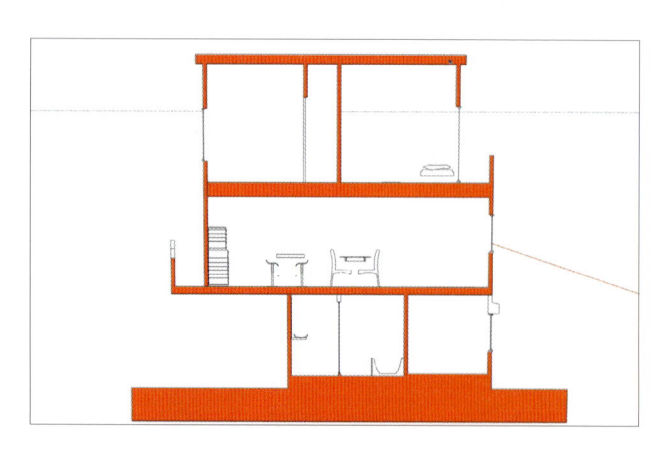

5 断面をモデルの切断面にのせる

色づけを行った断面を ☒ でもう1度モデルの切断面にのせましょう。例えば土台の角を持つと移動させやすいです。これで断面パースの完成です 1 2 。

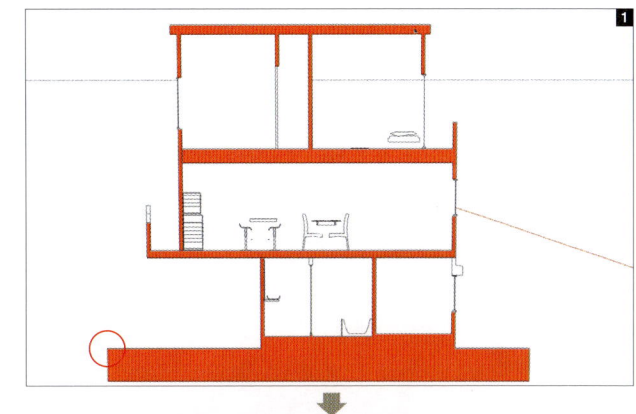

MEMO
ただし土台の角にぴったりのせてしまうとスライスによって非表示になってしまうので、スライス面より少し向こう側に移動します。

POINT
メニューバーの「ファイル」→「エクスポート」→「2Dグラフィック」をクリックすれば、画像として保存できます。

同様に平面パースを作成しましょう。少し上からみるとスライスしやすいです。平面パースはフロアごとに作成するとプレゼンしやすいでしょう 3 4 。

FIX

Part. 02_Chapter. 03

no. 14/17

敷地パースをつくる

Google Earthと連携して、簡単に正確な敷地をモデリングする方法を習得しましょう。

APPLICATION: SketchUp

page 282_283

14/17

Part. 02_Chapter. 03

no. **14**/17

SketchUp

A 平面上に建物を配置する

1 Google Earthをインストールする

はじめに『Google Earth』をインストールしておきましょう。インストールすることでSketchUpとの連携が可能になります。

http://www.google.co.jp/intl/ja/earth/

2 地図を取り込む

それではGoogleが配信している地図をSketchUpに取り込みましょう。

SketchUpで配置する建物を作成、またはファイルを開き、メニューバーの［ファイル］→［ジオロケーション］→［場所を追加］をクリックします **1**。

表示された「場所を追加」ウィンドウの左上にある検索欄で取り込みたい場所を入力し、［検索］をクリックすると、地図が表示されます。ここでは「横浜」を検索しました **2**。

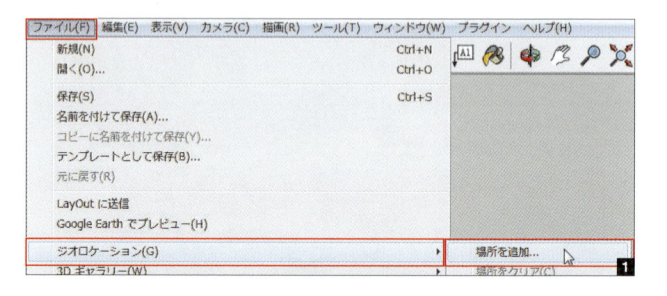

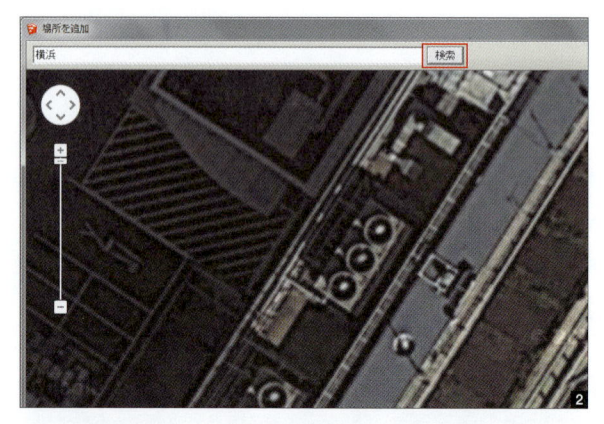

地図が拡大されすぎていて場所が認識できないので、マウスホールをスクロールして少しひいてみましょう **3**。スクロールを行うと、白い枠が現れます。この枠内を、SketchUpにインポートすることができます。

地図の上でドラッグして、目当ての敷地が枠内に収まるように地図を移動させ、右上の [地域を選択] をクリックします 4 。

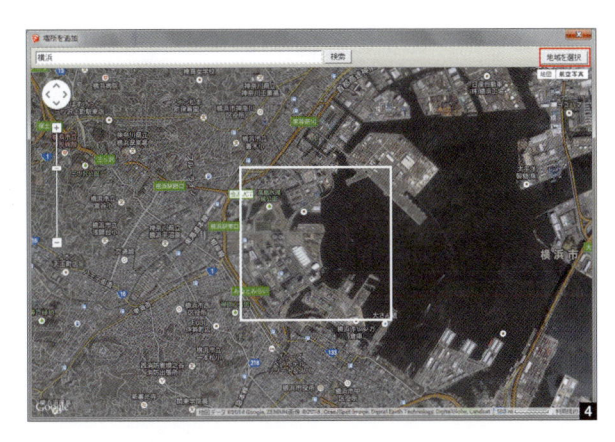

枠の四隅に青いピンが配置されます。枠の範囲内ならば、ピンをドラッグして、ピンの位置を変更できます 5 。枠の範囲を確定したら、右上の [グラブ] をクリックします 6 。

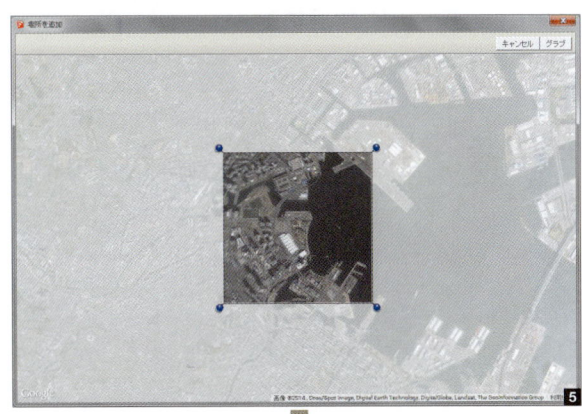

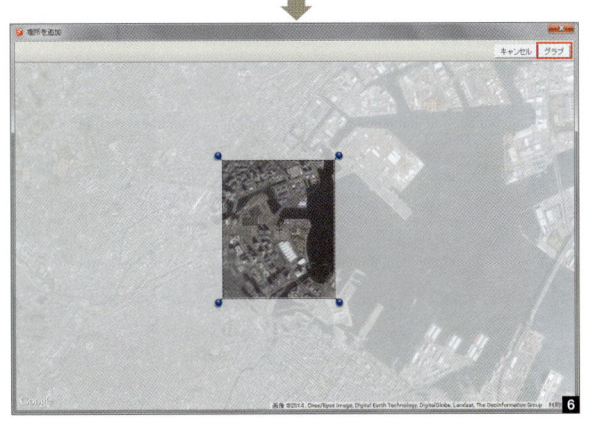

地図データが SketchUp にインポートされました 7 。

NEXT

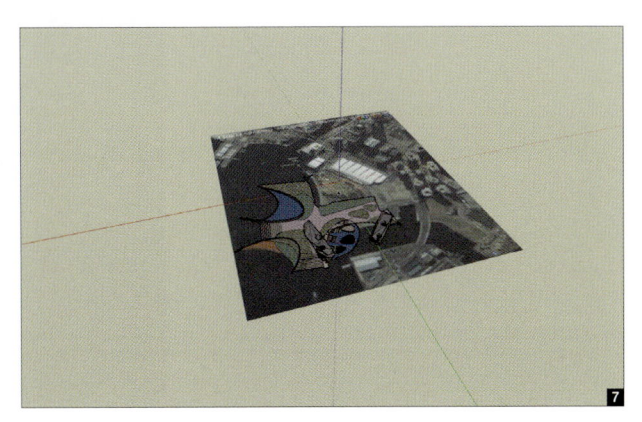

3 モデルを地図の上に配置する

配置したいモデルを地図にうまく配置しましょう。

SketchUp上での単位を「mm」に設定しておけば、地図を取り込んでも寸法が合わないなどの不具合がおきません。

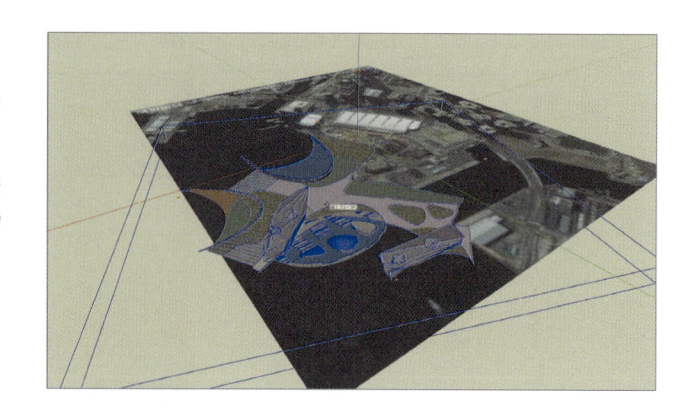

4 Google Earthに表示する

モデルをうまく配置できたら、メニューバーの［ファイル］→［GoogleEarthでプレビュー］をクリックすると❶、「エクスポートの進行状態」ウィンドウが開き、モデルがエクスポートされます❷。

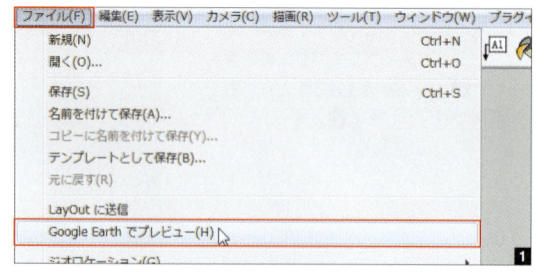

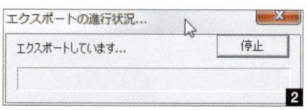

「Google Earth」が開き、モデルが地図上に配置されます❸。拡大をすると、モデルが地図にうまく馴染んでいるのがわかります❹。

有名な都市では「建物の3D表示」が可能なので、水平線に近づくほどに建物に高さが出てきます。ドラッグでグルグルと操作して、様々な角度からの見え方をプレゼンしましょう 5 6 。

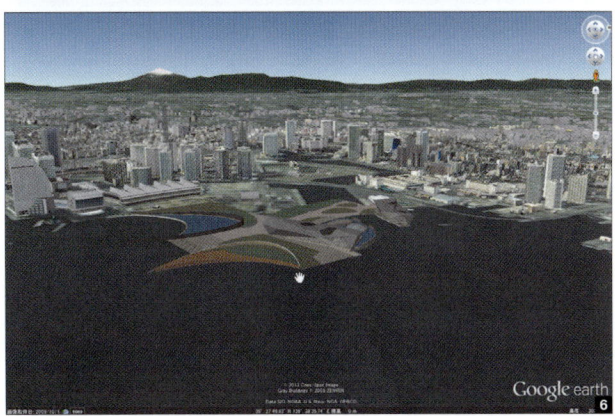

［ファイル］→［保存］→［名前を付けて場所を保存］をクリックすれば、ネット環境のあるところならばいつでも敷地にモデルをはめ込んだGoogle Earthを閲覧することができます 7 。

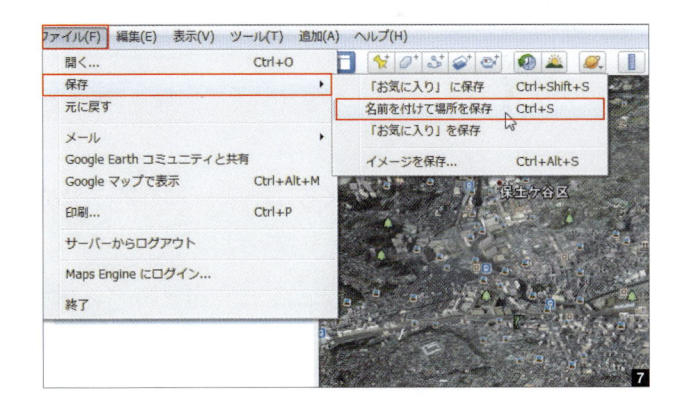

FIX

POINT

画像としても保存が可能ですのでプレゼンボードにのせることもできます。「ファイル」→「保存」→「イメージを保存」をクリックして保存しましょう。

B 高低差のある敷地に建物を配置する

1 サンドボックスツールの表示

次は山間部など高低差のある敷地に建物を配置してみましょう。配置する建物を作成、またはファイルを開き、敷地のモデリングに必要な[サンドボックス]ツールを表示しましょう。メニューバーの[ウィンドウ]→[環境設定]をクリックします。
「システム環境設定」ウィンドウで[機能拡張]をクリックし、[サンドボックスツール]にチェックを入れ、[OK]をクリックします**1**。

メニューバーの[表示]→[ツールバー]→[サンドボックス]にチェックを入れると、[サンドボックス]ツールが表示されます**2 3**。チェックを入れてもツールが表示されないときはチェックを入れなおすと表示されます。

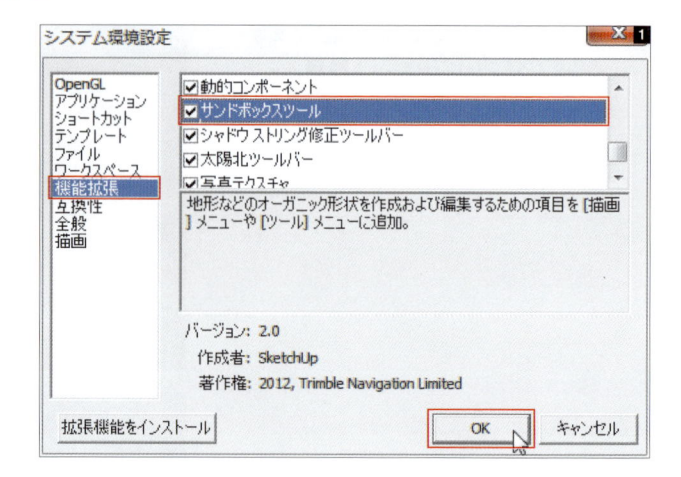

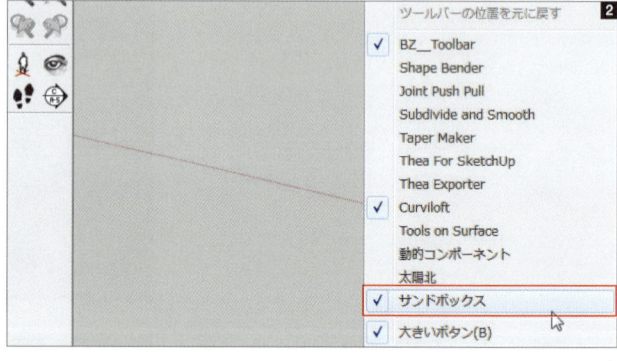

2 モデルの下に土台をつくる

モデルを下から覗いてみましょう。モデルの下に一枚の板を作成し、グループ化をしましょう。この板は凹凸のある敷地を削り取るサポート材として使用し、すべての工程が終わり次第削除します。

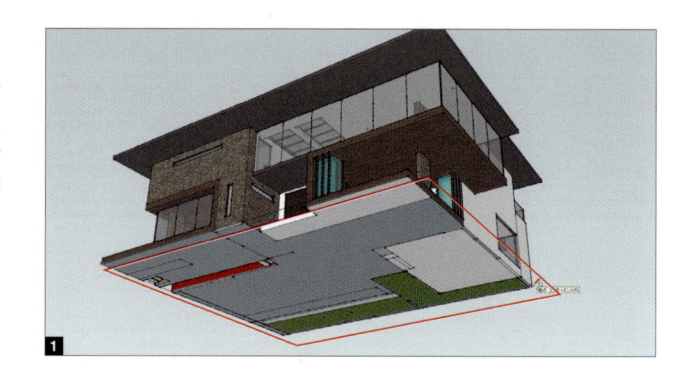

3 地図を取り込む

Googleの地図をインポートしましょう。本書では「マリブ」を検索しています。

→p284/地図を取り込む

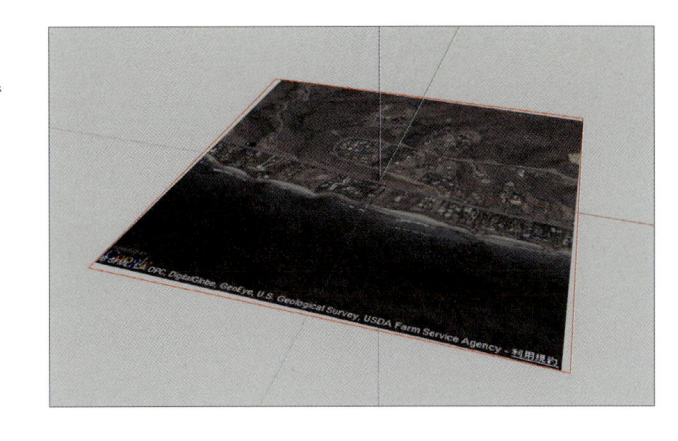

4 地図を立体にする

インポートが完了したら、メニューバーの［ファイル］→［ジオロケーション］→［地形を表示］をクリックします❶。すると平面だった地図が立体的になります❷。GoogleMapが配信している地図データには、等高線などの高低差の情報が含まれているため、一瞬で敷地に高低差をつけることができます。

NEXT

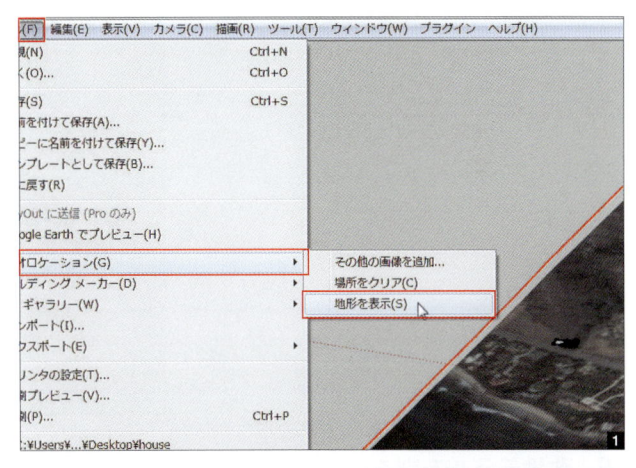

5 敷地モデルを編集する

敷地モデルのロックを解除しましょう。敷地モデルの上で右クリックし、［ロックを解除］をクリックします **1**。ロック時は赤い枠で囲まれていましたが解除を行うと通常の青いグループ表示になります。これで敷地モデルを編集することができます **2**。

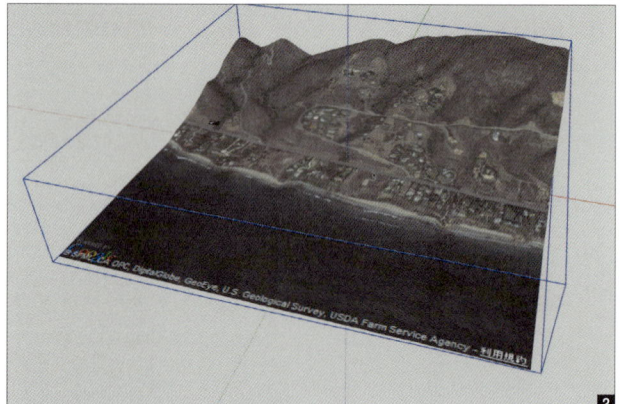

6 敷地モデルを削る

ロックが解除できたら、サポート材を敷地モデル内の目当ての場所に移動させます。サポート材と敷地モデルは特に接する必要はなく浮いた状態で構いません **1**。
サポートと地形は一度グループを分解してから、同じグループにします。

建物を傾けずに敷地に配置するために斜面の一部をフラットな面にしましょう。手順2で表示したサンドボックスツールのスタンプツールをクリックし、サポート材→敷地モデルの順にクリックします **2**。

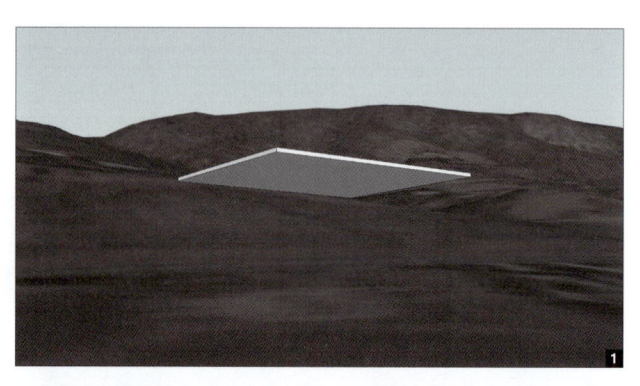

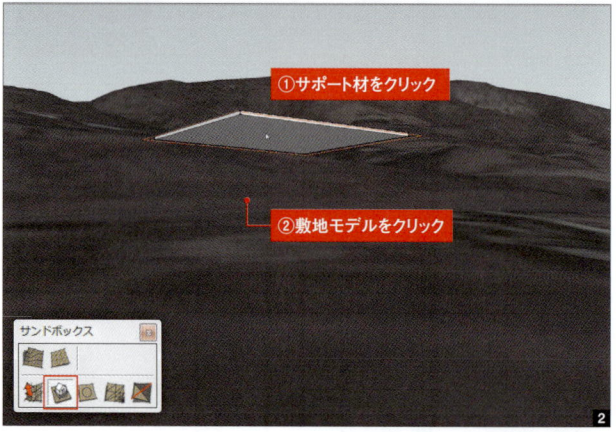

四角の柱が表示されます **3**。この状態でカーソルを上下に動かすと、柱が伸縮します。敷地モデルに寄りすぎて伸縮がしにくいときは、一旦敷地モデルから離れてみましょう。

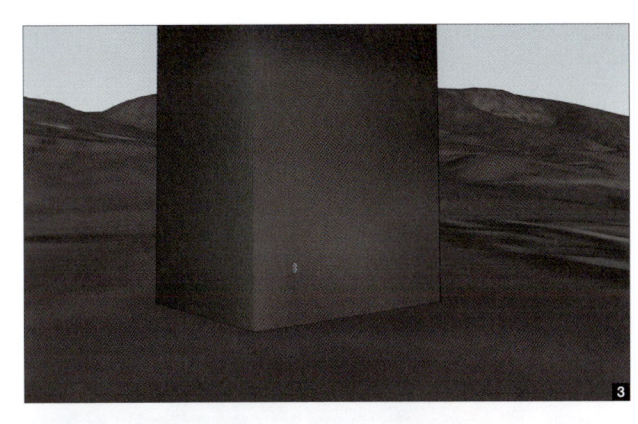

柱の高さを調節して適度に斜面を削れたら、その位置でクリックします。これでフラットな面が作成できました。サポート材はもう必要ありませんので、削除しておきます **4**。

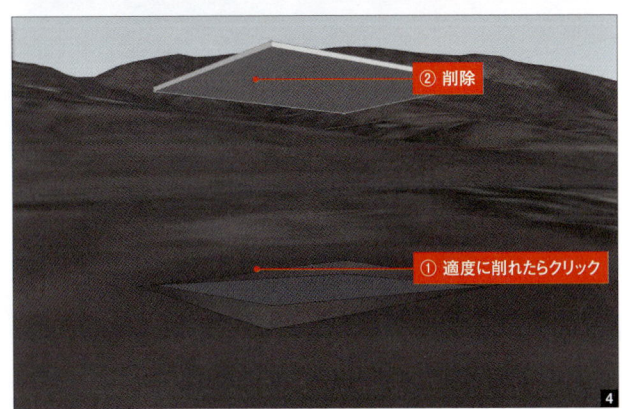

② 削除

① 適度に削れたらクリック

7 モデルを敷地に配置する

斜面を削ったフラットな面に建物を配置します **1**。

緩急のある敷地にも、建物をなじませることができました **2**。

FIX

Part.02_Chapter.03 no. 15/17

場面をつくる

写真と合体したパースをつくる

周囲の建物や植栽、電柱などをつくりこむには手間がかかってしまいます。
そこで、現場の写真を撮り、その写真に作成したモデルを照合する方法を習得しましょう。

APPLICATION: **S** SketchUp **T** Thea Render

page 292_293

15/17

Part. 02_Chapter. 03

no. **15**/17

STEP1 SketchUp

1 写真をインポートする

作成した建物のモデルと、建物が配置される敷地写真を用意します。本書では机（敷地）の上に模型（建物）をのせていきます。

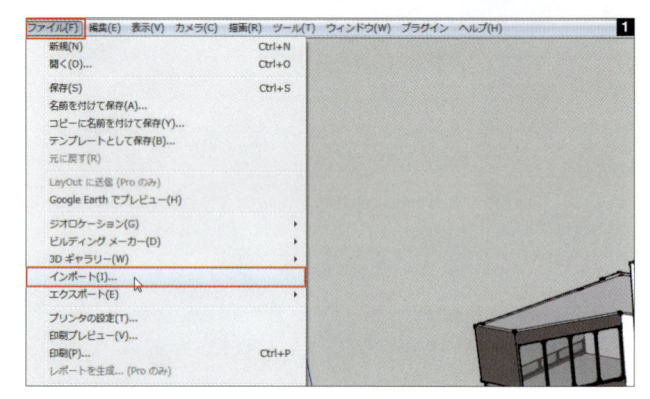

モデルのファイルを開き、メニューバーの［ファイル］→［インポート］をクリックします **1**。

「ファイルを開く」ウィンドウで、敷地写真を選択し、［新規照合写真として使用する］にチェックを入れ、［開く］をクリックします **2**。

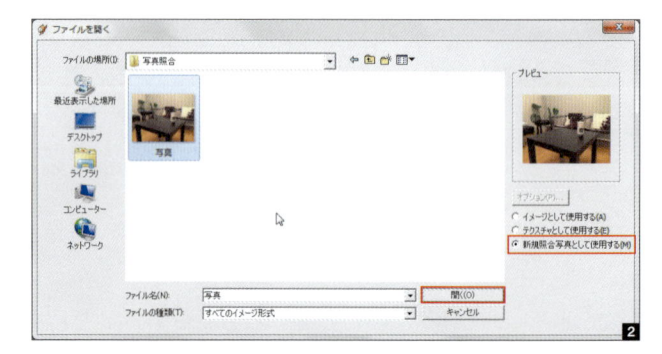

これで敷地写真をSketchUp内にインポートすることができました **3**。

2 モデルの角度を調整する

写真をインポートすると「写真照合」ウィンドウと4色のガイドラインが表示されます。
黄色のガイドラインは消失点の位置を表しています❶。上下に動かすことで位置を変更することができます❷。

> **POINT**
>
> 「写真照合」ウィンドウでは照合をしやすくするためにグリッドを表示することができます。グリッドの間隔を建物の規格に合わせると操作しやすくなります。

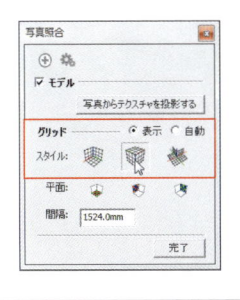

赤色・緑色のガイドラインがモデルの上下に2本ずつあります❸。この2色のガイドラインは、モデルのそれぞれの軸の角度を示しています。そのため、このガイドラインを写真の中の軸と合わせることで、写真とモデルの視野角を合致させることができます。

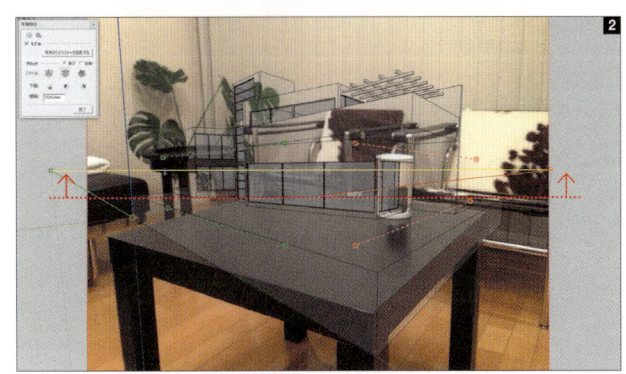

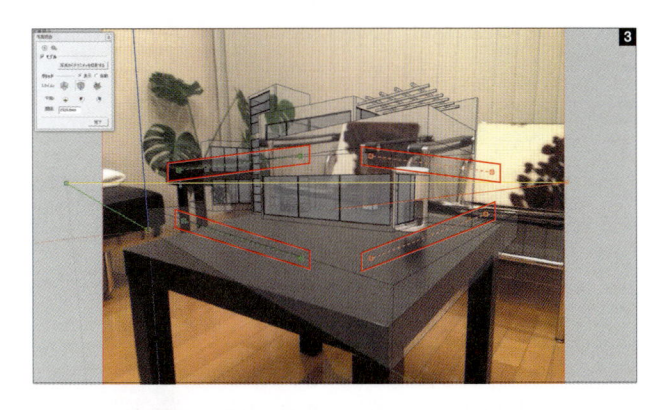

ガイドラインの端点をクリック&ドラッグして、角度を調整しましょう。
ここでは、赤色・緑色の上下すべてのガイドラインを、机の角度と合わせました❹。

NEXT

3 モデルを拡大／縮小、移動する

青、赤、緑のガイドラインにカーソルをのせてドラッグすると、拡大縮小ができます。
また、青、赤、緑のガイドラインが合わさる点をドラッグすることで、様々な位置に移動できます **1**。

モデルを写真にうまく溶け込ませることができたら、「写真照合」ウィンドウの「完了」をクリックします。これで照合作業は完了です **2**。

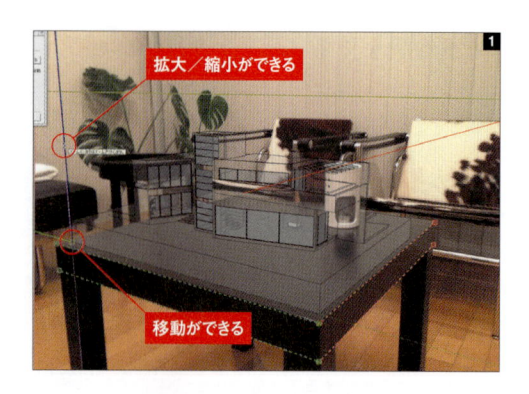

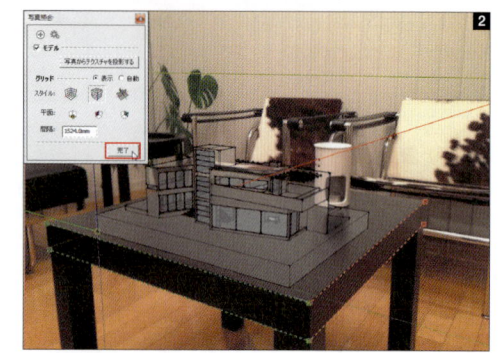

4 Thea Renderに変換する

メニューバーの［プラグイン］→［Thea Render］→［Show Thea Tool Window］をクリックして、「Thea Tool」ウィンドウを開き、［Aspect ratio］の比率を敷地写真のサイズの比率に設定します。本書では4：3に設定しました **1**。

メニューバーの［プラグイン］→［Thea Render］→［Show Main Thea Window］をクリックして「Thea Render for SketchUp」ウィンドウを開き、［Rendering］タブの［Mode］を「Unbiased(TR1)」にします。 をクリックしてレンダリングスタートし、ある程度形が見えたら をクリックしてレンダリングを停止し、 をクリックします **2**。
ファイルの種類を「Thea Scene (*.pack.thea)」に設定し、データを保存しましょう。

NEXT

MEMO

［Aspect ratio］を4：3に設定した場合、［Unbiased(TR1)］に設定しておかないと正常にレンダリングできないので注意しましょう。

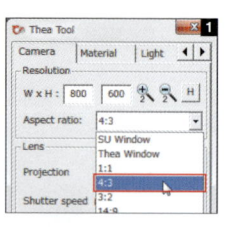

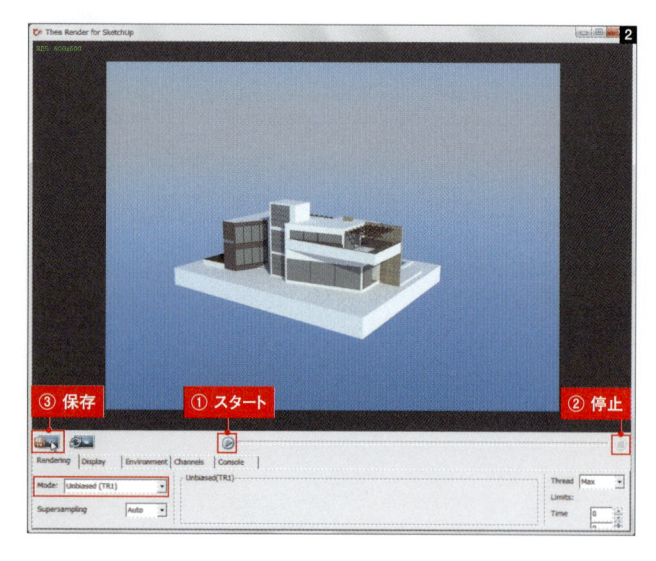

STEP2 Thea Render

1 データを開く

保存したThea Scene (*.pack.thea) データを開き、🎨 をクリックします。

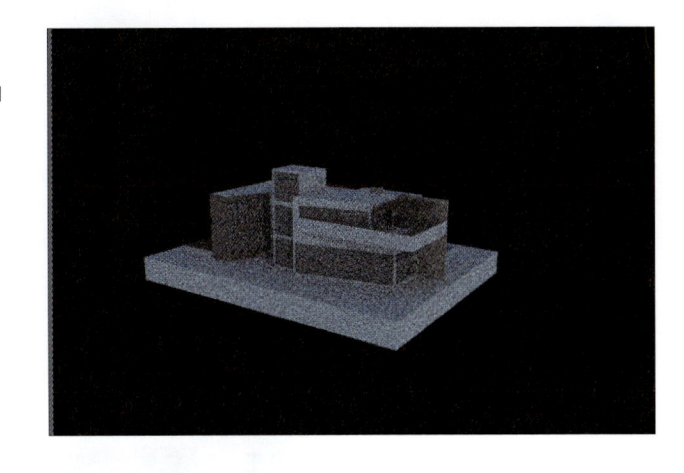

2 背景に敷地写真を参照する

[Settings] → [Environment] → [IBL] をクリックし、[Background Mapping] の [Enable] にチェックを入れます。その下の [Filename] の 📁 をクリックして敷地写真を参照します。

写真を参照すると背景に取り込まれましたがスケールが合いません **2**。そこで [Wrapping] のプルダウンメニューをクリックし、[Fit] を選択しましょう **3**。

> NEXT

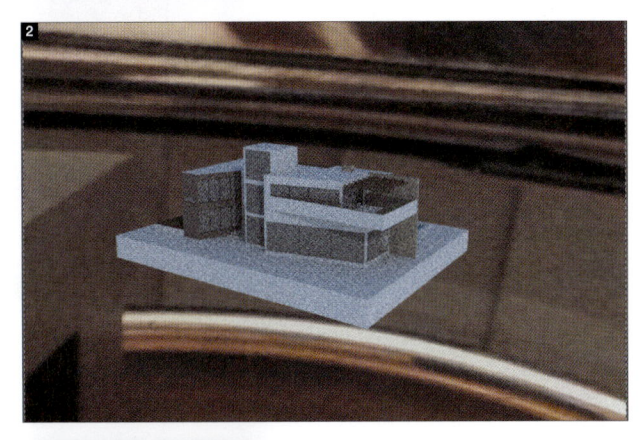

プレビューレンダの画面のサイズと背景のサイズが合いました **4**。

> **MEMO**
>
> [Fit] を選択することで背景画像のサイズがプレビューレンダのカメラサイズに合わせてくれるので、SketchUp で照合を行ったシーン（「写真」というシーンが自動的に作成されています）に設定しておけば必ず合致します。

3 敷地写真の明るさや色合いをモデルに反映する

[Settings] → [Environment] → [IBL] をクリックし、[Image Based Lighting] タブの [Enable] にチェックを入れ、[Filename] に敷地写真を参照しましょう **1**。敷地写真の明るさや色合いがモデルに反映されました **2**。

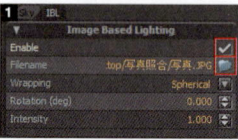

4 モデルの影をつくる

モデルと写真を馴染ませるためにモデルがつくり出す影を作成しましょう。ツールバー（上）の ![icon] をクリックし、[Insert IPlane] をクリックします **1**。

[Insert IPlane] をクリックすると、赤軸と緑軸で構成する面に板状のモデルが作成されます。この板状のモデルに影がきれいに落ちています **2**。

> **MEMO**
>
> 影を違和感なく落とすにはSketchUp内で赤軸と緑軸で構成される面の上にモデルをのせておく必要があります。

次に、板状のモデルを選択し、[Settings] → [Material Lab] → [General] をクリックします。「Shadow Cacher」のチェックボックスにチェックを入れます **3**。これで影をつけたまま板状のモデルを透き通らせることができました **4**。

NEXT

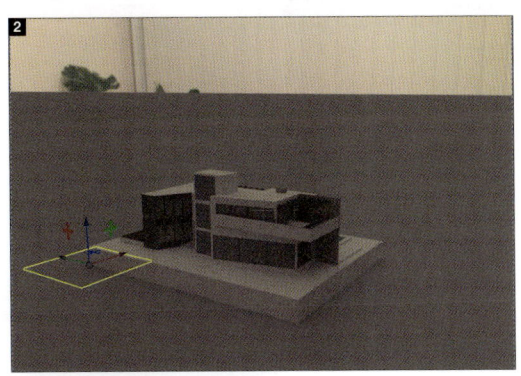

ただし板状のモデルの色が、白色に近づくにつれて色が残ってしまうので、[Settings] → [Material Lab] → [Scatter] をクリックし、[Diffuse] のカラーボックスで黒色に近づけるようにバランスをとりましょう 5 。

あとはモデルの色や質感などを設定し、モデルと背景をうまく馴染ませるように修正していきます 6 7 。

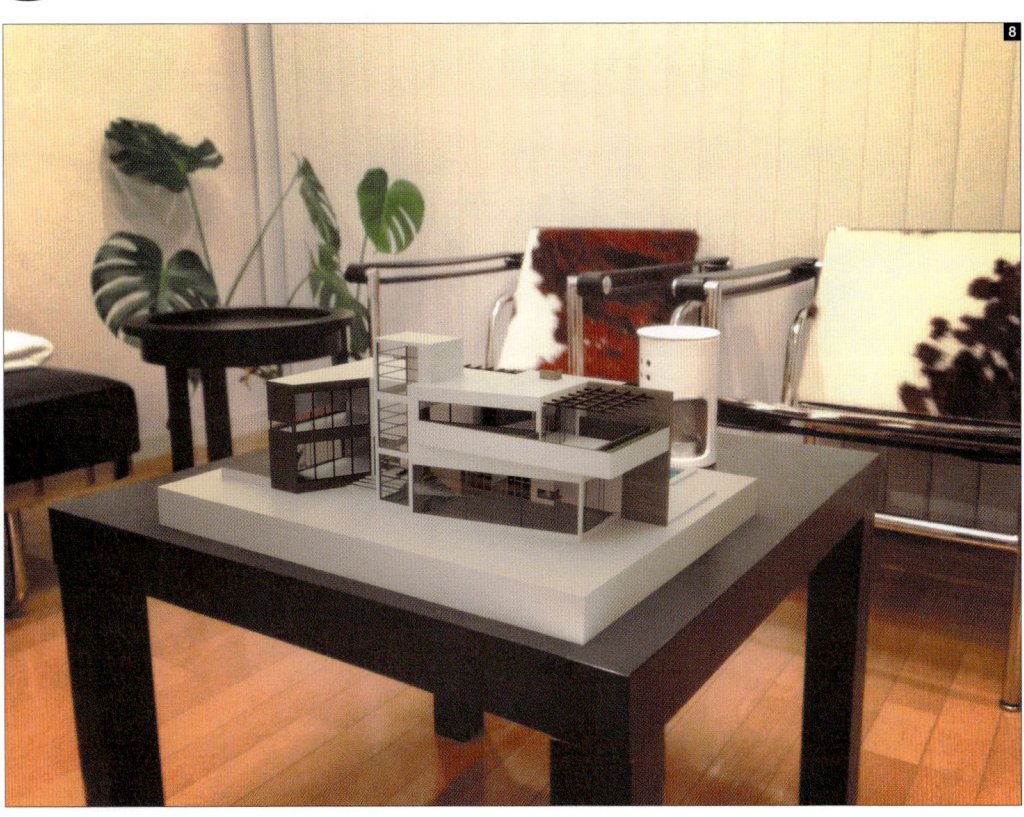

最後にレタッチ作業を行い、パースの完成です 8 。

FIX

プレゼンする

Part.02_Chapter.04

no.
16/17

アニメーションをつくる

アニメーションはプロジェクトをより詳細に、わかりやすく伝えることができます。
場合によってはパース数枚を並べるよりも「伝える力」が大きくなります。

APPLICATION: **S** SketchUp

page
302_303

16/17

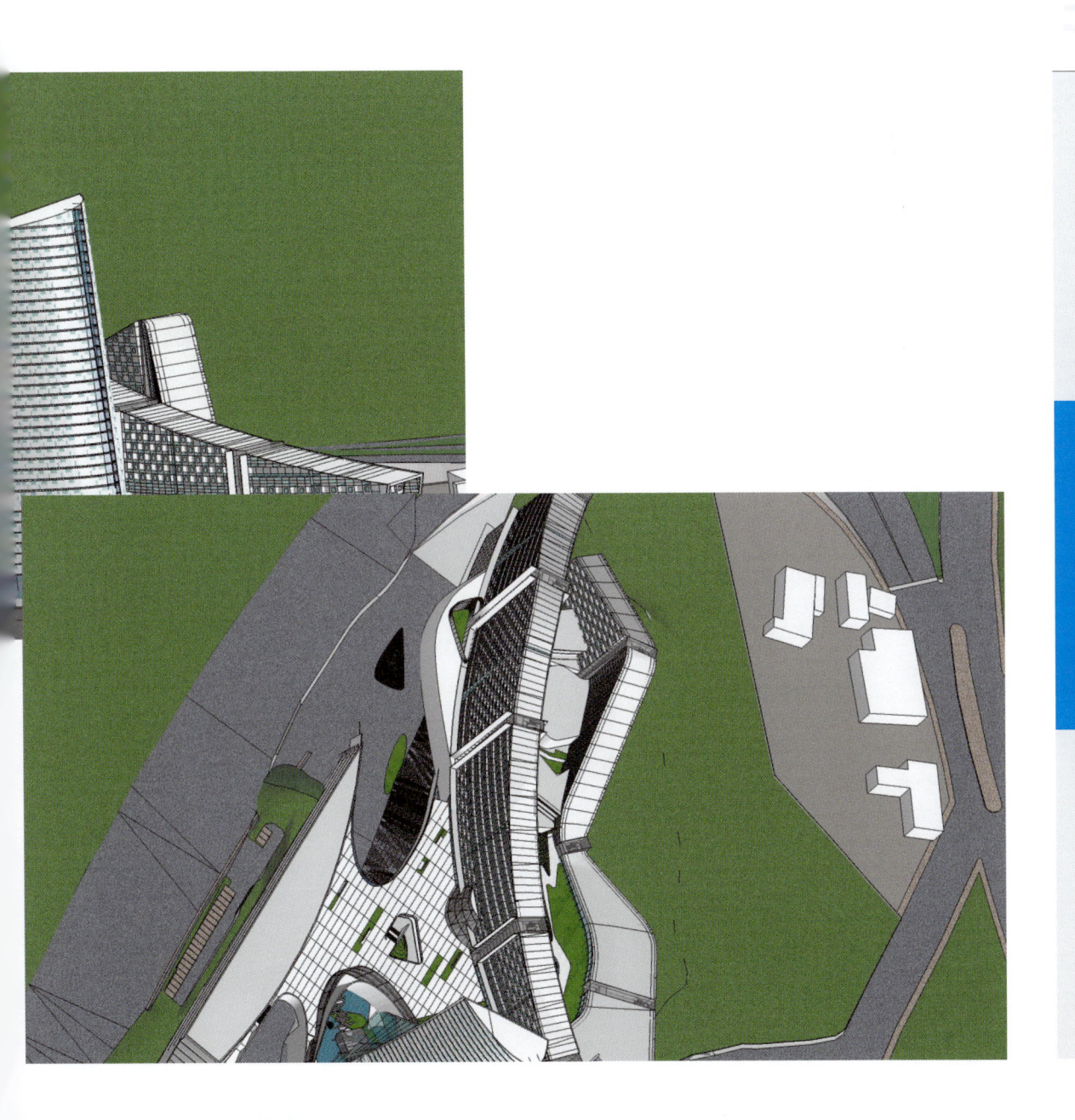

Part. 02_Chapter. 04

no. **16** / 17

STEP1 SketchUp

1 シーンをつくる

SketchUpでデータを開き、メニューバーの［ウィンドウ］→［シーン］をクリックし、「シーン」ウィンドウを開きます。
アングルが決定したら、「シーン」ウィンドウの ⊕ をクリックしてシーンを作成します。次に繋げたいアングルを決め、再度「シーン」ウィンドウの ⊕ をクリックします。

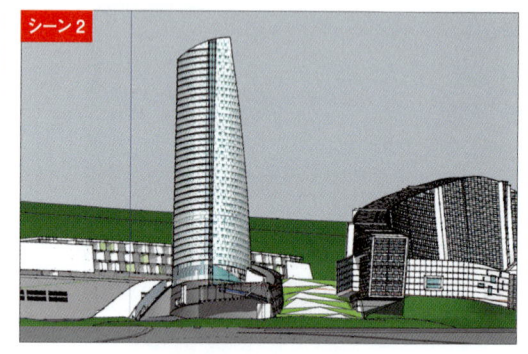

シーン1

シーン2

2 シーンを繋げる

メニューバーの［表示］→［アニメーション］→［再生］をクリックします。「アニメーション」ウィンドウが開き、作業エリアが動き出し、作成したシーンを繋ぐようにアニメーションが開始されます。

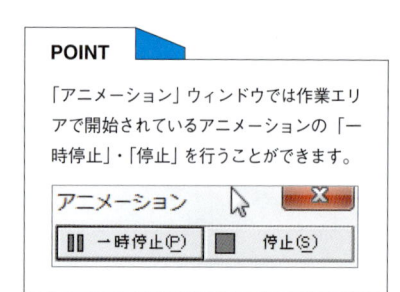

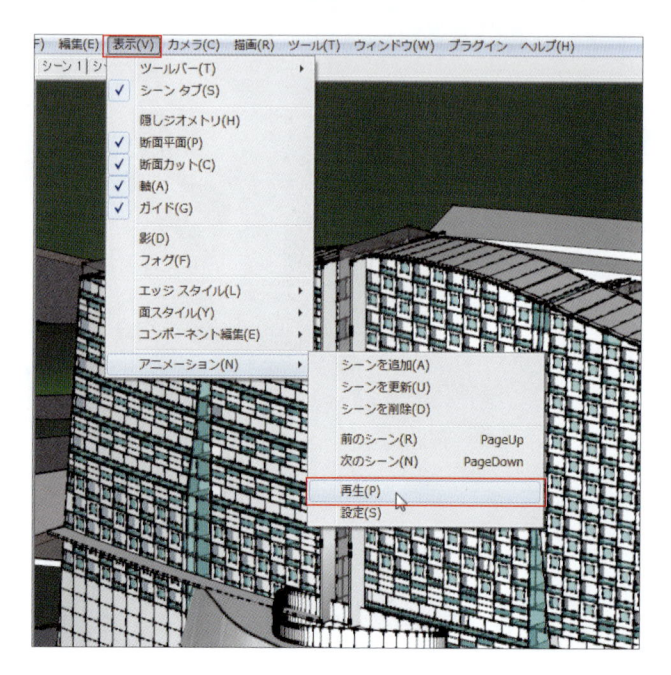

POINT
「アニメーション」ウィンドウでは作業エリアで開始されているアニメーションの「一時停止」・「停止」を行うことができます。

3 シーンの切り替え・遅延を調整する

アニメーションを見やすくするために設定を変更しましょう。
メニューバーの[表示]→[アニメーション]→[設定]をクリックすると、「モデル情報」ウィンドウが開きます。
「シーンの切り替え」を10秒に、[シーンの遅延]を10秒に変更します。

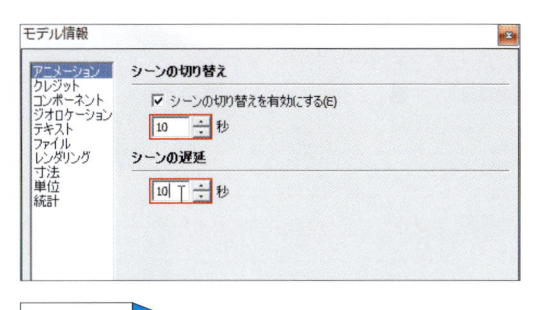

> **POINT**
> [シーンの切り替え]は作成したシーンから次のシーンに切り替わるまでの時間を指し、[シーンの遅延]は切り替わったシーンで何秒滞在するかを指します。

> **POINT**
> [シーンの遅延]を今回は10秒に設定しました。これはプレゼンテーションの際、口頭での発表時間を考慮して設定しています。閲覧用としてのアニメーションなのか、説明用のアニメーションなのか目的を定めてから作成しましょう。

4 アニメーションを保存する

メニューバーの[ファイル]→[エクスポート]→[アニメーション]をクリックすると「アニメーションのエクスポート」ウィンドウが開くので、[オプション]をクリックします■。

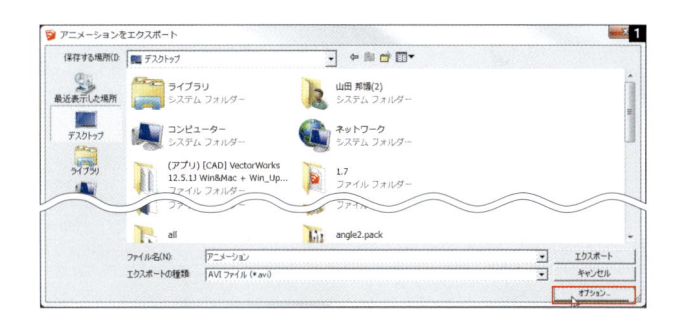

「アニメーションのエクスポートオプション」ウィンドウで、画面の比率を[16：9]に、幅を[1280]に変更し、フレームレートを[24]にしたら[Cinepak Code c by Radius]をクリックしましょう■。

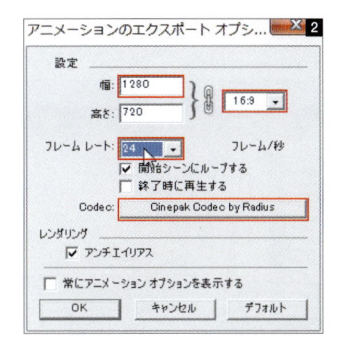

> **POINT**
> 比率を[16：9]にしておくと少し横長のアニメーションを作成することができます。作業を行う画面の大きさに合わせてそれぞれ設定しましょう。
> また幅(解像度)を[1280]にしておくと画面が小さくなりすぎません。読み手が見やすいサイズを設定しましょう。

> **POINT**
> フレームレートとは1秒あたりのコマ数を表します。通常、テレビやビデオは1秒間に30フレームを表示し、映画は24フレームになっています。値を大きくするほど、画面の動きは滑らかになりますが、それと同時にデータ量も重くなります。

「ビデオの圧縮」ウィンドウで圧縮プログラムを[Midrosoft Video 1]に設定し、[OK]をクリックします■。

NEXT

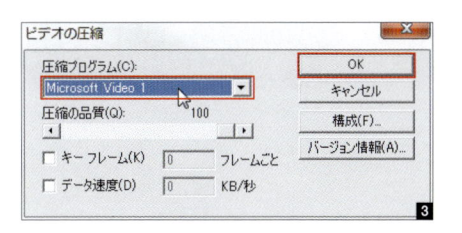

「アニメーションのエクスポートオプション」ウィンドウに戻ったら[OK]をクリックし、オプションの設定は完了です ❹。

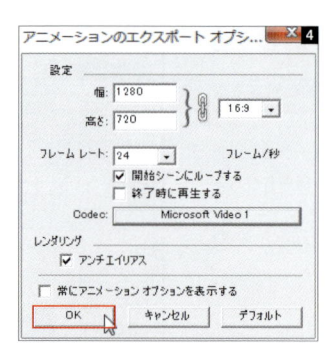

「アニメーションをエクスポート」ウィンドウで[エクスポート]をクリックして、アニメーションを保存しましょう ❺❻❼。エクスポートするまでに少し時間がかかりますが、これでアニメーションの保存は完了です。

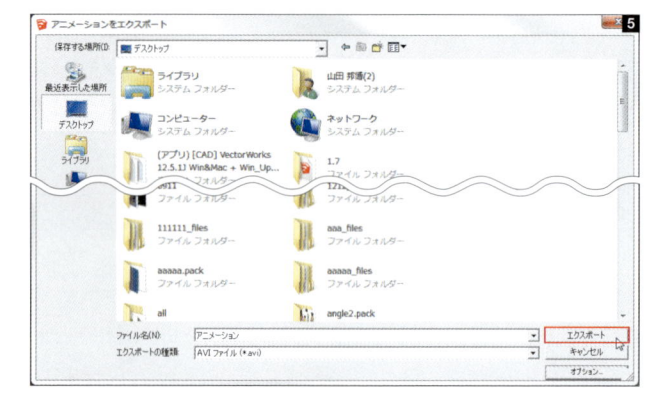

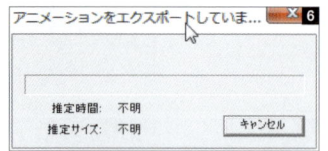

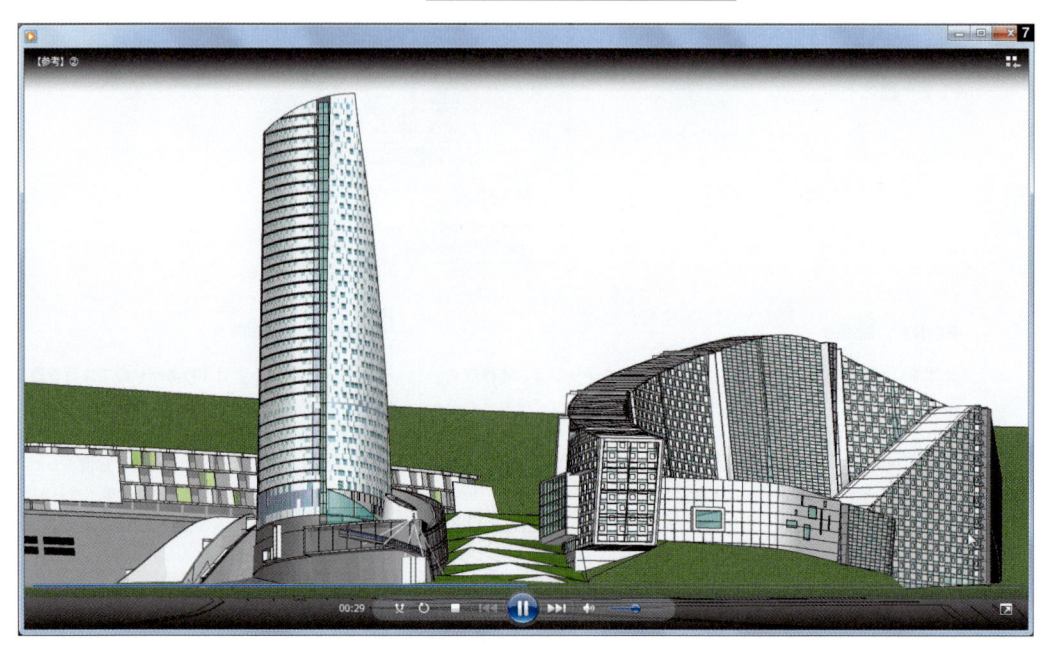

FIX

POINT

スタイルと影で変化をつける
シーンを作成する前に「スタイル」と「影」の設定を行うことで、モノクロ版アニメーションを作成することができます。

❶ スタイルを設定する
アングルが決定したらメニューバーの［ウィンドウ］→［スタイル］をクリックして［スタイル］ウィンドウを開きます。［選択］タブより［デフォルトのスタイル］を選択し、［隠線］スタイルをクリックします。

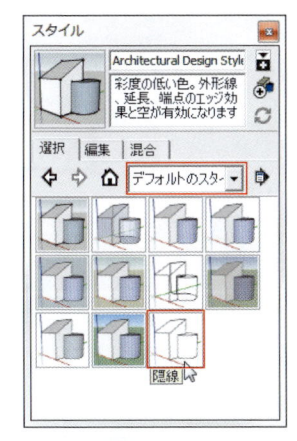

すると、作業エリア内のモデル表示が線で構成されます。

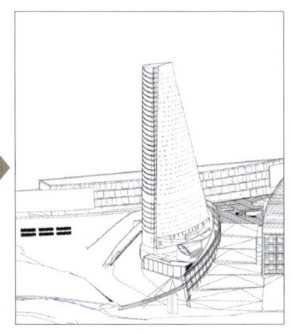

❷ 影を設定する
メニューバーの［ウィンドウ］→［影］をクリックし、［影設定］ウィンドウを表示したら、左上の［影表示/隠す］ボタンをクリックして影を表示します。
［面上］にチェックを入れ、上段のプルダウンメニューより［UTC+09:00］を選択します。［時刻］・［日付］を変更すると、影ができる向きや長さを調整できます。また［明］・［暗］の項目を変更することで影のコントラストを調整できます。［暗］の値を低くすると影がしっかりとつきます。
この後、シーンを作成し、アニメーションをつくりましょう。

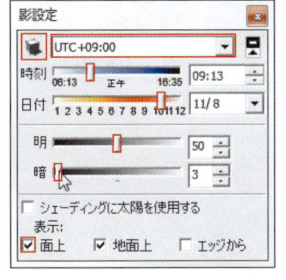

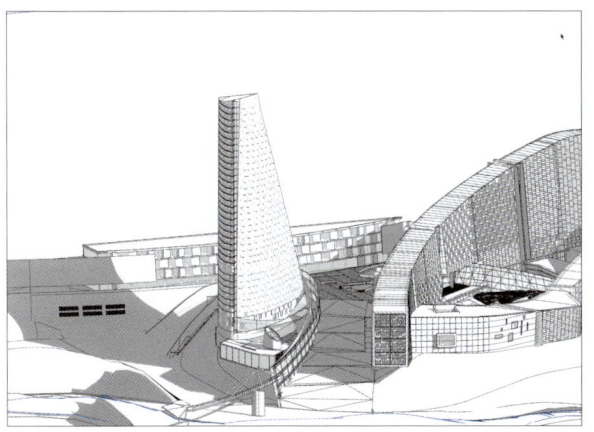

プレゼンする

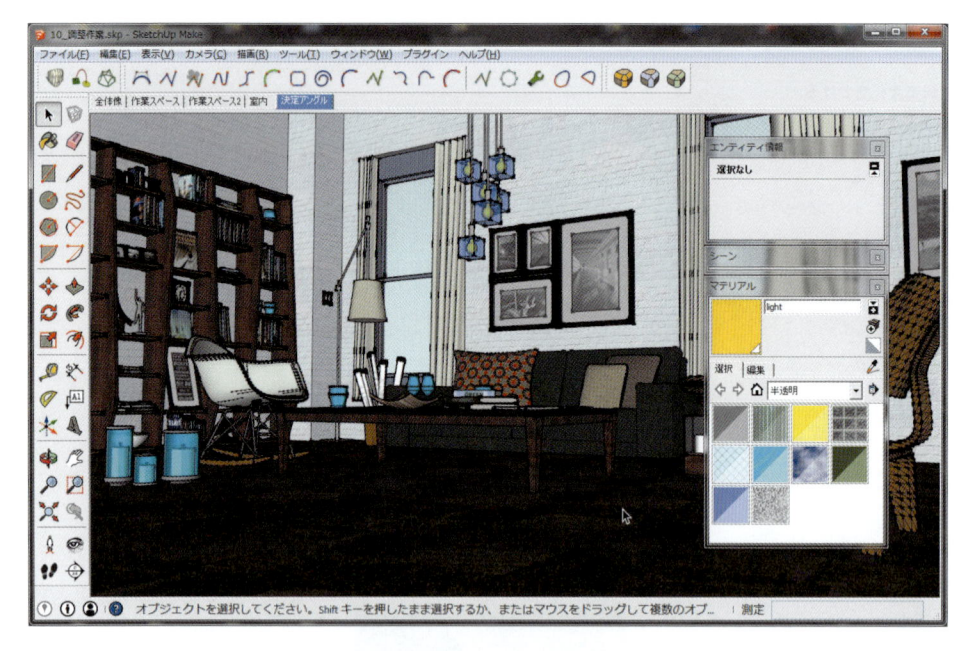

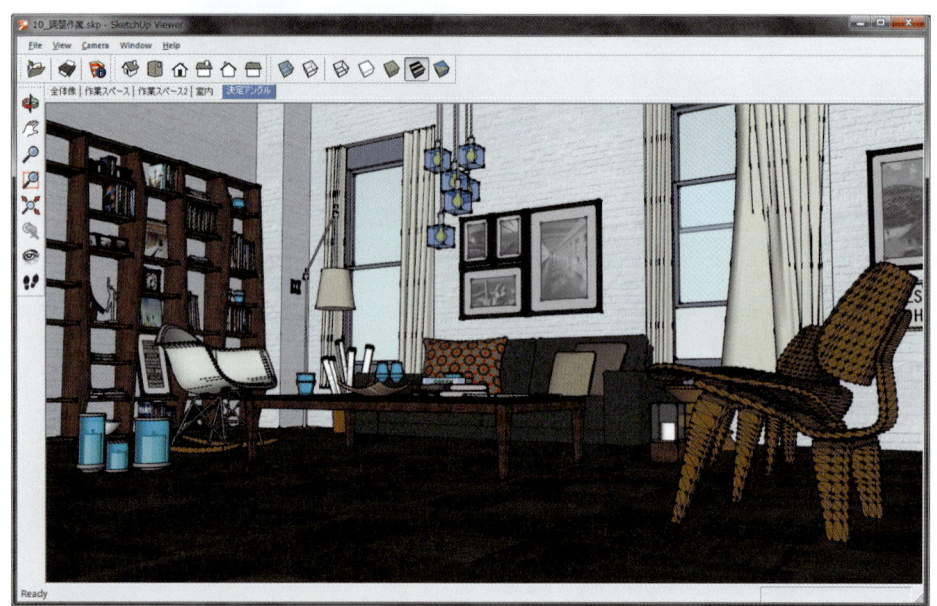

Part.02_Chapter.04

no. 17/17

閲覧用SketchUpを利用する

閲覧用SketchUpアプリ「SketchUp Viewer」を活用すれば、作成したモデルを離れたところにいる相手と共有することができます。作業操作をすることはできないので、モデルの形状変更など操作介入される恐れもありません。表記は英語ですが通常のSketchUpと配置はほとんど一緒です。

APPLICATION: SketchUp

page 308_309

17/17

STEP1 SketchUp

1 SketchUp Viewerをインストールする

SketchUpのサイト（http://www.sketchup.com/ja/）を開き、「製品」→「SketchUp Viewer」からアプリケーションをダウンロードしてインストールすることができます。

2 SketchUpデータを開く

インストールした「SketchUp Viewer」を起動し、メニューバーの「File」→「Open」を順にクリックして、SketchUpデータを開くことができます。

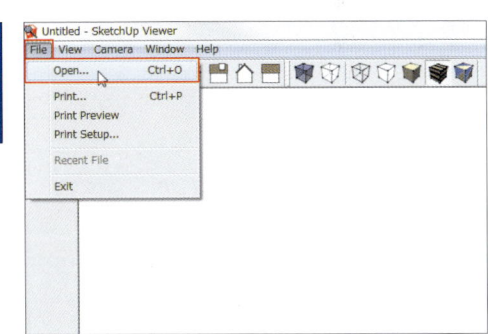

シーンを作成しているデータであれば、シーンの切り替えも可能です。また、メニューバーの下の「ツールバー」では表示方法を変更できるのでいろいろと試しにクリックしてみましょう。

FIX

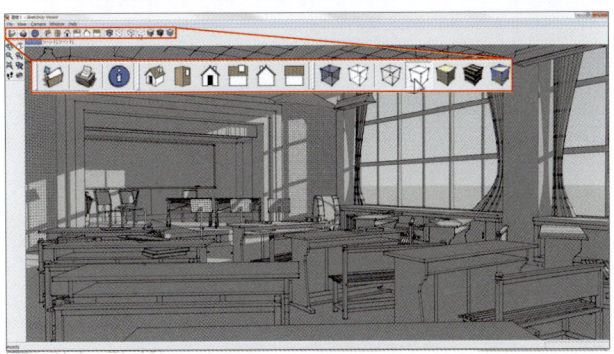

Appendix

● Thea Render（有料版）の購入方法

Thea Render 有料版の購入方法をご紹介します。Thea Rednerは、オンラインショップで有料ライセンスを購入して、それをデモ版で有効化することで、正規の有料版として使用することができるようになります。購入にはクレジットカードが必要です。

1 有料版ライセンスを購入する

TheaRenderの公式サイト（http://http://www.thearender.com）を開きます。

右端にある「e-Shop」をクリックします。

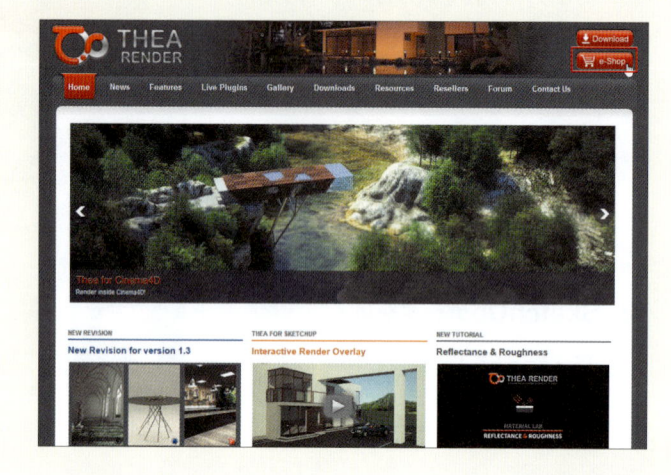

「Commercial」という製品一覧ページが開くので、ページを下へスクロールし、「Thea for SketchUp Bundle」をクリックします。

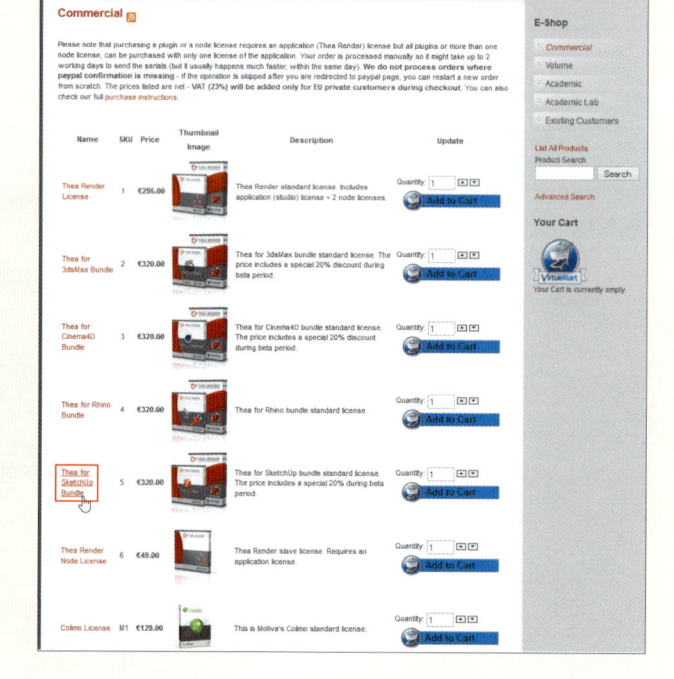

> **MEMO**
> 「Thea for Sketch Bundle」は、Thea Render本体とThea for SketchUpプラグインがセットになった製品です。

POINT

学生の場合は、より廉価なアカデミック版（Academic License）の購入が可能です。右側の「Academic」をクリックすると、アカデミック版の製品一覧に切り替わります。ただし、アカデミック版は購入時に学生証のコピーをメールで送付する必要があります。

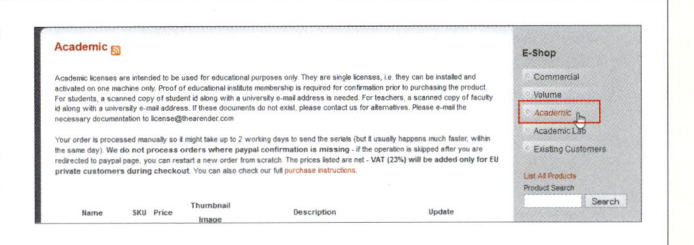

製品詳細ページが開くので、「Add to Cart」をクリックします

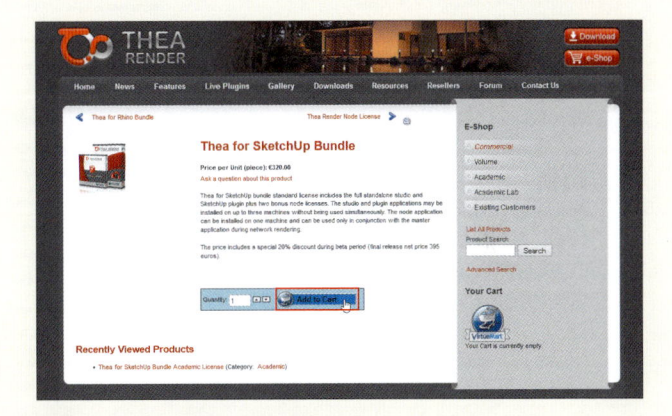

右側にある「Your Cart」の中に選択した製品がストックされているか確認して、「Show Cart」をクリックします。

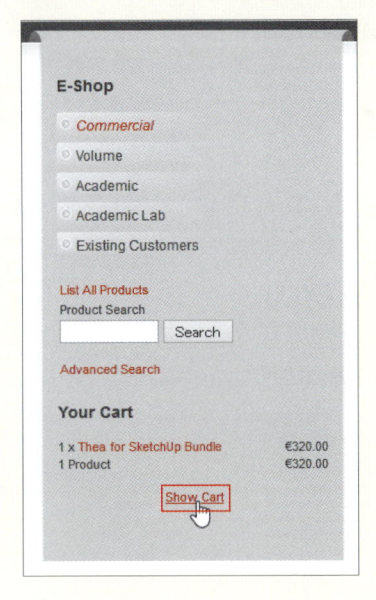

MEMO

「Your Cart」欄に表示されていない場合は、「Commercial」をクリックしてみましょう。

ショッピングカートの中身が表示されます。
「Name」が「Thea for SketchUp Bundle」で、
「Quantity/Update」が1となっているか確かめて、金額も確認しましょう。正しければ、
「Checkout」をクリックします。

個人情報を入力していきます。
項目名の隣に＊マークがついているものは必須項目になります。間違いのないように入力していきます。

「First Name」：名前
「Last Name」：苗字
「Email」：メールアドレス
「Adress1」：住所
「City」：都市名
「Zip/Postal Code」：郵便番号
「Country」：国名（プルダウンメニューより選択）

「I agree to the terms of servise」欄で規約確認してチェック
ボックスにチェックを入れましょう。
情報を入力できたら、「Send Registration」をクリックします。

確認画面が表示されるので、問題なければ
「Next」をクリックします。

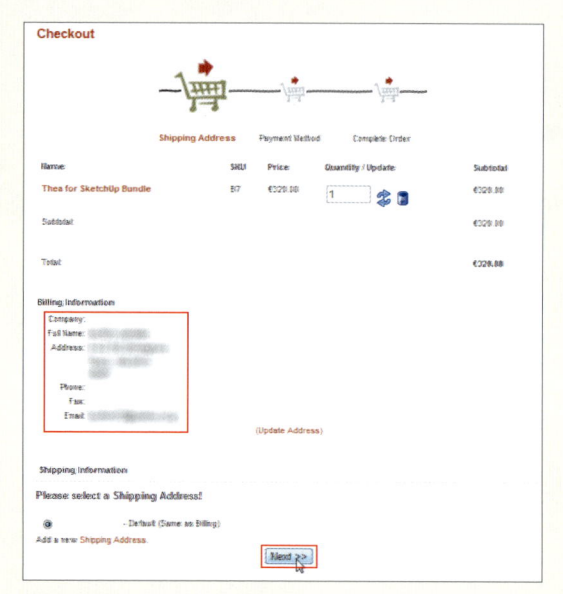

さらに次のページでも入力内容を確認して問題なければ「Confirm Order」をクリックします。
これで入力情報が送信されました。
送信が完了すると「PayPal」のサイトへ飛びます。そこでカード情報を入力して決済しましょう。
決済が完了したら、登録したメールアドレスに決済サービス会社のPayPalよりメールが届きます。これは支払い確認用のメールとなります。

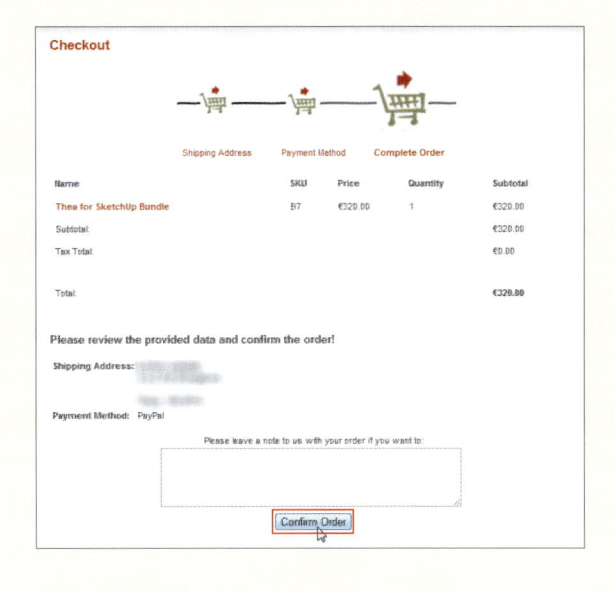

2、3日以内に「SOLID IRIS」よりメールが届きます。
このメールにThea Renderのシリアルナンバーが表記されているので
大切に保管しておきましょう。

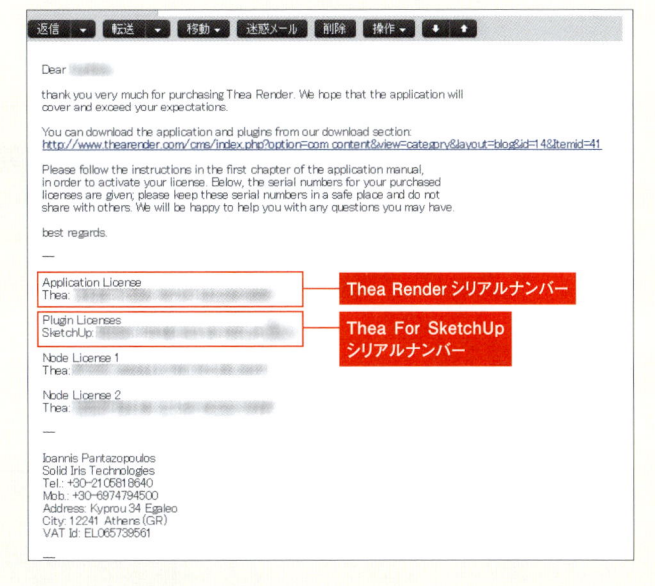

2 Thea Renderでライセンスを有効化する

TheaRender を開き、メニューバーの [Help] → [Lisense Form] をクリックして、「Lisense Input Form」ウィンドウを開きます。

[Main] タブで、有料版ライセンス購入時に入力した情報を入力していきます。Full Name（名前）、E-Mail Adress（メールアドレス）、Serial Number（シリアルナンバー）を入力します。シリアルナンバーはSOLID IRISからのメールに記載されていたThea Renderのシリアルナンバーを入力します。

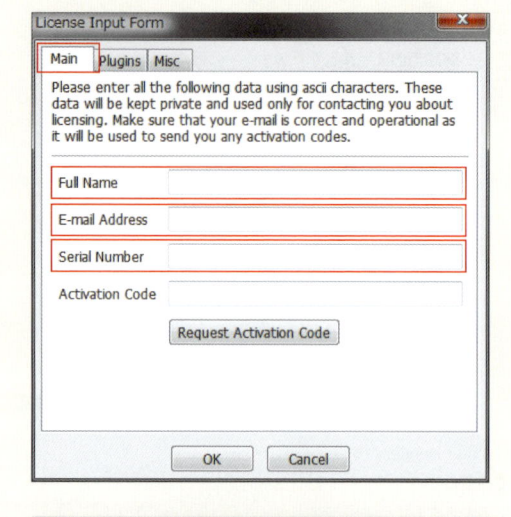

[Plugins] タブをクリックし、[SketchUp Plugin] 欄に、同じくSOLID IRISからのメールに記載されていたThea for SketchUpのシリアルナンバーを入力します。

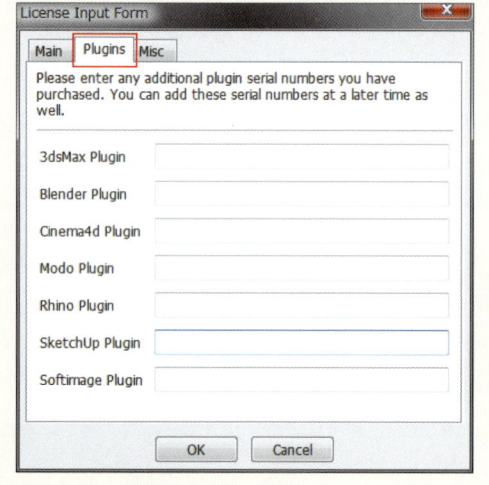

[Main] タブに戻り、[Request Activation Code] ボタンをクリックします。

別ウィンドウが開き、テストメールを送信するかどうかを尋ねてきますので [NO] をクリックします。

するとTheaRender Lisense よりアクティベーションコードが記載されているメールが届くので、「Lisense Input Form」ウィンドウの [Activation Code] の欄に、メールでアクティベーションコードを入力し、[OK] をクリックします。

アクティベーションコード

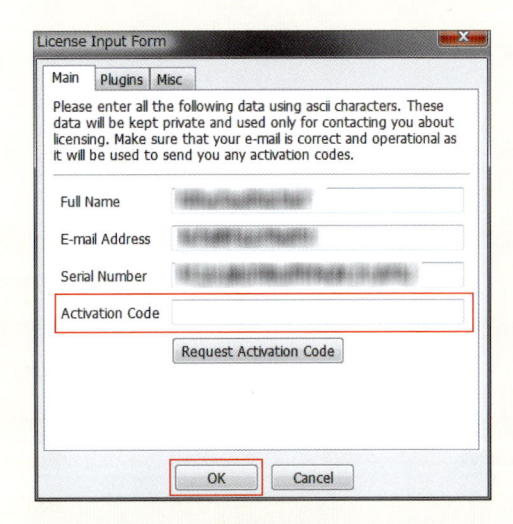

これで無料版（デモ版）の制約が外れ、TheaRenderのすべての機能を制限なく使用することができます。

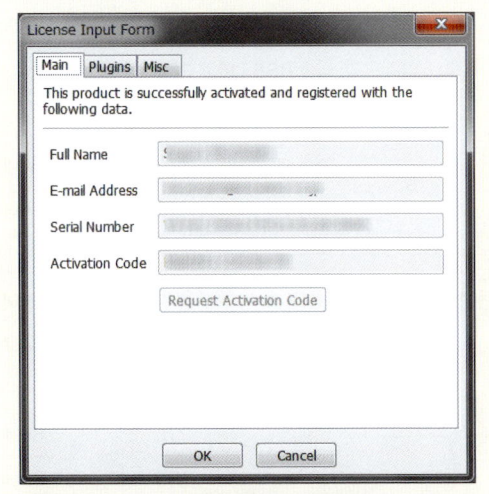

Index

●英数字

2Dイメージ	272
3Dイメージ	275
3Dギャラリー	142
Absorption density	243
BezierSpline	036
Browser	016
Bump	055, 167, 246
BZ_Toolbar	038, 083, 089
Clipping	175
Coating	054, 171
Console	016
CRF	209
Curviloft	036, 040, 091
Darkroom	016
Depth Of Field	215
Diffuse	053
Efficacy	57, 180
Emittance	057
Emitter	057, 180, 228
Environment	016
Extinction Coefficient	161, 245
f-number	045, 212
F-Spline	038
GIMP	013, 188, 205, 222
Glare	218
Google Earth	284
IBL	157
IES Light	237
Instancing	016
Instanse	261
ISO	044, 157
LibFredo6	036
Material Lab	016
Point Light	179
Populate	261
Properties	016
PSOビネット	199
Reflectance	054, 164
Relight	226
Roughness	162, 253
RoundCorner	036, 114, 121
Scene	016
Settings	016
Shutter Speed	045
SketchUp	009
SketchUpのインターフェイス	014
SketchUpの操作方法	018
SketchUpを使い始める	014
SketchUp上でレンダリング	183
SketchUp Viewer	308
Sun	052
Thea Render	010
Thea Renderのインターフェイス	016
Thea Renderへインポート	154
Thea Render for SketchUpプラグイン	183
Thea Studio	016
TheaColorLab	053
TheaTool	154, 185, 237, 296
Transmittanse	244
Tree View	016
Unbiased (TR1)	058
Unbiased (TR2)	058
Viewport	016

Workspace	016
Zorro2	278

●あ行

明るさの設定	044
開けた窓をつくる	078
アニメーション	302
アングルを決定する	150
暗色トレース線付き	199
石	168
移動ツール	015, 024
色	244
色をつける	069
色味	053
隠線	198
裏表	152
閲覧用SketchUp	308
円ツール	015, 021
円を描く	021
エンティティ情報	021, 117, 123
凹凸	055
オフセットツール	015, 027

●か行

カーテンをつくる	088
絵画風	200
解像度	046, 154
回転ツール	015, 026
ガイドライン	073
家具をつくる	096
拡大縮小	028
額縁をつくる	104

角を丸くする	114
壁をつくる	065
カメラサイズの設定	046
カメラフィルム	208
カメラを追加する	051
カメラを配置ツール	015
ガラス	158
曇りガラス	252
環境設定	156
木パネル	164
キャビネットをつくる	100
キャンドルをつくる	117
曲面のモデリング	038, 040
金属	160
躯体をつくる	064
グループ化	031
グループの外に戻る	033
グループの中に入る	032
グループを作成する	031
グレア	216
消しゴムツール	015, 019
建築デザイン - ミリメートル	014
コップ・スツールをつくる	131
コンポーネント化	034
コンポーネントを作成する	034
コンポーネントを配置する	142

●さ行

作業エリア	072
作業スペース	072
作業スペース2	072
作業パレット	014

Index

サッシを描く	076
シーンの保存	051, 070
四角形を描く	020
敷地パース	282
芝生	270
絞り	213
尺度ツール	015, 029
写真照合	292
焦点	210
照明	179
照明の設定	057, 154
照明をつくる	082
人物モデル	014
図形を消去する	019
図形全体を選択する	018
スタイル	196
スタンドライトをつくる	123
ステータスバー	014
図面をトレースする	023
寸法を測る	030
寸法ガイドを配置する	030
正多角形を描く	021
セグメント数	021, 117, 123
線ツール	015, 022
線や面を選択する	018
線を描く	022
選択ツール	015, 018
選択を解除する	019
全体像	072
ソファをつくる	108
ソフトの画面構成	014
ソフトの入手とインストール	011

● た行

タイトルバー	014, 016
太陽	052
ダウンライト	236
多角形ツール	015
端点付きエアブラシ	198
断面パース	276
断面図	131
調整作業	150
長方形ツール	015, 020
ツールバー	014
ツールバーの表示	015
ツールバー（下）	016
ツールバー（左）	016
ツールバー（上）	016
テキストツール	029
テクスチャ	134
テクスチャを透けさせる	175
テクスチャを配置する	134
デスクをつくる	096
テックペン	199
テックペン端点	199
天井をつくる	068
テンプレートを選択	014
透明度	243
閉じた窓をつくる	076

● な～は行

西日	052
布	175
反射	054, 245
半透明	080

被写界深度	215	モデルをオフセットする	027
昼と夜	226	モデルを回転する	026
ピント	213	モデルをグループ化する	031
付属DVD	007	モデルを伸縮する	025
プッシュプルツール	015, 025	モデルを等間隔に多数複製する	024
プラグインのダウンロード	036	モデルを複製移動する	024
プレビューレンダ	016, 144, 156	森	258
平面パース	276		
ベジェ曲線ツール	038, 083, 089		

●や〜ら行

本番スペース	072	床をつくる	064
本番レンダリング	060, 181	揺らぎ	246

●ま行

マウスの使い方	018	ラージ ツール セット	015
マテリアルの設定	053, 158, 160, 164, 168, 173, 179	リライト	226
マテリアルをコーティングする	171	レタッチ作業	008, 188
マテリアルウィンドウ	069	レンダリングエンジン	058
マテリアルレイヤー	171	レンダリング作業	008
窓をつくる	073	レンダリングスタート	060, 180
水の質感	240		
メジャーツール	015, 030		
メニューバー	014, 016		
面から立体をつくる	084		
面を描く	022		
木材	173		
文字を書く	029		
モデリング作業	008		
モデリング作業エリア	014		
モデルに色をつける	069		
モデルの大きさを変更する	028		
モデルを移動する	024		

■ 著者・監修者プロフィール

● **近藤 紗代**

京都精華大学デザイン学部建築学科卒。店舗設計施工会社を経て、現在の東京ディフェンス（株）に就職。
インテリアデザイナーとしてＣＧを駆使しながらシェアハウス等の企画運営を行う。
2011年に学生に向けてＣＧ技術を伝えるためＣＧスクールを立ち上げる。

● **山田 邦博**

米国建築大学SCI-Arc修士を取得後、ロス設計事務所にて主にＣＧ業務を担当。
数々の設計コンペを受賞する。その後、東京ディフェンス（株）に所属し、数多くの空間をプロデュースする。
日本国内にとどまらず、海外の仕事も勢力的に請け負う。

装丁・本文デザイン	坂本真一郎（クオルデザイン）
DTP	BUCH⁺

SketchUp + Thea Render
魅せる建築CGパースの描き方

2014年8月25日　　初版第1刷発行

著者	近藤 紗代
監修者	山田 邦博
発行人	佐々木 幹夫
発行所	株式会社 翔泳社（http://www.shoeisha.co.jp）
印刷・製本	株式会社 廣済堂

©2014 Sayo Kondo, Kunihiro Yamada

＊本書は著作権上の保護を受けています。本書の一部または全部について（ソフトウェアおよびプログラムを含む）、
　株式会社 翔泳社から文書による許諾を得ずに、いかなる方法においても無断で複写、複製することは禁じられています。
＊本書へのお問い合わせについては、2ページに記載の内容をお読み下さい。
＊落丁・乱丁はお取り替えいたします。03-5362-3705までご連絡ください。

ISBN 978-4-7981-3091-0　　Printed in Japan